AF612225

Comité evaluador: Esta investigación fue sometida a un estricto proceso de arbitraje por parte de la Editorial.

Diseño y composición: Gerardo Miño

Edición: Primera. Noviembre de 2021
Tirada: 1.000 ejemplares

ISBN: 978-84-18929-21-2
Depósito Legal: M-32386-2021

Código Thema: JHMC [Antropología social y cultural, etnografía]
JBFA [Discriminación social y desigualdad]
JBFC [Pobreza y precariedad]
JBSL11 [Pueblos indígenas]

Lugar de edición: Barcelona, España / Ciudad Autónoma de Buenos Aires, Argentina

Este trabajo se realizó a partir proyecto 000000000177438 en la modalidad F3 de investigación aplicada del fondo I0017 de la Convocatoria CB-2012-01, titulado “Exclusión, discriminación y pobreza de los indígenas urbanos en México”, financiado por el Fondo Sectorial de Ciencia Básica del Consejo Nacional de Ciencia y Tecnología (CONACYT) de México

Jorge E. Horbath Corredor

Exclusión, discriminación y pobreza de los indígenas urbanos en México

Dirección Adjunta de Desarrollo Científico
Dirección de Investigación Científica Básica
Subdirección de Control de Proyectos de Investigación

El Colegio de la Frontera Sur

Dirección postal: Av. Centenario km 5.5
Chetumal, Quintana Roo, México
(CP 77014)
web: www.ecosur.mx

Miño y Dávila editores

Dirección postal: Tacurí 540
(C1071AAL) Buenos Aires, Argentina
Tel: (54 011) 4331-1565

e-mail producción: produccion@minoydavila.com
e-mail administración: info@minoydavila.com
web: www.minoydavila.com

Índice

Índice de cuadros, gráficas y mapas

Cuadros

Gráficas

Mapas

Agradecimientos

Agradezco profundamente a todos los colectivos de pobladores, grupos y personas que aportaron información, opiniones y puntos de vista que nos permitieron aproximarnos a sus cotidianidades en las ciudades y centros urbanos a los que se desplazan. A partir de la reconstrucción de esa nueva realidad pudimos dimensionar y entender la forma en que se estructura su subsistencia en el proceso de migración silenciosa por el que buscan huir de la discriminación económica, social y de las diversas formas de violencia que sufren en sus territorios ancestrales.

A ellas y ellos dedicamos nuestro trabajo y los acompañamos en su persistente lucha en un ambiente ajeno dentro de su propio país como es la experiencia de ser discriminados en las ciudades mexicanas.

Asimismo, expresamos nuestro agradecimiento al Fondo Sectorial de Ciencia Básica del Consejo Nacional de Ciencia y Tecnología (CONACYT) que financió el proyecto 000000000177438 en la modalidad F3 de investigación aplicada del fondo I0017 de la Convocatoria CB-2012-01, titulado "Exclusión, discriminación y pobreza de los indígenas urbanos en México". La duración del proyecto fue de tres años, entre 2013 y 2016 para la realización de la investigación y posterior formulación del proyecto editorial, iniciado desde 2017, para la publicación de la presente obra.

Agradezco a las autoridades de El Colegio de la Frontera Sur, por su permanente respaldo, al equipo administrativo y técnico por el apoyo institucional que ofrecieron al proyecto.

Finalmente, expreso mi reconocimiento a todas y a todos los investigadores, técnicos y asistentes que participaron en el proyecto y que permitieron con su trabajo alcanzar el objetivo trazado de culminar la investigación con la publicación de la presente obra; a todas ellas y a todos ellos mi mayor agradecimiento.

Jorge E. Horbath

Agradecimientos

[illegible]

[illegible]

Introducción

Los procesos de globalización y de apertura del campo mexicano han vulnerado cada vez más las condiciones de vida de los grupos indígenas, obligándolos a migrar hacia las ciudades e incorporarse a franjas de espacios urbanos marginados para trabajar en actividades informales de bajos ingresos y con alta exposición a riesgos de todo tipo. Tales procesos se conectan con mecanismos históricos de segregación, exclusión y discursos y prácticas discriminatorias a los que las personas indígenas tratan de escapar a partir de distintos mecanismos de negación de su identidad y orígenes étnicos. Lo anterior se refleja en las propias estadísticas intercensales de 2000 y 2010 y en el conteo de población de 2005, instrumentos en los que se aprecia la generalizada reducción de población indígena en las zonas de origen y el aumento de población en las medianas y grandes ciudades cercanas a su entorno, con el agravante de que en ellas dicha población no se reconoce como indígena, lo que muestra una estrategia de negación de origen cultural para poder ser parcialmente aceptados en los entornos urbanos y lograr subsistir.

Así lo han venido constatando las investigaciones que inicialmente mostraban la magnitud del fenómeno migratorio de indígenas a las grandes ciudades, especialmente a Ciudad de México, iniciados con Arizpe (1976) y seguidos por otras investigaciones (Hiernaux, 2000; Albertini, 1999; Bar Din, 1992; Bertely, 1997 y 1998; Cooning, 1999; Oehmichen, 2001; Saldívar, 2006; Horbath, 2008a) y estudios para pequeñas y medianas ciudades (Anguiano, 1997; Durin, 2003; Fernández, 2003; Köhler, 2004; Lestage, 2001; y Valencia, 2000). El aumento en el interés sobre la inter y multiculturalidad y la diversidad étnica en México fue mayor desde la década de los noventa del siglo pasado a partir del reconocimiento de los derechos indígenas que se ha venido dando a partir de reformas constitucionales (Comboni y Núñez Juárez, 2003: 41) y de la incorporación de las bases para los cambios en materia educativa que llevaron a profundas revisiones de los programas de educación (Bertely, 2003).

Un ejemplo de ello son los estudios sobre niños indígenas en escuelas urbanas que se han concentrado en las ciudades de Monterrey, Guadalajara, Pachuca y Ciudad de México, en donde se muestran las fuertes agresiones de las que son víctima y la discriminación social que padecen, además del débil soporte del sistema educativo por la poca preparación de los maestros para enfrentar el fenómeno que, además, tiene como consecuencia la pérdida de la lengua materna (Crispín, Delgado y Athie, 2006; Saldívar, 2006; Martínez y Rojas, 2006; Durin, 2007 y Raesfeld, 2009).

Las penosas condiciones sociales y laborales que la población indígena ha registrado desde décadas atrás se agudizan ahora por los problemas económicos de las regiones rurales. Los cambios climáticos con el consiguiente empobrecimiento de la tierra, la creciente dificultad para encontrar mercados para sus productos, la internacionalización de la economía y el desequilibrio regional han llevado a esta población a hacer de la migración una de las estrategias centrales para la sobrevivencia, principalmente el desplazamiento hacia las ciudades como lugares con mayores posibilidades de brindar recursos económicos. La magnitud de este movimiento migratorio lo convierte en un importante fenómeno socio económico, socio político y sociológico, dentro de cuyo marco se puede observar cómo se crean y recrean prácticas discriminatorias que agravan situaciones de exclusión y marginación: resulta indiscutible que la migración a las ciudades no se traduce en una transformación definitiva de las condiciones laborales y económicas de las y los indígenas.

Como primer señalamiento podemos referirnos a los lineamientos de las políticas públicas, que definen a aquellos a quienes van dirigidas en términos de poblaciones "pobres" y vulnerables", asociadas además a la idea de campesinos. Al englobar a la población indígena dentro de esta definición se la despoja de su identidad particular y se la margina respecto de su derecho a participar de la construcción del sistema social urbano. Otra de las observaciones que podemos hacer en cuanto a los programas específicos es que están dirigidos casi exclusivamente a atender a las áreas rurales, pero no contemplan la existencia de la población indígena que habita las ciudades en condiciones de extrema precariedad.

Las ya mencionadas situaciones de exclusión y marginalidad se hacen presentes en todos los ámbitos: laborales, de vivienda, de educación y de salud. La posibilidad de las y los indígenas de acceder a un empleo asalariado es escasa y cuando lo logran lo hacen en condiciones de precariedad en relación al salario y prestaciones sociales, mientras que la mayoría solo puede integrarse a la economía informal, con el ambulantaje como principal recurso de sobrevivencia, actividad que demanda largas horas de andar por la ciudad y durante las que sufren situaciones de fuerte discriminación. Respecto a la vivienda, en su mayoría habitan colonias en zonas de la periferia carentes de servicios básicos y generalmente alejadas de los centros educativos y/o de los lugares donde pueden recurrir a la venta callejera. Además de lo que se señaló más arriba sobre el tema de escolaridad, debido a las condiciones de pobreza y marginación en que está inmersa la mayor parte de la población indígena urbana, otro de los motivos del observable fracaso escolar se debe a que las niñas y niños indígenas abandonan la escuela para contribuir con su trabajo al ingreso de la familia.

Si bien durante siglos la cultura occidental ha venido produciendo estereotipos referidos a las así llamadas "minorías" (aunque no siempre esta denominación se corresponda con una cantidad real), en el caso de los indígenas la discriminación originada en gran parte por estos estereotipos se exacerba cuando se refiere a los grupos que viven en las ciudades. Un aspecto que vale señalar es cómo desde las instituciones (oficinas, escuelas, instituciones de salud, espacios públicos) se van naturalizando tratos diferenciales producto de la falta de comprensión –y hasta del menosprecio– del valor de la cultura indígena, lo que dificulta grandemente la efectiva inserción de esta población en el espacio urbano.

Alcance de la investigación, sujetos de estudio y estrategias de producción de información

Este libro se basa en un trabajo de investigación de tres años de duración realizado con financiamiento de la convocatoria de Ciencia Básica de CONACYT que buscó identificar las condiciones de acceso a los servicios sociales (salud, educación, vivienda) y las oportunidades laborales de la población indígena en distintas zonas urbanas del país. Después de un estudio base realizado en la Ciudad de México y financiado por INDESOL en la convocatoria 2007 (incorporamos algunos de los resultados en la tercera parte del informe) continuamos la investigación en una región con alta presencia de grupos y comunidades indígenas como es el sureste mexicano y agregamos la segunda zona urbana del país. Por el tamaño y dinámica de estos lugares, la migración indígena del sureste del país se dirige principalmente a las ciudades de Campeche y Ciudad del Carmen (población maya), Tuxtla, Tapachula y San Cristóbal de las Casas en Chiapas (población tsotsil, tsetzal y mam entre otras migrantes), a Chetumal, Cancún y Playa del Carmen en el estado de Quintana Roo(sobre todo población maya peninsular), a Villahermosa en Tabasco (población chontal) y a Mérida, Tizimín y Valladolid en Yucatán (población maya). Todas estas ciudades se caracterizan por tener altos crecimientos de población y una disminución de su población indígena en casi todas, lo que responde a la estrategia de no contestar las preguntas de auto-adscripción indígena o dominio de lengua indígena.

Teniendo en cuenta lo anterior se seleccionaron ciudades que permitieran iniciar un proceso de comparación sistemática de carácter regional busca fin de contrastar las ciudades más importantes el sur del país con las grandes ciudades y zonas metropolitanas. Las ciudades escogidas fueron Guadalajara(Jalisco), Tuxtla Gutiérrez (Chiapas) y el sistema urbano-regional de la península de Yucatán: Campeche y Ciudad del Carmen (Campeche), Mérida y Tizimín (Yucatán) y Othón P. Blanco, Benito Juárez y Solidaridad (Quintana Roo).

Para efectuar el contraste y utilizando técnicas mixtas, primero se midió la magnitud y se reconstruyeron las manifestaciones y efectos de la discriminación social, laboral e institucional que experimentan los indígenas en cada una de estas ciudades a partir de distintas fuentes secundarias de información, especialmente documentos e informes oficiales, planes de desarrollo y programas sociales de salud, educación, vivienda y trabajo, y muestras de los Censos de Población de 2000 y de 2010. Asimismo, mediante técnicas cualitativas, se establecieron las relaciones, interacciones y vínculos de orden material y simbólico que tienen lugar en los espacios urbanos. El propósito fue formular recomendaciones para la política pública que no sólo coadyuvaran a visibilizar en acciones afirmativas la discriminación hacia estos grupos sino que apuntaran a transformaciones estructurales insertas en las lógicas de funcionamiento de espacios urbanos complejos que requieren ser pensados articuladamente con el entorno rural-regional en el que se inscriben[1].

El grupo de población estudiado fueron hombres y mujeres entre 18 y 65 años de edad con diferentes formas de permanencia en las ciudades propuestas, considerando la especificidad de los grupos etáreos (de 18 a 29 años como jóvenes-adultos, 30 a 59 años como adultos y de 60 y más años como adultos mayores). Para localizar a la población indígena con presencia en estos espacios geográficos se consideraron dos criterios: que residieran o laboraran en dichos espacios, es decir, que desarrollaran en los mismos parte de su vida cotidiana.

Para la producción de datos en terreno se elaboraron: a) guías de entrevistas cortas de léxico a indígenas originarios y migrantes residentes en las ciudades

---

1 Una siguiente fase de investigación iniciará en un segundo proyecto financiado por Ciencia Básica de Conacyt que permitirá el contraste de otras regiones de centro y del sur del país (como son Oaxaca, Guerrero y Puebla), con Monterrey y las ciudades del norte del país, de tal manera que se tenga un diagnóstico de la problemática como de su evolución con el objeto de que se encuentre presente tanto en la agenda de investigación como en la formulación de política pública.

(ver Anexo 2), b) entrevistas abiertas a expertos en la temática y funcionarios de organismos gubernamentales (OGs) y no gubernamentales (ONGs) que tienen contacto directo con la población indígena (ver Anexo 3), c) entrevistas semi-estructuradas a indígenas urbanos efectuadas de manera individual a una muestra de informantes bajo el criterio de saturación teórica (ver Anejo 4) y grupos focales conformados por entre 6-10 personas indígenas, funcionarios y representantes de OGs, ONG's, asociaciones civiles (ACs) y de organizaciones indígenas (ver Anexo 5)[2]. Estas herramientas se implementaron en distintos momentos junto con guías de observación directa no sistemática en distintos ámbitos e instituciones de la ciudad (ver Anexo 6).

Estructura de la obra

Para reflexionar sobre los procesos de discriminación en las ciudades realzamos la complejidad de lo indígena pues buscamos considerar su carácter conflictivo y problemático y privilegiar la *tensión* entre la tendencia a asimilarlos a la cultura occidental y una mirada culturalista que, al acentuar "el respeto por las diferencias", trae como consecuencia un aislamiento y una despolitización del asunto con el riesgo de arrinconarlos en lo local, sin problematizar su inserción en unidades sociales más complejas de gran escala. Así, en el primer capítulo se analizan las mutaciones de las *políticas indigenistas* en México y la forma en que incorporan el problema étnico a fin de interpretar, historizadamente, el marco legal-normativo y las políticas públicas y sociales que atraviesan la vida de los indígenas que residen en las ciudades de Guadalajara y el sureste mexicano.

Desde los años setenta, la *inserción del indígena en el mundo urbano* viene creando bases materiales y culturales que permiten la recreación étnica y la producción de identidades, de tal manera que las ciudades mexicanas se han convertido en un escenario donde indígenas y no indígenas están interconectados cultural, social y económicamente y donde los indígenas se ubican en espacios independientes atravesados por relaciones de exclusión y desigualdad. En el segundo capítulo nos referimos a los procesos de *discriminación*, *estigma* y *autodiscriminación* conectándolos con la dinámica de *inclusión-exclusión* de las sociedades y a la forma en que, a partir de ella, las personas se vinculan con identidades individuales y colectivas, son o no reconocidas por los otros y se vuelven *vulnerables* en distintos aspectos y ámbitos.

2 En total se efectuaron 32 entrevistas cortas de léxico, 35 entrevistas abiertas, 90 entrevistas semi-estructuradas y 4 grupos focales que incluyeron talleres de sensibilización (ver Anexo 1).

Además de exponer los instrumentos normativos y políticas públicas existentes, en el tercer capítulo se reflexiona sobre la manera en que efectivamente se asume el tema desde el Estado mexicano. Los capítulos 4 y 5 se basan en un trabajo de análisis cuantitativo de fuentes secundarias para dar cuenta de la estructura de la población indígena en las ciudades, de su dinámica migratoria, de los determinantes de su ingreso y de la expresión de procesos de segregación espacial y laboral y de discriminación educativa y salarial. En el capítulo sexto se analiza la desigualdad y discriminación laboral hacia los indígenas a partir de las brechas de ingreso y de educación en México así como la percepción que tiene la población indígena y no indígenas de las ciudades de la oferta-demanda de prestaciones sociales. El séptimo capítulo se basa en fuentes primarias de información generadas a partir de distintas técnicas cualitativas y analiza las condiciones de vida en las ciudades y la forma en que indígenas, funcionarios y otros agentes que interactúan con ellos visualizan dichas condiciones, las distintas formas de discriminación y el acceso a la ciudad. Finalmente se presentan conclusiones que apuntan a la necesidad de contar con políticas públicas que reconozcan la especificidad de las comunidades indígenas residentes en los espacios urbanos y de distintas situaciones que son singulares según el tipo de ciudad a la que llevan, a su edad, experiencia previa y sus acervos socioculturales.

CAPÍTULO 1

La cuestión indígena en México

En este capítulo se discutirá la relación problemática entre la conformación del Estado-nación mexicano y los grupos indígenas. Lo titulamos *"la cuestión indígena"* debido a que destacamos el carácter conflictivo, histórico, sociopolítico y nacional de la problemática étnica en el país. En este sentido, consideramos que las comunidades o pueblos indígenas no constituyen comunidades autárquicas sino que son parte de un todo más complejo (Díaz Polanco, 1979); son "*unidades socioculturales", políticas, económicas y productivas* vinculadas a distintos actores (Estado, mercado, organizaciones de diverso tipo) que han vivido saqueos y desposesiones económicas y simbólicas sistemáticas.

En las últimas décadas las trasformaciones experimentadas por los Estado-nación latinoamericanos han generado efectos importantes sobre la sociedad en su conjunto. Estas transformaciones que nos hablan de una preponderancia de tipo estructural de la exclusión por sobre la inclusión social (Santos, 2011 citado por Gracia 2015: 21) han tenido implicaciones diferenciadas en los distintos sectores y espacios territoriales; para el caso de los campesinos y pueblos indígenas el pasaje del modelo de Estado desarrollista a otro de corte neoliberal agudizó los procesos de movilidad espacial que ya se registraban desde mediados de siglo, al intensificarse la crisis del campo y de las economías regionales.

Los cambios en lo económico, lo social y lo territorial generan nuevas formas culturales y transforman tanto la vida rural en la comunidad de origen como en los espacios urbanos a los que migran los grupos indígenas. En los contextos urbanos, los integrantes de las comunidades indígenas se ven envueltos en nuevas relaciones sociales en espacios laborales, educativos, de salud e inclusive en la propia organización familiar, al tiempo que establecen diversas relaciones con las comunidades de origen.

Las transformaciones de los modelos de Estado vinculadas a los cambios en los patrones de acumulación también supusieron diversas modificaciones en la formulación de las políticas dirigidas a los pueblos originarios, pueblos que se fueron organización desde los años setenta para demandar su reconocimiento como sujetos de derecho público (lo cual, en la mayoría de los países como México, aun no han conseguido), tanto dentro de las instituciones políticas o en diálogo con los representantes estatales como por fuera de ellas, como es el caso del Ejército Zapatista de Liberación Nacional.

En este capítulo se analizan las mutaciones de las políticas indigenistas en México y la forma en que ellas incorporan el problema étnico. Con ello buscamos poder interpretar, historizadamente, el marco legal-normativo y las políticas públicas y sociales que atraviesan la vida de los indígenas que residen en las ciudades de Guadalajara y el sureste mexicano (y que presentamos en la segunda parte del informe).

Buscando desnaturalizar una entidad compleja, en primer lugar nos referimos a la noción de Estado y de reforma, a la forma en que se problematizó lo étnico desde la conformación del Estado mexicano y a cómo este Estado-nación encaró los procesos de reforma. Finalmente, abordamos las políticas en materia indígena formuladas desde los años setenta del siglo pasado y la forma en que ellas fueron concibiendo sus proyectos hacia lo indígena: buscando incorporarlos como raza o cultura a los anhelos modernizadores de la nación y, posteriormente, reconociendo y respectando mucho más las diferencias, aunque con una serie de deudas relativas a la justicia social, económica y política. En este sentido, el conflicto étnico-nacional sólo puede encontrar solución en el marco de una nueva nación con actitud realmente democrática que reconozca y haga efectivos los derechos específicos de los pueblos indígenas mediante un replanteamiento de las bases de la sociedad y del Estado (Sánchez, 1999: 106-105).

La noción de Estado

El Estado ha sido conceptualizado y abordado de múltiples formas por parte de distintas disciplinas científicas. En términos generales esta noción remite a un tipo específico de forma de vida social, es decir, a una forma particular a partir de la cual las sociedades han organizado su vida colectiva. Esto es importante destacarlo para historizar y desnaturalizar la noción pues los grupos humanos se han organizado para subsistir de distintas maneras y la forma Estado expresa sólo un tipo de organización posible dentro de un amplio abanico histórico.

Entre las características básicas del Estado-nación moderno destaca la articulación que existe entre el ejercicio de gobierno, la población a la que va dirigida tal ejercicio y el territorio en el que se ejecuta.

El Estado expresa un tipo de relaciones muy específicas de dominio-subordinación que se ejercen mediante una autoridad reconocida colectivamente como legítima y capaz de establecer una ley común que expresa lo permitido, lo prohibido, lo correcto, lo incorrecto, lo posible y lo sancionable. Este binomio dominio-subordinación (Roux, 2005) ha sido constante en esta forma de autoridad colectiva que apareció en la historia de la humanidad como una entidad territorial de dominación coercitiva posterior a las organizaciones sociales primitivas basadas en lazos de sangre (Engels, 1976).

La dominación coercitiva que ejerce el Estado también se expresa por medio del monopolio del uso de la violencia legítima (Weber, 2002). Junto a las funciones políticas (sistemas de dominación y organización del poder), desde sus orígenes el Estado ha tenido funciones relacionadas con el impulso y regulación de los elementos necesarios para la reproducción social (Gramsci, 1975).

El Estado como un aparato contiene un conjunto de instituciones que ordenan y dan regularidad y permanencia a la relación entre gobernantes y gobernados así como al conjunto de la vida pública[1]. Entre las distintas instituciones que componen el Estado como aparato, la literatura contemporánea destaca aquellas dedicadas a la producción simbólica y cultural, las cuales posibilitan pensarlo como como una comunidad imaginada (Andersen, 1993).

Tanto las funciones vinculadas al ejercicio del poder, la dominación-control y reproducción de la población en términos materiales y simbólicos, así como sus resultados van cambiando históricamente en tanto

> "..., la forma de avanzar en este propósito y la capacidad de lograrlo están sujetas a la acción de fuerzas variadas y a las posibilidades que los propios actores involucrados tengan de imponer o negociar sus condiciones" (Escobar Ohmstede et al, 2010: 23).

> "Mientras que en ciertas épocas y lugares la función del Estado ha sido fundamental en el impulso al progreso económico, social y cultural, en otras ha sido un fuerte obstáculo al desarrollo y progreso humano, ha

---

1 Entre las distintas instituciones que componen al Estado, la literatura contemporánea destaca aquellas dedicadas a la producción simbólica y cultural, que posibilitan pensar en el Estado, no sólo como un aparato burocrático, sino también como una entidad imaginada (Escobar Ohmstede, et al, 2010).

absorbido más recursos de la sociedad de los que le ha ayudado a producir y ha subvencionado a grupos parasitarios, ahogando las expresiones sociales más creativas e innovadoras, o bien ha organizado enormes aparatos de muerte y destrucción" (Dabat, 2010: 21).

Pensar que el aparato estatal no es inamovible sino que está en permanente reconstitución posibilita entenderlo como una formación política de dominación en construcción permanente. Sayer (1994) piensa en el Estado como una tendencia a largo plazo en la que se expresa un predominio de clase que no es coherente ni inamovible sino que manifiesta contradicciones a partir compromisos e intereses cambiantes que lo llevan a una reforma constante. ¿A qué se alude con reforma del Estado si éste se transforma constantemente?

Reforma y modelos de Estado

La reforma del Estado supone el cambio en las relaciones entre Estado y población; si bien refiere a lo económico y a los intentos de reorganizarlo y racionalizarlo, la misma involucra distintos elementos que buscan la gobernabilidad. Por ello la reforma,

> "…refiere a sus elementos materiales (población y territorio) y a la configuración, modo de ejercicio y orientaciones del poder… El poder político del Estado, tanto en sus dimensiones institucional y simbólica como en la coactiva, es puesto al servicio de intereses y objetivos distintos que los anteriormente promovidos, en una matriz social y económica, espacial y poblacional, también ella modificada. El cambio significativo en los intereses y en los actores obliga a cambios en las agencias y en las políticas, en las instituciones y en los procesos" (Vilas, 1998: 151).

La reforma del Estado supone una reformulación en su relación con la sociedad y con el mercado, así como en la lógica de procuración del bienestar. Es así como los modelos de Estado liberal, o estado de bienestar, desarrollista o neoliberal no solo aluden a formas estatales o regímenes políticos diversos, sino a formas sociales de articulación entre instituciones sociales como la escuela, la familia, la subsistencia económica y la constitución de la vida ciudadana.

> "La expresión Estado podría ser denominada configuración histórica socioestatal, conveniente sobre todo para comprender la independencia entre la forma de ser históricamente determinada de la sociedad que con-

tiene también su dimensión política y estatal y el régimen político específico que se constituye de manera diferente (...) (Hirsch, 2001:16).

Respecto a la reforma del Estado, Echebarria- Ariznabarreta (2000:1-4) contempla dos categorías de reformas: las institucionales y las sustanciales. Las primeras involucran el diseño y funcionamiento de las instituciones y pueden tomar la forma de reforma política o administrativa; las sustanciales, en cambio, están relacionadas con el contenido de la acción pública, es decir, suponen una redefinición de sus fines, contenidos y alcances.

Teniendo en cuenta estas distinciones es posible identificar tres grandes transformaciones del Estado contemporáneo. La primera de ellas, la que dio origen al Estado liberal[2], fue más bien una reforma institucional en la medida que significó la separación entre política y economía a partir de la separación entre los tres poderes y la definición de las funciones de cada uno de ellos. Este modelo postula la libertad individual y del mercado y una acción estatal que no debe intervenir en la economía.

La segunda transformación dio origen al Estado de Bienestar[3], Estado social o Estado desarrollista para el caso de los países latinoamericanos y fue de tipo sustancial en tanto amplió y redefinió el papel del Estado en la economía mediante el gasto público y el pleno empleo de los factores productivos para alcanzar una economía óptima. A partir del fortalecimiento del movimiento obrero y de los partidos políticos afines, entre 1950 y 1973 la participación del gasto social en el PIB se elevó considerablemente en los países centrales (Dabat, 2010) a partir del estímulo al consumo de masas, del pleno empleo y de la construcción de políticas sociales que económicamente solventaran la demanda existente y políticamente desactivaran los problemas sociales provocados por la precedente desatención estatal a las demandas ciudadanas.

Este modelo de Estado generó una transformación profunda de todas las estructuras de la sociedad, de las relaciones sociales y las condiciones de vida; en cuanto a la economía artesanal y agrícola, los pequeños productores fueron reemplazados por la producción industrial masiva, lo que supuso que las relaciones sociales se organizaran en formas monetarias y de intercambio. A su vez la producción industrial incorporó a un sector más amplio de personas asalariadas. También existe una historia de resistencia de formas de sociabi-

---

2 El estado liberal surgió en ciertos países europeos y en los Estados Unidos cuando existieron las premisas económicas, sociales y políticas propicias, como cierto desarrollo de la acumulación de capital, excedente económico, así como la incorporación al mercado de la fuerza de trabajo y la tierra (Dabat, 2010).

3 Para un análisis detallado de los distintos modelos de Bienestar tanto en los países europeos como los latinoamericanos véase Alejandro del Valle (2010).

lidad comunitaria frente a las amenazas de aniquilamiento y destrucción que se puede observar en las diversas rebeliones indígenas y campesinas por la conservación de su propia identidad comunitaria; en el caso de México esta historia de rebeliones y resistencias están enmarcadas en la lucha por la tierra y la resistencia ante la imposición de un estilo de vida ajeno impuesto por la sociedad capitalista.

> "La tierra, como núcleo problemático del proceso de construcción del Estado, como cualquier forma de propiedad, el régimen de propiedad agraria no era un problema de relación entre hombres y cosas, sino de la relación entre hombres, el pueblo, representaba no solo un modo posesión usufructo sino una forma de relación social: un modo de interacción social en el que estaban supuestos actitudes y sentimientos, una noción de la vida y de la muerte, una representación de sí mismos y de los otros, un código de conducta una forma de hacer política y una moral publica[4]. [...]. Familia, trabajo, fiesta y política, formaban un mundo de la vida coherentemente estructurado por lazos comunitarios. Nada era más extraño y hostil a ese mundo que la idea de individuo solo y autosuficiente de la que partía el contractualismo liberal". a estos conflictos se refiere (Roux, 2005:62).

Visto en su conjunto, se pueden encontrar saldos positivos en este modelo de Estado en tanto favoreció avances importantes en las condiciones de trabajo, vida y seguridad social de los trabajadores, posibilitó diferentes tipos de reformas sociales y culturales progresistas y, aunque de forma desigual, promovió el desarrollo científico y tecnológico. Aún así, no es posible olvidar que también, el intervencionismo estatal posibilitó el advenimiento de regímenes político sociales aberrantes como el fascismo (Dabat, 2010).

A partir de la crisis mundial detonada por la caída en los precios del petróleo (1973) la reconfiguración del patrón de acumulación, la inflación y el desbordamiento de la capacidad de respuesta por parte del Estado ante nuevas demandas de la sociedad se promueve un nuevo modelo, el Estado Neoliberal, que defiende la concepción de Estado mínimo y su intervención moderada. Esta tercera transformación amalgamó reformas institucionales y sustanciales

4 El modelo liberal remplaza esa noción de la moral pública basada en la supremacía de la comunidad por otra fundada en las garantías individuales y el respecto a un orden jurídico impersonal (...) lo que en este modelo cívico liberal era la soberanía del individuo, en el modelo agrario era la soberanía de la comunidad. Si para el modelo liberal la noción de bien común significaba garantías de seguridad a una sociedad atomizada, para los pueblos significaba autosuficiencia, conservación de la naturaleza, y protección del patrimonio cultural heredado (Roux: 2005: 70).

y volvió a colocar a la economía (mercado) en el lugar central de la vida social y política.

Este modelo de Estado se ha ido reconfigurando a partir de los que se denominan reformas estructurales. Las denominadas de primera generación

> "... se enfocaron a garantizar la estabilidad macroeconómica, el adelgazamiento del Estado, la desregulación y apertura de mercados... se promovió la liberalización política que desembocó en una democracia electoral en los países de América Latina, dándose una serie de ajustes en los ámbitos políticos y sociales que han abierto nuevas opciones también en la construcción de nuevas ciudadanías" (Escobar Ohmstede et al, 2010: 12).

Debido a que la primera generación de reformas no cubrió las expectativas de las agencias transnacionales se implementaron las reformas conocidas como de segunda generación que:

> "buscaban fundamentalmente reforzar la institucionalidad a través de reformas jurídicas, la descentralización político-administrativa e incluso la creación de nuevas instituciones. Todo ello para facilitar aún más el funcionamiento y accionar del libre mercado..." (Escobar Ohmstede et al, 2010: 17).

La tercera oleada de reformas apareció en el momento en que los estados nacionales en América Latina comenzaban a reconstruir su imagen de nación a fin de representar la diversidad cultural y política que albergan sus respectivos territorios. De esta forma, dentro de estas reformas están aquellas que reconocen la pluralidad étnica y lingüística. Como otros países, México ha estado impulsando reformas de tercera generación a partir del reconocimiento de su gran diversidad étnica; sin embargo -como veremos más adelante en este capítulo y en la segunda parte del informe mediante con la revisión del marco legal y las políticas públicas-aun están lejos de alcanzar un marco equitativo y justo para con los pueblos indígenas que lo integran.

El Estado Neoliberal toma una nueva estructura basada en la reducción de su mismo aparato institucional y de la implementación de políticas sociales condicionadas a nuevos criterios, tales como la focalización, el asistencialismo y la descentralización.

> "La política social deja de tener una función integradora; mucho más que incorporar a la población de bajos niveles de ingreso a condiciones satisfactorias de empleo y de vida, apunta a impedir un mayor deterioro de la población que ya se encuentra en condiciones de pobreza, y presta asisten-

cia a las víctimas del ajuste. No les ayuda a salir del pozo: trata de impedir que se hundan más" (Vilas, 1998: 117).

Mediante la focalización se hace una diferenciación entre pobres y pobres extremos. Siendo los primeros capaces de afrontar las dinámicas de la economía, la política pública del Estado recae sobre los pobres extremos, que ya sea, por su escasez de recursos o por sus propias capacidades, son considerados en el grupo vulnerable de la sociedad. Los argumentos a favor de este criterio se basan en una mejor asignación del gasto estatal, mejora de la relación entre costo e impacto, y las posibilidades de evaluar la acción del Estado debido a la delimitación de la población atendida. La focalización entonces implica que las políticas sociales son selectivas; debido a la contracción de los fondos asignados a la política social, es necesario garantizar que éstos lleguen efectivamente a quienes deben llegar: los más pobres de los pobres. Esto significa que la focalización responde a la necesidad de confrontar la masificación de los problemas sociales con fondos recortados, se busca un uso eficiente de los recursos escasos. Uno de los objetivos claves de atender a los sectores más vulnerables es evitar que la pobreza extrema derive en tensiones sociales y políticas, por eso las acciones emprendidas a partir de la política social en el neoliberalismo buscan soluciones a corto plazo mediante: generación de empleos temporales, asistencia, capacitación laboral, apoyos productivos, infraestructura básica, complementos alimentarios, saneamiento, entre otros (Vilas, 1998).

Por su parte, el asistencialismo consiste en la provisión de ciertos servicios sociales por parte del Estado a esa población focalizada, que en razón de su incapacidad para proveerse por sí mismos, necesita de la ayuda estatal. Cambiando el lenguaje de derechos por el de auxilios.

Por último, la descentralización en un sentido negativo, es entendida como la forma del Estado para descargar y desviar las demandas sociales al ámbito local, a favor de la eficacia y la eficiencia financiera, quitándose así, la directa responsabilidad sobre el contenido de las políticas que emprende. La lógica que se siguió fue que la coordinación de la política social por un Estado centralista se prestaba a que los recursos y las atenciones llegarán a regiones que no los "necesitaban" en cuanto estos ya poseían recursos y potencialidades de desarrollo económico y social; de esta forma, uno de los argumentos centrales de la descentralización fue conseguir una mayor equidad, es decir, que la política social llegara a todos, aun a los de menores recursos y potencialidades, para así poder combatir la pobreza. Un segundo argumento para la descentralización fue que ésta fomentaba una participación más directa de las comunidades; se pensó en auspiciar una gestión más social de la política y no únicamente una gestión estatal, lo cual coincidía con las recomendaciones neoliberales de lograr que los pobres participaran en el alivio a la pobreza a través de lo que les quedaba: su fuerza laboral (Lerner Sigal, 1998). De cualquier forma, lo que significó la descentralización en varios países de América Latina fue el abandono de la responsabilidad del gobierno ante ciertos servicios que durante mucho tiempo fueron de su total atención.

La constitución del Estado-nación y las reformas en México

El proceso de conquista y colonización dejó repercusiones de largo alcance en la estructuración de la sociedad mexicana: desde ese momento una línea racial constituyó los lazos de dominación como una frontera definida por el color de la piel que separaría a los oprimidos de las elites (Roux, 2005:66). De la colonización quedó el reconocimiento y la incorporación de las comunidades indígenas a la entidad política, proceso que las castellanizó y obligó a adaptar sus antiguas formas de producción comunal para fines que les eran ajenos. El resultado fue un híbrido, o como lo llama Echeverría (1998), un proceso de mestizaje cultural en el cual los grupos indígenas tuvieron que rehacerse, reestructurarse y reconstruirse mutuamente para poder integrarse.

Además de configurarse mediante un largo ciclo de violencia agraria desatado en el siglo XIX, durante la revolución mexicana y en las conquistas y derrotas de las clases subalternas, el Estado mexicano se erigió por el proyecto liberal de reemplazar las tradiciones coloniales, construyendo otras reglas ajenas a las sociabilidades, mitos y representaciones colectivas.

> "La construcción del Estado-nación mexicano no fue un proceso mecánico marcado por la delimitación tajante entre república de indios y republica liberal, sino uno más complejo, caracterizado por la adaptación liberal a socialidades antiguas y por la irrupción de éstas en el escenario en que se configuraba la comunidad estatal; el retorno a la antigua nación indígena, a la nación mexicana desplazada por la conquista, sería uno de los mitos fundadores de la identidad colectiva[5], el mito del retorno a la nación original se volvió junto a la Virgen de Guadalupe un elemento de cohesión social". [...] Tierra soberanía y nación, quedaron fijados como elementos constitutivos de la comunidad estatal, no solo por la resistencia de las socialidades comunitarias del mundo agrario que impuso el reconocimiento de los pueblos, sino porque la construcción del Estado nacional pasó por un

5 Este imaginario colectivo de indígenas y campesinos, más adelante, con la nación liberal fue personificado por la figura de Benito Juárez.: el indio liberal presidente.

despojo territorial y por la resistencia frente a poderes intervensionistas externos" (Roux, 2005:84).

Con este contexto de fondo se construyó el primer proyecto de modernización con el fin de constituirse como nación y como república. Así se aniquilaron a los pueblos y se homogeneizó, jurídica, cultural y lingüísticamente una sociedad heterogénea, destruyendo la oligarquía agraria que se había posesionado anteriormente, rompiendo también los pilares corporativos heredados del orden colonial a partir de un proyecto nacionalista, anticlerical y agrarista. Esto supuso la realización simultánea de cuatro procesos: conservación de la integridad del territorio nacional; afirmación de la soberanía estatal; construcción de una esfera de lo público-estatal secularizada, arrancando a la iglesia del poder sobre los asuntos que competen a los ciudadanos y la construcción de una relación estable de mando-obediencia.

La segunda oleada modernizadora estuvo envuelta en la reestructuración del capital del último cuarto del siglo XIX, que abarcó un proceso de reorganización estatal de la economía y un intento de cambiar el modo de dominación política, transformando a fondo los ámbitos productivos y financieros y provocando, a su vez, dislocaciones sociales y mutaciones culturales. Este proyecto de modernización quebró los soportes de la cohesión política en varios niveles y de la relación mando-obediencia expresada en la resistencia en dos terrenos: en la rebelión campesina y en la exigencia de una modernización con democratización expresada en la rebelión urbana.[6]

La revolución y otros conflictos posrevolucionarios que atravesaron todo el siglo XIX, tuvieron que ver con la reconfiguración interna de la sociedad mexicana y una nueva reordenación del Estado posterior a la reorganización del conflicto armado. La disputa jurídica sobre el artículo 27 y, en particular, sobre la propiedad nacional de la tierra y el petróleo fueron algunas de sus expresiones. De este periodo sociopolítico, quedó promulgada la constitución de 1917 que expresó una reorganización de la economía, la sociedad y la política al reconocer jurídicamente el derecho campesino a la tierra (en la figura de ejido) y los derechos sindicales y laborales de los trabajadores.

La crisis mundial del 1974 marcó la clausura definitiva del ciclo: el Estado mexicano se enfrentó a la disyuntiva de hacer caso omiso a las pautas de los

---

6 El conflicto que había atravesado toda la historia del siglo XIX, adoptó una forma violenta y concentrada en la revolución de 1910-1920 , conflicto que se prolongó hasta los años veinte y treinta del siglo XX; nació el enfrentamiento entre dos tipos de comunidad, la comunidad agraria recreada en socialidades de tipo personal que hacían de la pertenencia a una entidad colectiva el elemento que daba sentido a la propia identidad y la comunidad del dinero, constituida por individuos autónomos y recíprocamente indiferentes cuyas relaciones se median a través de las cosas (Roux, 2005: 108-109).

mercados y organismos internacionales o asumir transformaciones que afectarían toda su estructura. Si bien la primera opción se descartó rápidamente, la segunda se tomó de manera cautelosa por significar el desmonte de privilegios del Partido Revolucionario Institucional (PRI). A partir de la sucesión presidencial, en 1988 se dio un quiebre con la ruptura del pacto estatal que mostró de manera clara la crisis de legitimidad del régimen mexicano que se observaba en el ciclo de protestas de distintos sectores y en las rebeliones indígenas y campesinas. La rebelión armada zapatista[7] de 1994 también fue un síntoma evidente de la crisis estatal.

Esta nueva reforma no solo se fundó en la apertura a nuevos mercados, sino en las consecuencias políticas que las transformaciones traerían consigo a la seguridad de la estructura estatal, sostenida a partir de la década de los treinta en el presidencialismo y en la vigencia de un único partido, que se encargaba centralizadamente de la operación política, económica y administrativa del Estado. De acuerdo a Rubio (1992:198) para el gobierno mexicano de entonces,

> "reformar causaba inestabilidad porque atacaba a los intereses creados que tradicionalmente habían sostenido al régimen. No reformar causaba inestabilidad porque el estancamiento económico y la inflación carcomían a la sociedad, deterioraban los niveles de vida de los mexicanos, desequilibraban aún más la ya de por sí pésima distribución del ingreso, facilitaban el desarrollo de movimientos fundamentales y mesiánicos y, en general corroían la malla social".

A finales del gobierno de José López Portillo (1976-1982) se reorganizaron las instituciones del Estado, se reasignaron competencias, y se hizo frente al déficit fiscal por medio de la disminución de las importaciones, pero sin tocar la estructura misma del aparato estatal, es decir, se realizó una reforma de carácter institucional. Esto cambió a partir del gobierno de Miguel de la Madrid (1982- 1988) y hasta finales de la década de los noventa con el del ex Presidente Ernesto Zedillo (1994-2000) en tanto se identificó que el hecho de no reformar ya no era un curso de acción posible.

> "A partir de la crisis fiscal de 1982 y sus posteriores políticas de ajuste y reforma estructural del modelo económico, así como de la crisis político-electoral de 1988, se entronizan dos propuestas que se entreveran para determinar las nuevas relaciones entre Estado y sociedad: reducir

7 La rebelión armada zapatista de las comunidades indígenas organizadas en el EZLN, recuperó símbolos y mitos de la historia mexicana: la resistencia indígena a la conquista, la figura de Hidalgo, Morelos, Juárez, y Zapata, la revolución mexicana, la conversión de Aguas Calientes, la bandera nacional (Roux, 2005).

el tamaño del Estado y avanzar en el camino de la alternancia electoral. De esta manera, la reforma del Estado caminó de nuevo por dos avenidas dominantes, la electoral y la económica-administrativa" (Aguilar, 2006:40).

En los noventa, la reestructuración se enmarcó en seis grandes ejes: caída de salario, reorganización de los procesos productivos y reorganización de las relaciones laborales (acabando con los contaros colectivos); modificación constitucional del régimen de propiedad agraria (artículo 27) con la transformación del ejido y la incorporación de la tierra al intercambio mercantil privado; transferencia de bienes y servicios de propiedad pública (tierra, recursos naturales, medios de comunicación etc) a agentes privados; reestructuración del sistema educativo, quebrantando su carácter de patrimonio público; redefinición de las relaciones con la iglesia y, por último, integración subordinada al proyecto hemisférico estadounidense.

Esta reestructuración cambió el país de manera radical, penetrando todos los ámbitos de la vida social; reconfiguró las relaciones sociales, reformó la legislación, reconfiguró códigos culturales y reorganizó la dominación; no solo modificó la pirámide social aumentando la desigualdad sino también destruyó las formas de sociabilidad y de organización colectiva (como el sindicato o el ejido) sustituyéndolas por formas individualizadas y fragmentadas.

> "...la reorganización del capitalismo mexicano ha significado la disolución de los lazos protectores implicados en la comunidad estatal, la respuesta espontánea a esta orfandad es el resguardo de la otra comunidad: la de la identidad étnica, la de la rabia compartida ante un horizonte de certidumbres (como la de jóvenes y estudiantes racialmente excluidos y pobres); la del éxodo forzado, tejida en la vivencia del maltrato y humillación-también racial-compartida por los migrañitas (Roux 2005: 245)

Las políticas indigenistas en México

Dado el tipo de régimen político de México, en un primer momento las reformas alentaron la esperanza de un cambio profundo en el sentido de conformación de un nuevo pacto social; al mismo tiempo las movilizaciones se ampliaban las movilizaciones de los sectores de sociedad que buscaban afirmar sus nuevos derechos, entre ellos los pueblos indígenas.

En la historia de México hay distintos intentos de generar instancias de inclusión de los indígenas a la vida nacional. En términos muy esquemáticos se puede reconocer un primer momento signado por los anhelos de modernización y los deslizamientos de la lógica occidental que, al buscar la homogeneidad, tendieron a volver invisible la condición indígena; en un segundo momento, en cambio, la preocupación por la cuestión indígena se estableció a partir del reconocimiento y el respeto de las diferencias; sin embargo, como luego veremos, hay distintos aspectos de la política pública mexicana que permiten observar que dicho reconocimiento es más bien una cuestión formal que efectiva.

Entre estos dos momentos hay uno intermedio (cronológicamente hablando) que es la visión de la *integración* en el que desaparece prácticamente el concepto de raza y la definición de lo indígena se basa en la cultura y, de manera especial, en la lengua como su rasgo diagnóstico; desde esta concepción de integración, empieza a adquirir sentido la *política de desarrollo de la comunidad* para lograr hacer integral la acción indigenista.

Pese a las diferencias entre el primer momento y el intermedio, hasta finales de la década de los noventa del siglo pasado las perspectivas planteadas acerca del tema indígena se han caracterizado por responder a una política de Estado denominada como *indigenismo* que, bajo diferentes modalidades, ha configurado la acción gubernamental de forma unidireccional hacia la población indígena, en un intento por construir una única nación mexicana en la que "todos hablen el mismo idioma".

Aguirre Beltrán identifica tres políticas indigenistas: una es la política indigenista de *segregación* que se da durante el régimen colonial en América y que establece una barrera étnica que estructura a la sociedad colonial como una sociedad dividida en castas. La política indigenista *incorporativa* que surge con la emergencia de los Estados nacionales independientes; tal política se desarrolló bajo el signo de las ideas liberales y la incorporación se sostuvo sobre la base de la libre competencia, la ganancia y la propiedad privada. El objetivo de esta política era "convertir al indio en ciudadano de la nación emergente, concebida ésta como una nación occidental". Finalmente la política de *integración* que pretende introducir, desde la diferencia, un elemento de justicia social en la política indigenista (Díaz Polanco, 1979: 18-19). El papel de los tratados internacionales ha cumplido un rol fundamental en esta tarea de la "inclusión" de los distintos grupos indígenas (Rouland, 1999).

El indigenismo puede ser concebido como un "estilo de pensamiento" que forma parte central de una corriente cultural y política más amplia, identificable como el pensamiento nacionalista, pensamiento que orientó el discurso del Estado desde los años veinte a los ochenta del siglo pasado. Es así que se puede reconocer como "indigenista" no sólo a los intelectuales, a las instituciones, a las acciones y visiones de los funcionarios en torno a la política pública hacia los indígenas sino también a los discursos educativos estatales sobre estos temas. Es posible incluir arqueólogos y la producción artística que exalta a las culturas indígenas como origen de la nacionalidad mexicana (Zolla Márquez, 2004). A continuación expondremos las principales características de estos períodos.

Primera etapa de la política indigenista

El primer momento de la política hacia los pueblos indígenas tuvo sus inicios en la Revolución Mexicana de 1910 con un proyecto de construcción de una "nación" que se enfrentaba a la existencia de las comunidades indígenas como un problema, generando la necesidad de estructurar una política que se empeñara en resolverlo. Así surgió la política indigenista que intentó capacitar a los indígenas para que pudieran resolver los problemas que les presentaba su incorporación a una sociedad compleja y pluricultural. De acuerdo a Warman (2003:34), este momento sobre todo se extiende hasta 1939 y se caracterizó por medio de estrategias educativas como la castellanización, que buscaban reemplazar la cultura de las comunidades indígenas por aquella considerada como nacional y propia. En esta etapa lo indígena se definía con el concepto de raza.

Algunos autores entienden esta etapa como el momento preinstitucional del indigenismo, aunque con cierto margen más amplio en la temporalidad (Sámano, 2004). En este periodo destacan tres figuras claves: Manuel Gamio, José Vasconcelos y Manuel Saenz.

El antropólogo Manuel Gamio puede ser pensado como la figura central de la cual surge la raíz del indigenismo moderno en México. En su obra titulada "Forjando Patria" (1916) discute por primera vez la inexistencia de una nación mexicana y la importancia de construir un proyecto nacional para incorporar al indio –categoría usada por Gamio- al grupo social hegemónico a fin de construir una verdadera nación.

> "El problema no está pues, en evitar una ilusoria agresividad conjunta de tales agrupaciones indígenas, sino en encauzar sus poderosas energías hoy dispersas, atrayendo a sus individuos hacia el otro grupo social que siempre han considerado como enemigo, incorporándolos, fundiéndolos con él, tendiendo, en fin, a hacer coherente y homogénea la raza nacional, unificando el idioma y convergente la cultura" (Gamio, 1916:10).

La importancia del pensamiento de Gamio no sólo reside en términos de su aporte académico, sino también en el hecho de que a partir de sus propuestas empezaron a materializarse una serie de instancias gubernamentales específicamente dirigidas a la población indígena (Portal-Ariosa y Ramírez-Sánchez, 2010). Tal fue el caso del Departamento de Arqueología y Etnografía de la Secretaría de Agricultura y Fomento creado en 1917. Dicho departamento posteriormente se convertiría en 1919 en la Dirección de Antropología (Gamio fue su director hasta 1924).

Otra figura importante en indigenismo posrevolucionario fue José Vasconcelos. Como Gamio, Vasconcelos consideró que la heterogeneidad étnica en México era un "problema" que debía atenderse para construir una nación homogénea; en su caso la vía para esto fue la educación. Vasconcelos fue nombrado Ministro de Educación en el año de 1920 por el general Alvaro Obregón; al año siguiente se creó la Secretaría de Educación Pública (SEP) de la que Vasconcelos estuvo a cargo desde octubre de 1921 hasta 1924 (cuando la dejó porque se exilió a Estados Unidos por problemas de índole político).

Entre 1921 y 1923, Vasconcelos procuró que la educación tuviera un sentido nacionalista y culturizante, sobre todo con miras a que la población indígena pudiera integrarse al desarrollo social; su principal meta fue transformar a los indígenas en mexicanos (Arreola Martínez, 2009). Para ello se crearon: la escuela rural, encargada de la campaña de alfabetización; la escuela de la comunidad, que cumplió con la tarea de organizar a las comunidades alrededor de las actividades económicas predominantes en cada región y las "misiones culturales" que buscaron el mejoramiento profesional del maestro rural y el progreso material de la comunidad (Lazarín, 2009). El pensamiento central de Vasconcelos fue que los indígenas no debían ser ni exterminados ni recluidos en reservaciones –como pasaba en Estados Unidos-, sino integrados al desarrollo social y a la nación mexicana.

La tercera figura importante, Moises Saenz, operó también a partir de la educación para incidir en las poblaciones indígenas. En Palabras del propio Saenz:

> "Estamos tratando de integrar a México y de crear en nuestras clases campesinas un espíritu rural. Integrar a México. Atraer al seno de la familia mexicana a dos millones de indios; hacerlos sentir en español. Incorporarlos dentro del tipo de civilización que constituye la nacionalidad mexicana. Introducirlos dentro de esta comunidad de ideas y de emociones que es México. Integrar a los indios sin sacrificarlos" (Sáenz, 1926: 14).

Las tres figuras claves del inicio del indigenismo expresan que es necesaria una transformación del indígena y de sus comunidades para que éstos puedan formar parte de la nación mexicana; al mismo tiempo conciben que dicha transformación, era una tarea exclusiva del Estado.

Segunda etapa de la política indigenista

La segunda etapa alude al indigenismo institucionalizado (momento intermedio antes referido). En este período se ajusta la idea anterior, promoviendo un esquema de integración en el que se define lo indígena en función de la cultura y especialmente de la lengua.

Se podría decir que esta etapa tiene sus orígenes con el cardenismo, sexenio a partir del cual comenzaron a constituirse varias instituciones y efectuarse encuentros importantes para la política indigenista del siglo XX. El 30 de noviembre de 1935 se creó el Departamento Autónomo de Asuntos Indígenas (DAAI), a raíz de que el presidente Cárdenas planteara en su primer informe de gobierno la necesidad de contar con una institución dedicada de forma exclusiva a los problemas indígenas (Sámano-Rentería, 2004). Posteriormente, se crearon otra serie de instituciones relacionadas con el indigenismo mexicano, algunas dedicadas exclusivamente a la investigación y recopilación de información sobre los indígenas y otras de corte más operativo; entre las más destacada señalamos: Instituto Nacional de Antropología e Historia (INAH) creado en 1938, cuyo objetivo es el estudio de las etnias del país, la primera Comisión Intersecretarial en la Tarahumara de 1936, para conocer las condiciones de vida de los indígenas que la habitaban, el Departamento de Educación Indígena de la SEP de 1937) y el Consejo de Lenguas creado en 1939.

Aunque no fue una institución un evento que representó un hito de este periodo fue el Congreso Indigenista Interamericano de Pátzcuaro de 1940 que dio paso a la creación del Instituto Indigenista Interamericano a nivel continental y en México a la creación del Instituto Nacional Indigenista (INI) en 1948 (Korsbaek y Sámano- Rentería, 2007). Una de las resoluciones fundamentales de este congreso fue la definición del sujeto de la política indigenista, lo cual quedó asentado en la resolución LII con el título "Situación de los pueblos indígenas". La recomendación fue que la política para mejorar las condiciones de vida de los indígenas debía tener como eje central "... el concepto del indio, como un individuo, económica y socialmente débil" (Instituto Indigenista Interamericano, 1948: 26).

También hay que enfatizar que, a expensas de esta definición del "indio", la acción de la política indigenista en realidad ya no estaba dirigida a los sujetos particulares, sino al concepto de "comunidad indígena", lo cual se puede observar en la resolución LIII titulada: Integración de la comunidad indígena como base para promover el desenvolvimiento de los grupos autóctonos. En este punto se recomendaba que los países de América Latina tomaran las medidas necesarias para proteger a la comunidad indígena, desde la vía jurídica y política; que por medio de la acción económica, social y cultural se procurara incorporar a la comunidad indígena a la vida social de cada país y que se respetaran a los grupos indígenas considerando los valores positivos de la mentalidad y cultura de cada grupo (Instituto Indigenista Interamericano, 194).

El INI creado durante la presidencia de Miguel Alemán siguió de cierta forma la idea de mexicanizar al indígena; es decir, que los indígenas se modernizaran, hablaran español y pudieran vincularse con las instituciones oficiales que había creado el estado mexicano. Alfonso Caso, su director, dejó claro cuál sería la forma de entender al indígena (como en el acta final del congreso de Pátzcuaro la figura clave era la comunidad indígena)

> "Es indio todo individuo que se siente pertenecer a una comunidad indígena; que se concibe a sí mismo como indígena, porque esta conciencia de grupo no puede existir sino cuando se acepta totalmente la cultura del grupo; cuando se tienen los mismos ideales éticos, estéticos, sociales y políticos del grupo; cuando se participa en las simpatías y antipatías colectivas y se es de buen grado colaborador en sus acciones y reacciones. Es decir, que es indio el que se siente pertenecer a una comunidad indígena" (Caso, 1948).

Con la creación del INI se centralizaron las tareas estatales respecto a la población indígena que se focalizaban en proceso de aculturación[8] del indígena mediante los Centros Coordinadores encargados de ampliar la incidencia de la política indigenista. El primero se estableció en Chiapas 1951 (Centro Coordinador Indigenista de la Región Tseltal Tsotzil). A partir de los centros la comunidad ya no sería la única figura central sino también las denominadas regiones indígenas, "surgidas" a través del concepto Regiones de Refugio de Gonzalo Aguirre Beltrán (1973).

Asimismo a partir de la creación de los Centros la política indigenista centraba cada día más su atención en el tema de la marginalidad de las regiones y comunidades indígenas; es decir, no solamente había que producir cambios culturales en los indígenas, sino que también había que atenderlos por su posición marginal en la sociedad nacional. En este sentido, la política indigenista de los años setenta y hasta inicios de los ochenta (1970-1982), no sólo buscó integrar a los indígenas sino también atender su marginalidad.

---

8 El concepto aculturación hacía referencia a suprimir la cultura indígena y así lograr cambios tecnológicos que posibilitarán el mejoramiento de las comunidades indígenas; al mismo tiempo se pensaba recuperar algunos elementos "positivos" de los indígenas para incorporar a la cultura nacional.

La integración se buscó realizar durante el gobierno de Luis Echeverría (1970-1976) con la institucionalización de las organizaciones indígenas, que se concentraron en instancias como el Consejo Nacional de Pueblos Indígenas (CNPI) y los Consejos Supremos, ambos parte de la Confederación Nacional Campesina (CNC). También con el despliegue de la acción Estatal a partir de la creación de cincuenta y ocho nuevos Centros Coordinadores Indigenistas (CCI) que funcionaban como unidades operativas del INI en los diferentes estados de la Federación.

Así, aunque en su momento se reconocieron las bondades de estos espacios para la expresión y participación indígena, la relación de las organizaciones indígenas con el Estado era dependiente y limitante por el hecho de estar atadas al Estado que buscaba "corporativizar y mediatizar las luchas de los pueblos indios, alejarlos de los demás sectores explotados y desviar el sentido de sus reclamos (Sánchez, 1999: 95-96).

El segundo rasgo de la política integracionista, es decir la caracterización de marginalidad, se observa con el gobierno de José López Portillo (1976-1982); Según Cazés (1980:19 citado por Sánchez, 1999) se trataba de "crear una escuela de caciques ilustrados, fácilmente manejables por el indigenismo oficial". Así el gobierno llevó a cabo varias acciones entre las que se destacan el programa de Coordinación General del Plan Nacional de Zonas Deprimidas y Grupos Marginados (COPLAMAR), y la política de educación bilingüe-bicultural, apoyada en el Programa de Formación de Etnolingüistas, por medio del cual se instruía a líderes indígenas en el idioma español para que actuaran como promotores de la lengua nacional dentro de sus pueblos y no con el fin de fortalecer sus propio lenguaje.

De igual forma, durante este período el gobierno continúo abordando el tema indígena como una cuestión agraria, ignorando su contenido cultural y político. Además, de obstaculizar cualquier esfuerzo de participación de las organizaciones indígenas en la toma de decisiones a ellos concernientes. Ejemplo de esto, es el caso omiso a la propuesta de dichas organizaciones para la creación de la "Comisión Nacional para el Desarrollo Social y Económico de los Pueblos Indígenas" que estaría a su cargo, y el bloqueo a sus esfuerzos por separarse de la estructura de la CNC y del mismo PRI, iniciativas que al final quedaron reducidas, generando el afianzamiento de la sujeción y dependencia de dichas organizaciones a las instituciones estatales antes mencionadas. (Sánchez 1999: 95,99).

En torno a este período de "inclusión" de los grupos indígenas es posible observar dos visiones que apelan a modalidades distintas pero, en el fondo, con argumentos parecidos: una es la *etnocentrista* por la que la incorporación se realiza desde parámetros occidentales y los valores del progreso y la "civilización"; la otra visión es la *relativista cultural*. Esta última plantea la noción de *aculturación,* proceso que implica respetar las culturas autóctonas, permitiéndoles un desarrollo propio, pero con la secreta esperanza de que tal respeto conduzca a los indígenas, en todo caso, al abandono de su sistema para incorporarse finalmente en el occidental, lo que implica nuevamente el etnocentrismo pero de manera solapada (Díaz Polanco, 1979: 16). Entonces, el relativismo cultural norteamericano replantea, subrepticiamente, un etnocentrismo que se expresa en la aculturación.

Las formulaciones indigenistas en sus distintas variantes (integracionista, etnicismo, "cuartomundismo", etc.) desvinculan la problemática de la cuestión nacional y anulan su aspecto político. De esta manera, las demandas y los derechos de los pueblos indígenas son despojados de su carácter político reducidos a una perspectiva culturalista. Asimismo el influjo indigenista conduce a comunidades y organizaciones indígenas a la alienación e inmovilidad respecto de sus verdaderos intereses. Por su parte la versión etnicista, particularmente, indujo a las comunidades bajo su influencia a limitar sus reivindicaciones a aspectos "culturales", a encerrarse sobre sí misma y a mostrar poco interés por vincularse con otros sectores y organizaciones políticas. Es así que, según Consuelo Sánchez, los indigenismos no actúan para solucionar el conflicto étnico – nacional sino para asegurar la sujeción de los indígenas al Estado (1999: 104).

Ruptura de la etapa intermedia e introducción del neoindigenismo

El *indigenismo* en sus distintas vertientes puede ser pensado como *estrategia estatal* encaminada a ordenar su relación con los pueblos indígenas y como *disciplina frente* al reclamo de derechos indígenas. Ya sea como estrategia estatal o bien disciplina, el indigenismo circunscribe un campo generando un doble efecto: por un lado, inscribe la cuestión indígena en el ámbito de los derechos humanos (más adelante, aludimos a las paradojas que esta delimitación va generando); por otro lado, mediante esta inscripción se produce una esterilización de la acción que limita la posibilidad y capacidad de resistencia de los pueblos indígenas y, por tanto, su politización. De este modo, el postulado que intentará hacer compatible el *respeto de las diferencias* con la *necesidad de integración* es el de "justicia social" (Díaz Polanco, 1979: 21) o "derecho indígena". Sin embargo, se significa y valora la cuestión indígena desde los principios que rigen a las sociedades liberales actuales (el derecho humano y el respecto por la diferencia son algunos de ellos).

La crisis del indigenismo está asociada a una ruptura de una imagen de Estado nacional a favor de otra: la de un Estado diverso en la multiplicidad, resultado de la unión, de la comunicación entre muchos actores heterogéneos. Esta imagen de la nación implica una nueva concepción del indigenismo. Lo que ha cambiado es el paso de una recuperación del indio bajo la idea de un Estado-nación homogéneo, a un realce del indio mediante la idea de un Estado – nación múltiple y diversificado, en el cual el indígena sea el sujeto de su propia recuperación (Villoro, 1996).

Como antecedentes de una perspectiva crítica al indigenismo observamos que durante los sesenta y sobre todo en 1968, un grupo de antropólogos sociales comienza a criticar abiertamente los objetivos del indigenismo mexicano y propone la integración de los indígenas en un desarrollo nacional progresivo que desembocara en un socialismo, y que tal integración fuera delineada y ejercida en la práctica por los propios indígenas, tomando como punto de partida sus necesidades y alianzas. Desde esta postura se sostenía que el indigenismo oficial había planteado la *"incorporación"* del indígena en el desarrollo nacional que se expresa en la modernización, despojando el sentido político de los reclamos de los pueblos indígenas.

A esta visión luego se sumaría otras vertientes del pensamiento indígena con carácter más institucionalizado, que plantearían que los problema de los pueblos indígenas no son sólo económicos sino fundamentalmente *culturales:* la falta de comunicaciones espirituales con el medio exterior, la falta de conocimientos científico – técnicos para la mejor utilización de la tierra, la falta de un sentimiento claro de pertenecer a una nación y no sólo a una comunidad (Díaz, Polanco, 1979: 56).

La política indigenista sufrió una ruptura importante en el período presidencial de Carlos Salinas de Gortari (1988-1994), quien impulsó una serie de cambios normativos con propósitos económicos y políticos. Estos cambios significaron el replanteamiento ambivalente del "estatus" de los pueblos indígenas en la sociedad mexicana: si bien se respondió en parte a las demandas culturales de los pueblos indígenas, por otra parte se abrió la posibilidad de comerciar con particulares la propiedad de sus ejidos y comunidades, quitándoles la certeza sobre sus posesiones y herencias históricas.

El reconocimiento del estatus de los pueblos indígenas demandado por sus organizaciones se buscó a partir de una reforma Constitucional. La Comisión Nacional de Justicia para los Pueblos Indígenas creada en 1989 impulsó la reforma y en 1992 se aprobó el siguiente texto:

> "la nación mexicana tiene una composición étnica y pluricultural sustentada originalmente en sus pueblos indígenas. La ley protegerá y promoverá el desarrollo de sus lenguas, culturas, usos, costumbres, recursos y formas específicas de organización social, y garantizará a sus integrantes el efectivo acceso a la jurisdicción del Estado. En los juicios y procedimientos agrarios en que aquéllos sean parte, se tomarán en cuenta sus prácticas y costumbres jurídicas en los términos que establezca la ley".

Sumado a esta reforma, se introdujo una segunda reforma al artículo 27 de la Constitución, con el cual se posibilitó al Estado para negociar y comerciar discrecionalmente con particulares la propiedad de las tierras que comprenden el territorio nacional, cuando así lo considere oportuno. Cabe anotar, que dichos cambios corresponden a las reformas económicas como la privatización y la progresiva desregulación, emprendidas por el Estado, entre otros, para afrontar la crisis económica experimentada por cuestiones como la deuda externa y la hiperinflación.

Como paliativo se estableció el Programa Nacional de Solidaridad Social (PRONASOL), orientado a menguar la pobreza en las zonas indígenas por medio de fondos especiales, el cual no tuvo mucho éxito en su cometido pues

> "los escasos recursos destinados a dichos fondos, la manipulación de los mismos con fines políticos, la burocratización, la corrupción, etc., determinaron el fracaso de Pronasol y su nula efectividad de cara a las fundamentales metas propuestas: la pobreza en las zonas indígenas no sólo disminuyó, sino que incluso incrementó" (Sánchez, 1999:103).

Un brote de esperanza surgió con la denominada transición a la democracia y el "gobierno del cambio" en 2000. Sin embargo, el gobierno panista no transformó la situación de los pueblos indígenas al tiempo que dio fin al indigenismo institucional que había existido desde 1940, mediante la desaparición del INI y la creación de la Comisión Nacional para el Desarrollo de los Pueblos Indígenas (CDI).

Varios autores denominan neoindigenismo a la política instaurada desde la administración de Vicente Fox (2000-2006); con este concepto buscan dar cuenta de cómo el indigenismo se ha recubierto de un nuevo discurso que exalta la diversidad cultural, al mismo tiempo que busca formar "capital humano" e impulsar el "desarrollo empresarial" en las comunidades indígenas. Así, modernizar y desarrollar es la nueva panacea que plantea el neoindigenismo para las poblaciones indígenas, en lugar de escuchar las voces que solicitan autonomía política y la redistribución económica (Hernández, Paz y Sierra, 2004).

De esta forma, con la transición del gobierno, el nuevo indigenismo se basó en un discurso en el cual el reconocimiento de la diversidad étnica fungió como pieza importante para la cooptación de movimientos y líderes indígenas; es decir, el neoindigenismo, promovido por el Estado parece ser una estrategia encaminada a neutralizar a los movimientos indígenas contestatarios y simpatizantes del zapatismo (Hernández, Paz y Sierra, 2004).

Como se vio a lo largo de estos párrafos, la aculturación y castellanización del indígena, es decir, la conversión en mestizo, fue la misión principal del indigenismo a lo largo de varias décadas, esto pese a las distintas escuelas de pensamiento y etapas institucionales que fueron posibilitando el enriquecimiento del más importante organismo de planificación administrativa y de registro histórico cultural, el INI fundado en 1948 (Gutierrez, 2004). Hoy en día, parece superada esta etapa del indigenismo institucionalizado, pero hace falta una postura clara sobre cómo abordar la relación entre el Estado y los pueblos indígenas; de una u otra forma la cerrazón a escuchar a los indígenas y sus demandas es lo que sigue imperando, una situación en la que el reconocimiento cultural y étnico no ha sido más que una estrategia de marketing por parte de las nuevas administraciones, dado que les ha sido imposible replantear en nuevos términos las relaciones entre los indígenas y el aparato estatal.

Visiones y acciones por fuera del Estado

A estas visiones que se construyen conjuntamente con cierta figura y función estatal, habría que sumar las demandas establecidas por el Ejército Zapatista de Liberación Nacional (EZLN) que se establecen, justamente, *por fuera* del Estado[9]. Gran parte de las declaraciones del movimiento indígena van dirigidas al Estado y a sus políticas, uno de los principales postulados sostiene "el sustento social, lo justo de sus demandas y la dignidad que anima la lucha zapatista" (*Segunda Declaración la Selva Lacandona*). De esta manera, en el 2006 se lanzaron a llevar adelante la "Otra Campaña" por los distintos estados de México, en paralelo a las campañas políticas de los partidos mayoritarios

---

9 El 1 de enero de 1994 se produjo el alzamiento del ejército zapatista que se había creado hacía 10 años. Es así que miles de indígenas mexicanos amanecieron alzados en armas. Esta acción tuvo asidero en los 500 años que los indígenas llevaban en sus espaldas de resistencia licenciosa y tenaz a una aniquilación programada por el poder. Este movimiento se sentía convocado por la humanidad a repensar y reformular su forma de resistir para la construcción de una sociedad más justa, cooperativa y digna. El zapatismo es un movimiento que colabora en la elaboración de una práctica política sin conceptos pevios. De esta manera, en la *Segunda Declaración de la Selva Lacandona* se intentó evitar el reinicio de las hostilidades y se buscó, por todos los medios, llevar adelante una salida política, digna y justa para resolver las demandas plasmadas.

para las elecciones presidenciales que se celebrarían ese mismo año. En esa ocasión, el movimiento salía de la Selva Lacandona para hacer declaraciones y denuncias a la clase política y al sistema político. El zapatismo es un movimiento de campesinos indígenas que enaltece la identidad indígena, su sufrimiento y la necesidad de resistir construyendo una sociedad paralela con sus propios valores, reglas y formas de organización política y comunitaria. Por lo que, el desarrollo de esta movilización sucede por fuera de las instituciones políticas formales.

La aparición del movimiento armado en 1994 ha buscado el reconocimiento de la desigualdad de oportunidades y el racismo que han dado paso a prácticas discriminatorias hacia los grupos indígenas. Al respecto Soberanes Fernández (2010) señala que en respuesta a dichas situaciones de vulnerabilidad en la que se desarrolla la vida de millones de indígenas, la Comisión Nacional de los Derechos Humanos creó, en 1994, la Cuarta Visitaduría general como un área especializada en las protección, defensa, promoción y difusión de los derechos humanos de los pueblos indígenas en México conforme a lo establecido por la propia carta magna y los instrumentos internacionales firmados y ratificados por el estado mexicano (como el Convenio 169 sobre pueblos indígenas y tribales en países independientes de la Organización Internacional del Trabajo, OIT).

A modo de conclusión

Las diversas reformas del estado mexicano han sido respuestas a fuerzas endógenas y exógenas. Durante los años cuarenta y cincuenta predominó la visión de que el reparto del ingreso podría mejorarse por dos vías: la redistribución más o menos radical, directa, ejemplificada claramente en la reforma agraria y la ingeniería social dirigida a intensificar los procesos de desarrollo y modernización económicos con el fin ampliar la redistribuir y buscando un impacto positivo sobre la productividad y los salarios.

Las vicisitudes económicas, sobre todo la crisis latinoamericana de la deuda externa y las fuerzas del nuevo orden internacional, indujeron nuevas alteraciones en el modo de concebir el tratamiento de los problemas y las garantías sociales. Por un lado, algunos excesos del populismo resultaron insostenibles y, sobre todo, incongruentes con la dirección central de las estrategias dirigidas al desmantelamiento del intervencionismo estatal y a la apertura de fronteras. Por otra parte, los programas de estabilización de los ochenta limitaron los alcances de la ingeniería social y estorbaron la recuperación pronta de las tasas de desarrollo. Todo ello hace perder fuerza a la política macroeconómica macrosocial. Al mismo tiempo la política social se aleja del intento de reducir directa –redistribución– o indirectamente –vía desarrollo– la desigualdad, y se centra en la tarea más limitada e inmediata de abatir los síntomas de la pobreza y su intensa difusión entre los grupos vulnerados, entre ellos los indígenas. Estas políticas tienen como objetivo el alivio de los más desprotegidos, más que corregir las fuerzas que los sumergen en esa situación. Acaso el defecto más serio de las garantías sociales contemporáneas sea el de encubrir la separación de las demandas de una democracia verdaderamente incluyente con respecto a los objetivos ahora estrechos de la política económica. De sumarse, sin duplicaciones, pobres e informales, entre 40% y 50% de la población no tiene voz ni influencia en las decisiones que afectan a su bienestar.

Hay aquí una desarticulación medular de las políticas públicas. La cuestión es seria porque se dejan de lado las metas del empleo y de la distribución, pilares insustituibles de sustentación del bienestar de los países. En consecuencia, la eficiencia que se gana con la supresión de subsidios y la focalización de las erogaciones públicas no basta para compensar la desocupación, la pobreza y las desigualdades derivadas de la situación de cuasi-estancamiento estabilizador que priva desde los años ochenta sin interrupción.

Lograr la aceptación ciudadana del paradigma descrito fue un trabajo arduo que incluso debió incurrir en exageraciones ideológicas. Así, las críticas al Estado de bienestar y al populismo fueron satanizantes de sus políticas sociales por entrañar interferencias estatales en el funcionamiento del mercado y en el logro de la eficiencia productiva.

En síntesis, las instituciones básicas de respaldo a las garantías sociales (gobierno, mercado, familias) se desgastaron peligrosa y simultáneamente sin poder descargar entre sí las responsabilidades que ya no pueden satisfacer algunas o todas. Más aun: las mejoras parciales recientes en las condiciones de pobreza obedecen más a los esfuerzos y sacrificios adaptativos de la población –ocupaciones múltiples, trabajo femenino, migración y remesas– que a los efectos de las políticas públicas. Al mismo tiempo hay que considerar el peso de distintas estrategias vinculadas con las economías solidarias, sobre todo en algunas partes del país (Gracia, 2015).

La crónica crisis fiscal del Estado impide que los órganos gubernamentales asuman funciones sociales en escala suficiente; la prestación de servicios sociales vía el mercado excluye al grueso de los hogares pobres o de ingresos bajos; las familias –y singularmente las mujeres– absorben el costo de la transición económica, pero sus capacidades se ven menguadas ante el embate de la escasez de empleos, los bajos ingresos y los complejos fenómenos sociodemográficos que disuelven los núcleos familiares.

El meollo del problema deriva de la incongruencia entre las estrategias microsociales incluyentes y los enfoques macroeconómicos excluyentes, incapaces de afrontar con verdadera efectividad los problemas de marginación y pobreza. El sector moderno de la economía, sobre todo las actividades industriales, ha dejado de absorber a las oleadas generacionales de nuevos trabajadores y de emplear los excedentes de mano de obra de la agricultura. Es decir, se ha creado un mecanismo macroeconómico y macrosocial perverso de fomento a la exclusión que los programas microsociales alivian pero no son capaces de erradicar.

La situación descrita se viene traduciendo en el crecimiento explosivo del sector informal, en pobreza crónica. En rigor, ganar la batalla contra la injusticia social y los rezagos económicos implica dar un contundente golpe de timón a la orientación de las políticas públicas en varios frentes, incluida la necesidad de hacer paulatinamente exigibles los programas micro-sociales, así como negar aprobación a reformas que, por sus efectos primarios o secundarios, alienten la exclusión y los sesgos concentradores del ingreso nacional.

CAPÍTULO 2

Ser indígena y vivir en la ciudad

En el capítulo previo pudimos observar que la naturaleza mestiza del proyecto nacional mexicano motorizó políticas indigenistas que buscaron incluir de distintas maneras a los pueblos originarios a la nación. Aun en la nueva fase que constitucionalmente reconoce que México es un Estado plurinacional, en general las políticas y las prácticas institucionales desconocen el carácter sociohistórico y político que encierra la problemática étnica-nacional en el país.

Muchas investigaciones antropológicas se han realizado para describir la diversidad y rescatarla como multiculturalidad, es decir "*como unidades separadas que deberíamos valorar inspirados en el relativismo cultural*" (García Canclini, 2011: 106). Estas preocupaciones necesariamente requieren cambiar ante un horizonte de globalización de la interculturalidad en el que la diferencia no es local sino que supone cuestiones tales como que la segunda ciudad mexicana es Los Angeles (García Canclini, 2011: 106) y que ella forma parte de "comunidades transnacionales" etnopolíticas, nucleadas en torno a la defensa de derechos etnoculturales (Kearney, 1996). Justamente estos cambios hablan de la necesidad de transitar de la multiculturalidad a la inteculturalidad.

> "Ambos términos implican dos modos de producción de lo social: multiculturalidad supone aceptación de lo heterogéneo; interculturalidad implica que los diferentes se encuentran en un mismo mundo y deben convivir en relaciones de negociación; conflictos y préstamos recíprocos" (García Canclini, 2011: 106)

Frente a estos cambios, nos preguntamos: *¿Qué condiciones de posibilidad hay para asumir plenamente la diferencia y avanzar hacia prácticas sociales de interculturalidad*? A efectos de nuestro problema de investigación observamos que si bien a partir del surgimiento del movimiento social indígena en los ochenta se reconocieron constitucionalmente en 1992 y 2001 sus derechos agrarios, culturales, jurídicos y políticos (aunque solo de manera limitada) (López Bárcenas, 2005), las reformas y políticas públicas siguen considerando a los indígenas sólo en espacios comunitarios rurales, con lo cual desconocen estos derechos para los indígenas urbanos (de la Peña, 2015) que, de acuerdo a los propios datos oficiales del Censo de población de 2010, se pueden estimar en 2 millones 825 mil 736 mayores, es decir, representan el 41 por ciento de la población total de 3 años y más que habla alguna lengua indígena y el 3.49 por ciento de esa población en el total de ciudades mexicanas[1].

Un fenómeno recurrente al que se refieren casi todas las investigaciones sobre indígenas que viven o transitan en ciudades mexicanas se vincula con los procesos de discriminación que viven al interactuar en ámbitos sociales e institucionales, sobre todo, en los espacios escolares, las instituciones de salud, los mercados laborales y lugares de trabajo y distintos espacios citadinos (Oehmichen, 2007; Martínez Casas, 2007, Horbath 2008[a y b] y 2013, entre otros).

La Primera Encuesta Nacional sobre Discriminación en México (ENADI) elaborada por la Secretaría de Desarrollo Social (SEDESOL) y el Consejo Nacional para Prevenir la Discriminación (Conapred) en 2005, ilustra que nueve de cada diez indígenas consideró que se los discriminan por su condición étnica. El 90% consideró que tiene menos oportunidades para conseguir empleo; tres de cada cuatro estimaron lo mismo, pero en relación con el acceso a la educación; 45% afirmó que no le fueron respetados sus derechos por el hecho de ser indígena, mientras que uno de cada tres fue discriminado el año anterior y a uno de cada cinco le negaron el trabajo por ese mismo motivo. Finalmente dos de cada tres indígenas manifestó tener pocas o nulas posibilidades para mejorar sus condiciones de vida. Las deficiencias en el ámbito laboral así como la lengua, son consideradas como los principales factores que inciden en el rezago económico y social.

Dichas limitaciones los posicionan en un contexto de pobreza en términos de acceso a satisfactores (Horbath y Gracia, 2013), condición que interactúa con la exclusión y discriminación por la que atraviesan las comunidades indígenas, a pesar de las políticas sociales que se han implementado para la mejora en las condiciones de este sector de la población (Horbath y Gracia, 2012).

Uno de los elementos que pesan en la imagen que se ha construido sobre el indígena, gira en torno al color de piel. Siendo que el 64.6% de las personas en México se consideran a sí mismas morenas, el 54.8% afirma que a las personas

1 Realizado en base al Sistema para la Consulta de Información Censal 2010, Versión 05/2012.

se les insulta por su color de piel y el 15% ha sentido que sus derechos no han sido respetados por esta misma razón (ENADIS 2010).

Ortega Villaseñor (2013) presenta la discriminación racial en México hacia los indígenas como un problema histórico desde la época colonial; los indígenas fueron considerados la raza inferior, marcando así una diferencia abismal entre las razas y rechazando a estos sectores de la población, esto como consecuencia de que "... *los pueblos indígenas, rigen su vida por costumbres, reglas tradicionales, horizontes y expectativas singulares que no corresponden a esa diáspora cultural...*" contrastados estos elementos con los que se conformaban los rasgos de la identidad nacional.

La dicotomía indio-mestizo es el fundamento con el que se construyen otras dicotomías: los elementos asociados a los blancos y mestizos se vinculan con lo positivo, es decir, con la modernidad y el progreso, mientras que los relacionados con los indígenas se relacionan con el atraso, la ignorancia y lo rural" (Oehmichen, 2007). De allí que a pesar de que científicamente se ha comprobado que la noción de raza no tiene un fundamento genético ni biológico –y de que la racionalidad de la modernidad es cientificista– la misma sigue siendo "una idea arraigada, una convicción terca, ligada en lo profundo a las formas en las que hemos construido los Estados-nación, los nacionalismos, los poderes determinados étnicamente que los sostienen y las relaciones socioculturales, económicas y políticas entre naciones" (Gall, 2016: 9), que se sostienen en un patrón de poder colonial moderno que clasificó a la población a partir de diferencias fenotípicas denominadas diferencias raciales (Quijano, 2000).

En este capítulo nos referimos a los procesos de discriminación, estigma y autodiscriminación conectándolos con la dinámica de inclusión-exclusión de las sociedades y a la forma en que, a partir de ella, las personas se vinculan con identidades individuales y colectivas, son o no reconocidas por los otros y se vuelven vulnerables en distintos aspectos y ámbitos. Estas nociones han sido las guías que hemos tenido para la construcción de herramientas de producción de información cuantitativa y cualitativa que analizaremos en la tercera parte del informe.

Algo que es importante mencionar es que estas categorías adquieren distintas connotaciones según el tipo de relación social y de sociedades en las que se inscriban, de allí que la distinción entre sociedad "modernas" y "posmodernas" o "postindustriales" adquiera sentido para varios autores pues, mientras en la modernidad la inclusión se constituye en el principio ordenador de la sociedad, en la posmodernidad la exclusión es la que cumple esa función (Luhman, 1998). Foucault estudia los saberes y las instituciones que conforman ciertos dispositivos a partir de los que es posible volver a integrar y a reeducar a los grupos excluidos.

En este sentido, el orden de las relaciones entre inclusión y exclusión sigue confiándose a dispositivos especiales que todavía permiten considerar esta diferencia como interna a la sociedad; la política de reinserción intenta reclamar al individuo mismo (Luhmann, 1998: 175) objetivo que, en nuestro caso de estudio ha sido operado por medio de la política indigenista.

En la posmodernidad y dado que la inclusión en los sistemas funcionales ya no determina cómo y cuán intensamente se toma parte en los otros sistemas funcionales (por ejemplo, qué derechos se tienen y cómo se regula el acceso a los recursos simbólicos), el resultado es un considerable relajamiento de la integración en el ámbito de la inclusión (Luhman, 1998: 190).

Acerca de la dinámica de inclusión-exclusión: zonas de vulnerabilidad, discriminación y grupos vulnerados

> *En cuanto al concepto de exclusión, es importante señalar que la vaguedad del mismo ha llevado a que su uso abarque situaciones muy disímiles haciéndole perder su especificidad. Por ello resulta importante acotarlo a las situaciones que implican una fuerte acumulación de desventajas. (Minujin, 1999: 173)*

El debate actual sobre vulnerabilidad social en las Ciencias Sociales plantea a la misma como proceso que involucra un recorrido desde la inclusión social hasta la marginalidad profunda y desafiliación (exclusión). Esta se encuentra a mitad del mismo y se caracteriza por el acoplamiento de la pérdida de trabajo y el aislamiento relacional.

El ser excluido no es sólo un problema económico sino que implica el quiebre de las redes relacionales: familiares, barriales, comunitarias. Perder el trabajo no es sólo perder el salario sino también una red de relaciones, pertenencias, inscripciones y recursos socio - afectivos (Castel, 2004; Beccaria y Lopez, 1997; Fitoussi y Rosanvalon, 2003). Es decir que el desempleo puede estar acompañado de un proceso de desafiliación social.

Robert Castel plantea que el pasaje hacia una sociedad post-industrial, es decir, en la cual la riqueza generada por la industria no constituyen el pilar de la acumulación, supone una doble desafiliación: de la condición laboral y del lazo social. De este modo, el autor elabora su concepto de desafiliación mostrando que no se trata sólo de una ruptura con el salario sino además con lo que prefiere llamar "lazo social": hay una pérdida de pertenencia de los individuos (Autes, 2004: 30). Y en la pérdida de las redes informales es donde ubica la posibilidad de pasar de la zona de vulnerabilidad a la de exclusión.

La individualización-emancipación se acompaña de una individualización-fragilización (Fitoussi y Rosanvallón, 2003: 39). Castel ubica esta fragilización en el proceso de descolectivización en la organización del trabajo. Por esto, hay que poner el acento en la ambigüedad profunda de este proceso de individualización-descolectivización que atraviesa las configuraciones más diferentes de la organización del trabajo y afecta a todas las categorías de obreros tanto a los no calificados como a aquellos que están altamente calificados.

Tal como plantea Bauman (2008: 11), no es lo mismo

> "ser pobre en una comunidad de productores con trabajo para todos" [que serlo en] "una "sociedad de consumidores cuyos proyectos de vida se estructuran sobre las opciones de consumo y no sobre el trabajo, la capacidad profesional o el empleo disponible. Si en otra época ´ser pobre´ significaba estar sin trabajo, hoy alude fundamentalmente a la condición de un consumidor expulsado del mercado".

En este sentido, los "parados", término por el cual se solía describir a los que no podían introducirse en el mercado laboral, mostraban la excepción a la norma de "tener empleo". En otras palabras, se encontraban temporalmente desocupados y formaban parte del "ejército de reserva de la fuerza de trabajo". Actualmente "racionalizar" significa recortar y no crear empleo, más bien, implica el cierre de secciones y la reducción del personal (Bauman, 2008). En este nuevo escenario aumentos en la producción no se traducen en más empleo lo cual profundiza la brecha social y la vulnerabilidad social.

El concepto de discriminación (1)

El Diccionario de la Lengua Española proporciona dos definiciones del verbo discriminar: "a) separar, distinguir, diferenciar una cosa de otra y b) dar trato de inferioridad, diferenciar a una persona o colectividad por motivos racionales, religiosos, políticas, etcétera".

La primera de estas dos acepciones sólo hace referencia al discernimiento y, como tal, no posee un contenido valorativo negativo, mientras que la segunda implica un trato desigual hacia un individuo o grupo social fundado en el prejuicio o estigma social o cultural. Si a esta segunda definición agregamos que el acto o conducta discriminatorio posee "un efecto (intencional o no) de dañar derechos y libertades fundamentales" hacia los discriminados nos acercamos hacia una definición más "técnica" de discriminación propia del "orden jurídico", es decir, del lenguaje de los derechos contenido en leyes y constituciones (Zepeda, 2006) .

En términos sociológicos, la discriminación es un fenómeno social y cultural vinculado con la dinámica inclusión/exclusión que se expresa en prejuicio y estigma.

El Diccionario Oxford de Sociología señala que "este concepto, que en el uso común significa simplemente ´tratar injustamente´, ocurre más comúnmente en sociología dentro del contexto de las teorías de las relaciones étnicas y raciales" (Marshall, 1998: 522). De acuerdo con Marshall, los análisis sociológicos sobre discriminación se "concentran en patrones de dominación y opresión, visualizados como expresiones de una lucha por el poder y el privilegio" (Marshall, 1998: 163). De acuerdo con esta definición, para adentrarnos al problema de la discriminación es necesario considerar conceptos como el poder y la dominación y pensar de qué forma algunos grupos y personas devienen excluidos y cuáles son las fuerzas sociales que crean, recrean y fortalecen la exclusión social en distintos contextos sociales.

Los franceses Michel Foucault y Pierre Bourdieu pensaron, investigaron y escribieron sobre la relación entre cultura, poder y diferencia. En Vigilar y Castigar Foucault mostró cómo la producción social de la diferencia se relacionaba con regímenes establecidos de conocimiento y poder haciendo evidente cómo la definición de lo "anti-natural" y de lo "anormal" es fundamental para la definición social de lo "natural" y lo "normal" (Foucault, 1976). Para Bourdieu, todos los significados y prácticas culturales suponen intereses y funcionan enfatizando las distinciones sociales entre los individuos, grupos e instituciones y el poder se utiliza para legitimar las desigualdades de estatus dentro de la estructura social. Un concepto fundamental para entender cómo quienes son discriminados en la sociedad a menudo aceptan e incluso internalizan la discriminación es la noción de "violencia simbólica" que hace referencia a los mecanismos simbólicos (palabras, imágenes, conductas y prácticas) que promueven el interés de los grupos dominantes así como sus distinciones y jerarquías (Bourdieu, 1988).

También el alemán Norbert Elias nos proporciona un concepto clave para entender el poder pensado en términos relacionales, más complejamente que en la polaridad dominantes-dominados a la que, tal como él mismo expresa, nos ha confinado muchas veces "la tradición". Su noción de figuración, que alude a la "constelación de hombres recíprocamente entrelazados", implica una coacción de unos con otros, una balanza de poder, que se inclina a favor de unos y en detrimento de otros según sea el caso (Elias, 1982: 52).

De acuerdo a lo hasta aquí la discriminación es un problema socio-cultural complejo vinculado a la dinámica inclusión/exclusión que nos habla del problema de la desigualdad (Stearns y Logan) pues pone en juego fuerzas sociales, culturales, económicas y políticas que la reproducen estructuralmente creando y recreando la exclusión social.

Finalmente hacemos referencia a otra acepción, la discriminación positiva, también conocida como acción afirmativa o acción positiva que tiene su origen en el derecho antidiscriminatorio. Esta acción positiva es concebida como una serie de medidas vinculadas, de un modo u otro, al Derecho (fundamentalmente al poder normativo de la Administración) y destinadas a eliminar la desigualdad o discriminación intergrupal. Sería ingenuo afirmar que existen definiciones neutrales de la acción positiva, dado que ellas conllevan supuestos y consecuencias de naturaleza política. Las posibilidades que se han presentado en la historia de la acción positiva han sido variadas: igualdad de trato, igualdad de hecho, igualdad de oportunidades e igualdad plena. Sin embargo, sea cual fuera la perspectiva que se invoque la desigualdad intergrupal entronca con desigualdad estructural (sistémica o institucional) basada en las diferencias de poder social o status. El poder político se observa también en el hecho de que la barrera de la legitimidad o no de la acción positiva se vincula a la gravedad asignada al fenómeno de discriminación. Si se tiene en cuenta que la acción positiva implica una redistribución de bienes y recursos escasos, siempre se exigirá sacrificar intereses de otros grupos (Barrere Unzueta, 2003).

Grupos vulnerados

Observábamos que es posible hacer referencia a una franja de vulnerabilidad social que se establece entre los extremos de inclusión/exclusión de la dinámica social (Castel, 1997) antes de la exclusión o desafiliación se encuentran los grupos cuyas condiciones los vuelve vulnerables a ser desafiliados. Estos últimos se caracterizan por una importante inestabilidad.

Si bien los aportes de Robert Castel aluden al desempleo respecto de una condición salarial, nos interesa resaltar sus definiciones de vulnerabilidad social para la cual resalta el trabajo y las redes sociales. Dichas dimensiones son relevantes al momento de analizar la vulnerabilidad social de los grupos indígenas ya que debido a la inestabilidad que éstos experimentan en estos dos aspectos (aunque principalmente en el trabajo) podemos pensarlos como grupos vulnerable.

Si consideramos las limitaciones de las políticas públicas como al restringido acceso a las mismas por parte de los grupos indígenas podemos hablar de una cristalización de la vulnerabilidad y de la discriminación hacia ellos, lo cual los convierte en grupos vulnerados. Asimismo, cuando se observa una actitud discriminatoria en el mismo indígena por la que establece sus propias restricciones respecto de los espacios y ámbitos a los que puede acceder, es posible hacer referencia a autodiscriminación. Ahondaremos sobre estos aspectos luego de referirnos a la noción de lo indígena y al problema de las identidades.

Hacia una definición operativa de lo indígena

La definición de lo indígena constituye un campo problemático. ¿Qué significa serlo? En México la lengua es un elemento que se ha considerado como determinante para la identificación de los aproximadamente 62 grupos etnolingüísticos que representan más de la décima parte de la población mexicana. Sin embargo, ¿es este el único elemento?

Aun si el atributo de la lengua es importante para la configuración de identidades étnicas, el mismo no alcanza para definirlas pues no tiene en cuenta otras identificaciones de los sujetos, ni sus orígenes y vínculos intergeneracionales e inclusive, aun considerando la lengua, la variable deja fuera a quienes no hablan pero sí pueden entender una lengua indígena (lo cual es muy común en las familias indígenas de México).

Durante gran parte de la historia de México, los indígenas han sido definidos sin tomar en cuenta los criterios que ellos mismos esgrimen para identificarse tanto individual como colectivamente. De allí que en esta investigación consideramos fundamental abordar el tema desde la perspectiva de los propios actores sociales. Para ello requerimos enmarcar la definición del ser indígena desde el tema de la identidad, debido a que esta categoría alude al proceso por medio del cual los sujetos sociales establecen lo propio al mismo tiempo que se diferencian de los demás.

La noción de identidad en las ciencias sociales

La noción de identidad como unidad analítica ha cobrado gran importancia en las ciencias sociales en cuanto posibilita entender muchas de las dinámicas individuales y colectivas de los individuos que componen nuestra sociedad y también permite entender la existencia de una diversidad de adhesiones y sentimientos de pertenencia que las personas tienen respecto de ciertas colectividades. Al referirnos a una diversidad de adhesiones y sentimientos de pertenencia, estamos hablando del mundo de la alteridad, ámbito donde reconocemos la existencia de "otros" diversos con sus formas específicas de mirar la realidad y de sentirse pertenecientes al mundo. Derivado de lo anterior, hablar de la identidad, o mejor dicho de identidades, es también referirse a los distintos colectivos que existen y a las formas autoadscriptivas por medio de las cuales ellos se definen y diferencian de los demás.

La noción de identidad ha ido adquirida cada vez más importancia sociológica a partir de las movilizaciones y movimientos sociales que desde finales de los sesenta y setenta hablan de nuevas configuraciones en la conformación de actores colectivos (Tarres, 2015). Las luchas y los discursos centrados en la explotación económica se han debilitado, ha perdido peso la categoría de clase social y también estas luchas se han vuelto más defensivas (Gracia, 2011), al tiempo que se fueron desarrollando una serie de movilizaciones centradas en la defensa de los derechos de identidad. (Dubet, 1989: 520). Esto es importante mencionarlo pues, como afirma Gilberto Giménez, la teoría de la identidad se inscribe dentro de una teoría de los actores sociales y de la acción en tanto no pueden existir "acciones con sentido" sin actores, y la identidad constituye precisamente uno de los parámetros que definen a estos últimos.

La temática de la identidad en sociología está casi ausente en sus padres fundadores, con excepción de a Mead y Parsons que se refirieron a la personalidad y la constitución de la persona (Dubet, 1989:519). Sin embargo, aun si la categoría no aparece de forma tácita en la obra de los llamados clásicos de la teoría social, es posible decir que algunas de las corrientes y sus máximos representantes han "alimentado" la teoría de las identidades sociales. Esto es así porque, como advierte François Dubet, en su vertiente más usual se reconoce que la "identidad es una manera subjetiva de la integración" y, por tanto, es "inseparable de la socialización y de su eficacia"; al mismo tiempo, también se "asocia a cierta imagen de las relaciones sociales" (Dubet, 1989: 520-21).

Sin duda, así como el trabajo de Durkheim es posible retrotraerlo al debate actual sobre las identidades, también sería posible hacerlo con varios clásicos, que de una u otra forma, formaron el camino para una teoría social en la cual se enmarca al sujeto como actor privilegiado en el análisis de la acción social. Entre estos autores se encuentran: Weber, Parsons, Mead, Schütz y Berger y Luckmann. Si bien entre cada uno de estos autores existe mayor o menos distancia en términos de su concepción de los individuos, la sociedad y la relación entre ambos, es posible señalar que las críticas o aportes que cada uno realizó han posibilitado una teoría social centrada en los procesos intersubjetivos de construcción de la realidad.

Las identidades sociales

La identidad es una categoría conceptual que remite a una diversidad de fenómenos, hechos y procesos que se suscitan en la realidad social en la cual los individuos mediante su interacción social la construyen. De esta forma, la identidad en cuanto categoría, puede ser abordada desde lo más amplio, en términos genéricos, hasta lo más específico, como puede ser la identidad religiosa de determinada iglesia –pensada como comunidad- situada en un tiempo y espacio particular. Por lo anterior, primeramente se vuelve necesario apuntar algunas cuestiones generales sobre la categoría en su sentido más amplio.

El concepto identidad es para Gilberto Giménez (2004) "… uno de esos conceptos de encrucijada hacia donde convergen una gran parte de las categorías centrales de la sociología, como cultura, normas, valores, estatus, socialización, educación, roles, clase social, territorio/región, etnicidad, género, medios, etc." (Giménez, 2004: 77). Incluso se puede decir que ciertos conceptos de la sociología no solamente confluyen o convergen con el de identidad, sino que forman parte de su tratamiento y categorización. Dentro de estos conceptos ciertamente encontramos nociones como: cultura, socialización, acción social, ideología y sujeto.

En términos analíticos se pueden distinguir a las identidades individuales de las colectivas. Ciertamente, este ejercicio de división entre lo eminentemente individual y lo colectivo es menos claro cuando se necesita aprehender la realidad social, donde lo individual y lo social forman parte de un mismo continuum vivido por los sujetos[2]. Giménez define la identidad individual como

> "… un proceso subjetivo (y frecuentemente auto-reflexivo) por el que los sujetos definen su diferencia de otros sujetos (y de su entorno social) mediante la auto-asignación de un repertorio de atributos culturales frecuentemente valorizados y relativamente estables en el tiempo" (Gimenez, 2004: 85).

A expensas de que ciertamente la identidad individual alude a un proceso subjetivo, este proceso requiere de su inscripción en cierta sociedad. La formación de una persona en sociedad es precisamente lo que el interaccionismo

---

2 De acuerdo con Giménez (2004: 84) "Las teorías anglosajonas de la identidad, ciertamente influidas por la tradición interaccionista inaugurada por George Herbert Mead (1934), suelen abordar el tópico de la identidad casi exclusivamente desde el punto de vista de los sujetos individuales. En cambio, la tematizaci6n de las identidades colectivas parece propia de la tradición durkheimiana y, particularmente, de los teóricos de los movimientos sociales como Alain Tourraine (1984), Alessandro Pizzorno (1989, 1994, 2000) y Alberto Melucci (1982, 2001).

simbólico de George H. Mead destaca al hablar de la constitución del yo. Para este pensador la persona "*es algo que tiene desarrollo; no está presente inicialmente, en el nacimiento, sino que surge en el proceso de la experiencia y las actividades sociales*". (Mead, 1999: 167). La distinción particular de la persona y de la constitución del yo, está en la posibilidad de que ella se convierta en objeto para sí, es decir, que sea sujeto y objeto al mismo tiempo. Ser objeto de sí mismo significa que el individuo pueda tener una "conversación interna" por medio del lenguaje que ha adquirido en cuanto perteneciente a una sociedad, lenguaje –constituido por símbolos significantes- que le posibilitará tener una comunicación simbólica dirigida a sí mismo pero a sabiendas de que también tiene significado para los demás miembros de sus sociedad. De esta forma, dado que la identidad individual alude a una persona llevando a cabo un proceso reflexivo, ésta supone incorporar también a la sociedad en la que vive.

Por otro lado, el proceso de autoidentificación presente en la definición de Gilberto Gimenez requiere del reconocimiento de los demás sujetos hacia el individuo que se autodefine de cierta manera (Gimenez, 2004). Un último elemento que posibilita entender que la identidad individual no puede ser aprehendida desde una mirada eminentemente individualista, es la auto-asignación de una serie de elementos o atributos culturales que la persona lleva a cabo para diferenciarse de los demás, esto debido a que en dichos elementos se encuentran los elementos de pertenencia social; es decir, aquellos atributos que el individuo ha adquirido por su pertenencia a grupos y colectivos sociales como grupos barriales, religiosos, políticos, comunidades o colectividades indígenas.

Se puede decir que la identidad individual es una categoría que alude a la idea y expresión que tiene un individuo acerca de quién es él y quienes son los "otros", lo cual, como ya hemos señalado, no implica pensar en el individuo en cuestión como un ente aislado de toda historicidad o contexto socio-cultural, sino precisamente en un sujeto demarcado por un contexto socio-cultural específico.

Párrafos anteriores se señaló que la categoría identidad puede ser pensada en términos de identidad individual e identidad colectiva, por lo menos para fines analíticos y de explicación. La identidad colectiva, es una categoría diferente a la individual, debido a que los grupos y colectividades a los cuales hace referencia inmediata la identidad colectiva carecen de autoconciencia y voluntad propia (Gimenez, 2004), como es el caso de la identidad individual.

Tomando como referente a Alberto Melucci (2002) se puede decir que las identidades colectivas remiten a un sistema de relaciones y representaciones compartidas por una colectividad, y que dicho sistema es la que conforma y orienta la acción colectiva de los sujetos. Se trata –nos dice el autor- de una definición "interactiva y compartida, producida por varios individuos y que concierte a las orientaciones de acción y al ámbito de oportunidad y restricciones en el que tiene lugar la acción" (Melucci, 2002: 66).

> "La identidad colectiva es, por tanto, un proceso mediante el cual los actores producen las estructuras cognoscitivas comunes que les permiten valorar el ambiente y calcular los costos y beneficios de la acción; las definiciones que formulan son, por un lado, el resultado de las interacciones negociadas y las relaciones de influencia y, por el otro, el fruto del reconocimiento emocional" (Melucci, 2002:66)

De lo dicho hasta aquí en torno a la identidad, sea individual o colectiva, se pueden destacar dos cosas: una, que la identidad alude a la vinculación que tiene el sujeto con su sociedad más amplia, y aún al contexto histórico en el cual se enmarca ésta; y dos que la identidad no es una esencia natural, sino que remite a un proceso, proceso mediante el cual los sujetos interiorizan una serie de elementos culturales y representaciones a través de las cuales identificarse y diferenciarse de otros, y también guiar su acción e interpretar la vida y el mundo que les rodea.

Retomando el hecho de que la identidad implica un proceso, es posible pensarla también a partir de esta idea. Como señala Várguez Pasos, la construcción de la identidad

> "… es un –llamémosle así- macroproceso que tiene lugar a través del tiempo y en éste hay que distinguir varios procesos particulares que se entrecruzan y articulan, para dar origen a un complejo enramado, el cual no es otra cosa que la identidad misma. Dichos procesos son: la transmisión de los elementos cognoscitivos, ideológicos, axiológicos, simbólicos, organizativos y de actitud que constituyen la identidad del grupo social al que pertenece el individuo; la internalización que de ellos hace este último; su reelaboración por parte de este mismo y la transmisión que posteriormente hace a los integrantes de su grupo y a los individuos con *quienes se relaciona*" (Várguez Pasos, 1999: 49).

Sin ahondar en cada uno de los procesos enmarcados en el así llamado macroproceso que implica la construcción de la identidad, es posible decir que existe una categoría consustancial a éste que es el proceso de socialización (tal y como mencionábamos trayendo las palabras de Dubet) a partir del cual los sujetos interiorizan una serie de elementos culturales y representaciones en la interacción con otros sujetos. Podemos distinguir entre la socialización primaria, que el sujeto realiza durante su infancia en instituciones como la familia o la escuela, de la socialización secundaria cuando se relaciona con aquellos "otros mundos de sentido" siendo más grande, cuando ya tiene la posibilidad de interactuar con sujetos e instituciones distintas a aquellas con las que se relacionó en su infancia. De una u otra forma, la socialización -primaria o secundaria- posibilita al sujeto interiorizar y aprehender elementos o atributos de los grupos sociales más cercanos, pero también de la sociedad en términos amplios; así, estos atributos serán los que posteriormente el sujeto en cuestión podrá poner en uso para externar, evidenciar su identidad y su pertenencia a un colectivo.

La identidad indígena

Una vez señaladas algunas de las características generales del concepto identidad, es necesario abordar la noción ahora en términos más específicos, vinculándolo con los sujetos de estudio, es decir los individuos y colectivos indígenas que residen en las ciudades del sureste mexicano y de Guadalajara.

En primer lugar es necesario destacar que la construcción de la identidad indígena, como otras identidades, es un proceso específico mediante el cual los sujetos se diferencian de otros usando (expresando) ciertos elementos o atributos culturales bien específicos que han interiorizado a lo largo de muchos años y que les posibilita la acción dirigida hacia otros grupos.

El concepto indígena o indio ha sido pensado en algunos momentos como sinónimos, sin embargo es preciso remarcar que la categoría indio es todavía más cercana a una imposición que la de indígena pues dicha categoría

> "... nace cuando Colón toma posesión de la isla Hispaniola a nombre de los Reyes Católicos. Antes del descubrimiento europeo la población del Continente Americano estaba formada por una gran cantidad de sociedades diferentes, cada una con su propia identidad, que se hallaban en grados distintos de desarrollo evolutivo: desde las altas civilizaciones de Mesoamérica y los Andes, hasta las bandas recolectoras de la floresta amazónica... No había "indios" ni concepto alguno que calificara de manera uniforme a toda la población del Continente". (Bonfil Batalla, 1972: 110-111).

En realidad indígena ha sido indebidamente relacionado a indio, voz cuyo significado propio es originario de la India. Si bien la categoría indígena también podría considerarse una especie de imposición externa a cada uno de los grupos "autóctonos" del continente americano, también es cierto que hoy día, y desde hace ya unas décadas, han sido los propios sujetos pertenecientes a los distintos grupos étnicos quienes han abanderado la categoría indígena como forma reivindicativa de su ser, de sus organizaciones y de su pertenencia a determinados territorios. Históricamente la categoría indígena ha poseído un sentido peyorativo al aplicarse a las gentes o pueblos sometidos política, lingüística y racialmente; explotados y obligados al servicio o trabajo forzado, sin acceso a educación formal, impedidos de usar su lengua y de gozar de derechos políticos, económicos y sociales.

Precisamente ante esta situación y producto de la lucha por parte de los propios grupos indígenas, es que en las últimas décadas, determinados organismos internacionales se han abocado a la responsabilidad de reivindicar a estos grupos y en este intento también se han visto en la tarea de definirlos, en cuanto se vuelve necesario determinar quién es y quien no es indígena.

Tomando en cuenta el tema de la identidad señalada anteriormente, se entiende que para determinar quién es y quien no es indígena debe existir una parte de autodeterminación, es decir, que los sujetos tengan la posibilidad de autodefinirse. De cualquier forma, en la mayoría de las ocasiones en que se ha definido al ser indígena o a los pueblos indígenas se han adoptado criterios ajenos a los que ellos mismos pueden señalar o enarbolar.

Se han utilizado una diversidad de criterios para definir al indígena: el racial, el legal, el cultural, el de considerar su desarrollo económico y la autodefinición étnica (Fran Espinoza, 2011: 4).

El criterio racial está asociado a lo físico-corporal, al fenotipo opuesto o diferente a los conquistadores europeos; de cualquier forma es un criterio difícil de establecer debido a que históricamente ha existido una mezcla entre indígenas con blancos y con negros también.

El criterio legal, tuvo sus orígenes en la administración colonial y a expensas de que se ha ido transformando a lo largo del tiempo, la premisa fundamental es la existencia de ciertas características definidas por la ley para clasificar a quien es indígena y quién no.

Un tercer criterio utilizado es el cultural, que toma en cuenta mayormente el idioma, el cual también representa un problema, ya que no es posible equiparar el idioma hablado a la identidad del indígena, es decir, el ser indígena no se puede definir por un solo atributo o rasgo.

Lo relativo al desarrollo económico también es problemático, debido a que equipara o incluso eclipsa la parte indígena con la situación social del o los indígenas en cuestión. Y dada las condiciones de acumulación y el lugar donde quedaron relegados y expoliados, esto significa en muchas ocasiones solo considerar su condición de pobreza o de carencia y no desconocer su capacidad de producir un desarrollo endógeno a partir de sus capacidades y conocimientos tradicionales específicos.

Como último criterio de aquellos señalados por Fran Espinoza (2011) se encuentra el criterio de autodefinición, que esta autora recomienda tener como criterio para decidir o establecer quién es indígena. Este criterio se vincula con la manera en que los indígenas se identifican a sí mismo y se diferencian de los demás, es decir, se relaciona con la identidad que van construyendo a lo largo de su vida.

Hemos visto en este apartado que la noción de identidad es un proceso ligado con la socialización y la integración, con la posibilidad de formular acciones sociales y de establecer compromisos. Esto significa que la identidad es dinámica y relacional por lo cual para que un sujeto se pueda autoidentificar se requieren otros sujetos que lo reconozcan como tal. De allí que sea importante analizar también la manera se define esta identidad en los espacios públicos.

El ejemplo más claro de la definición del indígena por parte de los organismos internacionales es aquella enunciada en el Convenio 169 sobre pueblos indígenas y tribales en países independientes, donde la Organización Internacional del Trabajo (OIT) manifiesta que un pueblo es considerado indígena:

> "… por el hecho de descender de poblaciones que habitaban en el país o en una región geográfica a la que pertenece el país en la época de la conquista, de la colonización o del establecimiento de las actuales fronteras estatales y que, cualquiera que sea su situación jurídica, conservan todas sus propias instituciones sociales, económicas, culturales y políticas, o parte de ella" (CDI, 2003: 5).

Los pueblos indígenas y los indígenas son aquellos que descienden de los pueblos originarios del territorio. Claramente, esta forma de entender y definir a los grupos indígenas no se contrapone con la autodefinición que puede llevar a cabo una persona; es decir, que la autodefinición se encuentra muchas veces posibilitada por la toma de conciencia del individuo en cuestión de que efectivamente o simbólicamente desciende de ancestros que habitaban el territorio antes de la llegada de los europeos.

En la mayoría de los tratados que buscan definir o establecer quién es miembro de un grupo indígena se establecen, al menos, dos posturas: 1) una que los define como grupos sociales en función de un conjunto de rasgos y características identificables en el tiempo y en el espacio, que pueden ser los rasgos físicos o culturales observables (el color de la piel, los apellidos, la ascendencia, la lengua, vestimenta y el territorio) y 2) otra que prioriza la autoidentificación, es decir, una definición de pertenencia de las propias personas como expresión de una identidad (Schkolnik y Del Popolo, 2005).

A expensas de que la mayoría de las ocasiones estas dos posturas se utilizan por separado, consideramos que pueden unificarse al momento de entender que la identidad, como se caracterizó previamente, necesita de un momento de expresión donde precisamente los sujetos acuden a esos rasgos físicos y culturales observables para autodefinirse y diferenciarse del resto de los grupos sociales con los cuales tienen interacción.

Y es que la mayoría de las formas de definir al indígena poseen ya un contenido identitario; tal es el caso de la definición elaborada por Martínez Cobo (1987) quien habla de las comunidades o pueblos indígenas como aquellas que:

> "... teniendo una continuidad histórica con las sociedades anteriores a la invasión y pre coloniales que se desarrollaron en su territorio, se consideran distintos de otros sectores de las sociedades que ahora prevalecen en su territorio o en partes de ellos. Constituyen ahora sectores no dominantes de la sociedad y tienen la determinación de preservar, desarrollar y transmitir a futuras generaciones sus territorios ancestrales y su identidad étnica como base de su existencia continuada como pueblo, de acuerdo con sus propios patrones culturales, sus instituciones sociales y sus sistemas legales" (Martínez Cobo, 1987: 29).

En la definición anterior, queda claro el criterio de diferencia respecto de otros sectores sociales más amplios para definir al indígena; esta postura aparece también en otras definiciones.

Con lo señalado hasta ahora, se puede intentar establecer una definición del ser indígena; para este ejercicio queda claro que no se puede ubicar, identificar o definir al sujeto indígena si no es en relación a una comunidad indígena, esto en el entendido de que la posibilidad de que el sujeto sea identificado o que él mismo se identifique como tal, solo puede surgir en cuanto pertenece a una colectividad que le transmite una serie de elementos y atributos culturales para llevar a cabo el proceso reflexivo que implica la identidad y la constitución del yo. Entonces, el ser indígena puede ser definido siempre y cuando esa definición no se contraponga del todo con la autodefinición que el mismo sujeto puede hacer de sí mismo; aun así, es claro que los sujetos cuando no están en contextos de politización de sus identidades no toman plena "conciencia" de sus atributos culturales, por lo cual es factible decir que la necesidad de establecer una definición externa es importante.

En términos operativos, definiremos como indígena a todo aquel sujeto que se sienta perteneciente a una comunidad indígena histórica que le haya dotado de elementos y atributos culturales (lengua, tradiciones, vestimenta).

Nuestra definición enfatiza el componente organizativo e identitario observando que la posibilidad de autoreconocimiento requiere de un colectivo que tenga los atributos que posibilitan tal autoreconocimiento.

Warman sostiene que "la organización mayoritaria de los indígenas mexicanos es comunal y no existen instituciones tradicionales permanentes y representativas que las agrupen más allá de ese nivel" (2003: 281). Sobre esta base, se concibe a la comunidad indígena como el espacio en donde no sólo se manifiesta plenamente la identidad indígena sino también el vínculo esencial con la tierra y la territorialidad, es decir, como espacio material pero también simbólico o sagrado. Díaz Polanco, por su parte, advierte que si bien se acepta que las etnias indígenas constituyen parte de un patrimonio cultural que debe preservarse, de manera menos frecuente se sostiene que la organización comunal misma es el principal patrimonio a considerar (1995: 236).

La cultura de los pueblos indígenas se ve pronunciada por el uso de lenguas autóctonas, sus creencias, tradiciones, vestimenta, modales, gastronomía, actitudes, folclor, entre muchas otros elementos que los caracteriza como comunidad.

La forma, contenido, uso y función de la comunidad indígena que, generalmente, recibe la denominación de "pueblo" reúne una serie de características como ya se ha señalado; en la estructura del pueblo indígena no existe una marcada estratificación social, se trata de una unidad cooperativa de producción autosuficiente. Además, constituye una entidad cultural autónoma con lengua propia o bien con un dialecto o variación dialectal suficiente para distinguirlo de los otros pueblos. El "pueblo" conforma una unidad política independiente con sus autoridades y con pautas, normas y reglas particulares que regulan la conducta y la vida social. Asimismo para mantener el control social, el pueblo utiliza fundamentalmente los instrumentos de integración que le suministran las prácticas y creencias mágico – religiosas que satisfacen las necesidades de expresión de los sentimientos colectivos y que se exteriorizan en la cúspide de la pirámide ritual. Para sustentar la cohesión social, el pueblo indígena despliega dos fuerzas: por un lado, crea un sistema de seguridad basado en la mutua asistencia, constituido mediante el desarrollo de sentimientos colectivos de solidaridad, lealtad y sacrificio.

Por otro lado, se estimula un sentimiento antagónico y de adversidad ante las comunidades vecinas como una manera de exaltación de lo propio y el desprecio ante lo extraño (Aguirre Beltrán y Pozas Arciniega, 1981: 26-46). La actitud de discriminación se relaciona también con una fuerte intolerancia en la que es posible reconocer un mecanismo psicológico y social de auto afirmación del grupo que ejerce la discriminación. Establecer la diferencia con el otro grupo es una forma de afirmar la propia identidad. Es así que el etnocentrismo no sólo se da del no indígena respecto al grupo indígena sino entre los mismos pueblos indígenas.

Esta necesidad de establecer diferencias puede asociarse con la búsqueda del reconocimiento de una autenticidad, la cual es fundamentalmente emocional y moral, siguiendo la idea de Bendix (1997), esta noción implica la existencia de lo opuesto, lo falso, esta dicotomía constituye el verdadero problema de la autenticidad. Por tanto, al identificar elementos culturales auténticos de un grupo o comunidad en particular, implícitamente se entiende que existen otros ilegítimos por ello muchas veces se genera la negación de reconocimiento.

Las diferencias que observamos entre "comunidad" y "pueblo" son de orden empírico y no tanto conceptual, la primera se sustenta principalmente en la cuestión territorial y el funcionamiento de los pueblos/comunidades indígenas en su cotidianeidad. Es posible que en una comunidad (definida por su asentamiento físico) coexistan indígenas provenientes de distintos pueblos (tzeltales, choles, mayas peninsulares y mixes), situación que se observa generalmente en las ciudades o asentamientos distintos a los territorios de origen.

Por su parte el "pueblo indígena" remite, como ya definimos, a la existencia de una lengua propia, una historia y cultura común. Si bien el "pueblo indígena de origen" tiene su inscripción territorial, forma productiva y organizativa en materia social y política; una vez que sus miembros emigran hacia las ciudades "pierden" esta inscripción, la que sin embargo intenta ser recreada por los indígenas en aquellos lugares a los que emigran. Así como seguir manteniendo contacto directo con su pueblo de origen, recuperando el sentido de comunidad tanto en la ciudad como en el territorio de origen. Es decir, mantienen una doble residencia ya que aunque residen en la ciudad temporalmente retornan a sus pueblos de origen principalmente en épocas festivas.

Pradilla (2002: 6) observa que los cambios en lo económico, en lo social y en lo territorial generan nuevas formas culturales a través de la hibridación entre lo tradicional, representado por lo rural y lo nuevo -que viene siendo lo urbano; el cambio no se presenta sólo en las actividades laborales, sino también en las de consumo y en las relaciones que los sujetos establecen entre sí, con los otros citadinos y con sus comunidades de origen. Todo este proceso trae como resultando modos de vidas cambiantes, que implican nuevas concepciones respecto a la vida, a la comunidad, a sí mismos. Arias y Ramírez, para quienes lo rural y lo urbano debe ser visto como "las relaciones socioespaciales que permiten descubrir mejor que antes, la combinación de viejas y nuevas estrategias socioculturales por parte de los actores sociales que van quedando involucrados en nuevas relaciones socioeconómicas y culturales"

La población indígena que se ubica en las ciudades de estudio puede diferenciarse entre pueblos originarios, comunidades indígenas residentes e indígenas jornaleros que reside de manera intermitente en la ciudad.

Exclusión, discriminación y estigma desde la mirada amplia de la identidad e imagen de sí.

Consideramos que la "identidad" y la "otredad" constituyen el vehículo teórico conceptual pertinente para abordar el análisis de intolerancias, discriminaciones y racismos de diverso tipo. Se trata de dos caras de la misma moneda, pues ningún grupo se auto percibe y autodefine más que por oposición a la manera como percibe y define a otro grupo humano, al que considera diferente de sí. En este sentido, la identidad no es previamente determinada por el origen y la pertenencia puramente étnica sino que se sitúa desde la conciencia y la voluntad de los hombres (Gall, 2004: 4).

A partir de estas ideas ahora podemos tener una visión más amplia de la exclusión, la podemos pensar como "la negación sistemática, en la historia, de la idea y de la política a ella asociada, de que los otros son simplemente otros". Desde esta concepción, es la perenne tendencia de los seres humanos de todos los tiempos y culturas a equiparar iguales e indiferenciados distinguiéndolos de los diferentes, por el hecho de que la indiferenciación es vivida como la pérdida de la propia identidad (Castoriadis, 1985 citado en Gall 2007).

La intolerancia es planteada como un mecanismo psicológico de autoafirmación del grupo social que se percibe como diferente, pues la identificación de la diferencia en el "otro" es una manera de asegurar la propia identidad. Cuando esta diferencia se sostiene en un atributo particular podemos hacer referencia a un estigma (Goffman, 1963). Este término es utilizado para aludir a un atributo profundamente desacreditador; aunque, en realidad, lo que necesita es un lenguaje de relaciones y no de atributos debido a que este valor negativo se construye según pautas y valores de esa sociedad.

El medio social establece las categorías de personas que en él se pueden encontrar, las cuales constituyen construcciones sociales y culturales por parte de una mayoría con capacidad de imponer su discurso en la sociedad y con pretensiones de perpetuar su esquema de vida en el tiempo. Es así que el intercambio social rutinario nos permite tratar con "otros" previstos sin necesidad de dedicarles una atención o reflexión especial. Entonces, las primeras apariencias nos permiten prever en qué categoría se hallan y cuáles son sus atributos, es decir, su "identidad social". El estigma y la actitud de discriminación, si bien apelan a sentimientos y afectos, son socialmente construidos y digitan nuestras acciones, actitudes y miradas frente al "otro" diferente. La discriminación se apoya en el rechazo individual o colectivo hacia el otro u otros en razón a la diferencia- política, económica, de clase, de origen, de apariencia física, de religión, etc.- manifiesta en una minoría aunque a veces sea una "inmensa" minoría.

Estas consideraciones se observan en las relaciones que se establecen entre el no indígena respecto al indígena, de este último respecto del primero y además, de los distintos grupos de indígenas entre sí.

La discriminación desde la imagen de sí que construye

Una de las dimensiones posibles implicadas en tan complejo proceso social es la de la corporalidad o, más específicamente, la forma en que percibimos y designamos a los "diferentes", a los "excluidos". Para poder acercarnos a un concepto de "discriminación por apariencia física" que sea agudo, tanto teórica como metodológicamente, haremos, en primer lugar, un recorrido por las principales líneas investigativas que puedan aportar a una "sociología del cuerpo".

Entre los autores más representativos en el desarrollo de la denominada "sociología del cuerpo" encontramos a David Le Breton (2002) quien ha explorado los distintos niveles relacionados con la disciplina, tales como las emociones, técnicas corporales, gestos, sentidos corporales y reglas de etiqueta, entre otros.

Buscando vincular la teoría social y el problema del cuerpo, Bryan Turner ha buscado en autores como Georg Simmel, Max Weber, Erving Goffman, Michel Foucault y Pierre Bourdieu una "sociología implícita" del cuerpo (Turner, 1989)

Asimismo, en los últimos tiempos han aparecido sub-disciplinas vinculadas a la problemática del cuerpo, tales como la "sociología de la enfermedad"; "sociología de la muerte"; "sociología médica"; "sociología de la obesidad" y "sociología de la vejez", entre otras.

En esta investigación consideramos que es imprescindible realizar una lectura interdisciplinaria sobre el componente corporal que posee un proceso social tan complejo como la discriminación. Para ello, no sólo es menester superar dicotomías clásicas como mente/cuerpo o razón/pasión sino aproximarnos a la comprensión de lo que significa realizar una lectura corporal de la sociedad, teniendo en cuenta que la dimensión de la corporeidad es un aspecto imprescindible para la explicación de la constitución de la sociedad. La reapropiación y la secularización del concepto de "encarnación" ayudan a ver en la corporalidad el lugar donde se funden y diluyen muchos de los dualismos modernos (Sélgas García, 1994). Desde esta perspectiva se ve al cuerpo como la materialidad significativamente conformada, como la estructura dinámica de interacción con el medio que alimenta nuestros procesos cognitivos y volitivos, y como el asiento de estructuración social (la discriminación no está exenta de este proceso cognitivo y volitivo). Es posible pensar el cuerpo como la "encarnación" que permite estudiar la relación entre lo cognitivo, lo experiencial y el mundo de la vida, así como asiento de la constitución de los marcos de sentido de la acción.

En este marco, nos planteamos la necesidad de identificar y distinguir las distintas dimensiones presentes en la discriminación: su componente cognitivo, la experiencia, y el mundo cotidiano. Con el primer aspecto referimos a la manera de conocer y el acceso a los ámbitos y espacios sociales. Con el segundo, las experiencias que confrontan y devuelven cierta imagen de sí; finalmente, la tercera cuestión plantea la modalidad cotidiana de construcción de ambos aspectos. El análisis cualitativo de los materiales relevados nos permitirá ir tejiendo y definiendo la dinámica e interrelación de estas tres cuestiones; poniendo el acento en la imagen de sí que se va construyendo. Es decir, consideramos a la noción de cuerpo una categoría abstracta que no pretendemos operacionalizar; aunque sí nos proponemos relevar la imagen de sí que la población indígena entrevistada construye en interrelación con la otredad.

Otra manera de aludir al estigma y a la subjetividad que se produce, generando cierto campo cognitivo y de experiencia, es mediante la noción de etiquetamiento. Esta es una noción sociopsicológica que consiste en asignar al individuo etiquetado una categoría de status más bajo al estilo outsider. En efecto, la etiqueta prescribe y justifica el trato que el individuo etiquetado recibe de los demás y, al mismo tiempo, altera la concepción que el mismo individuo tiene de sí mismo y de su destino según la lógica de la profecía autocumplida (Giménez, 2007: 49). En otras palabras, no sólo hay un sistema que nomina, circunscribe y, de esta manera, reproduce la situación desfavorable de aquellos grupos vulnerables (de aquí la idea de vulnerados por un sistema); sino que, los mismos sujetos ubicados en ese lugar social, comienzan a reproducir esos valores y mecanismos consolidando ese estigma social. Seguramente, la posibilidad de construir o habitar un espacio social de mayor valorización es proyectada en las generaciones futuras. Si bien esto genera una utopía y por tanto un horizonte, un proyecto a futuro ubicado en los hijos, restringe la posibilidad de resistencia, de reclamo por un presente mejor, y no una postergación del mismo.

Consideraciones finales: reconocimiento de los indígenas y sus efectos paradojales

Hemos visto que la identidad y la discriminación tienen una estrecha relación con el reconocimiento pues los conflictos étnicos o raciales son en última instancia *conflictos de reconocimiento* (Giménez, 2007: 57). Esto significa que es de crucial importancia considerar los efectos sociales y subjetivos de la inscripción / no inscripción de ciertos grupos sociales en la trama simbólico-jurídica.

La proclamación por la autonomía de los pueblos indígenas ante el sistema político, que remite al derecho a su autodeterminación, es un asunto de reconocimiento. Parte del artículo 2° de la Constitución Política de los Estados Unidos Mexicanos sostiene que:

> "La nación mexicana, según la constitución, es única e indivisible y tiene una composición pluricultural sustentada originalmente en sus pueblos indígenas, que son aquellos que descienden de poblaciones que habitaban en el territorio actual del país al iniciarse la colonización y que conservan sus propias instituciones sociales, económicas, culturales y políticas, o parte de ellas..."

Esta disposición fue incorporada en 2001, luego de una reforma constitucional que reivindicó los derechos de este grupo vulnerado, a pesar de dicha reforma los problemas de discriminación persisten.

Para el *reconocimiento jurídico* es básico averiguar cómo puede determinarse la cualidad constitutiva de la persona en tanto que tal, mientras que para la *valoración social* hay que saber cómo se constituye el sistema de referencia evaluativo dentro del cual puede medirse el "valor" de la cualidad característica de una persona (Honneth, 1997: 137). Es decir, el reconocimiento jurídico apunta a establecer la cualidad de esa persona y la valoración social el valor que dicha cualidad tiene para esa sociedad.

Dado lo anterior, vivir sin derechos individuales significa para el miembro de la sociedad no tener ninguna oportunidad para la formación de la propia autoestima. Debido a que tener derechos significa poder establecer pretensiones socialmente aceptadas, esto dota al sujeto singular de la oportunidad de una actividad legítima por medio de la cual puede adquirir conciencia de que *goza del respeto de los demás.*

Según las definiciones previas, un sujeto es reconocido cuando encuentra reconocimiento jurídico. Cuando se introduce la dimensión de los derechos a la práctica discriminatoria, se está haciendo alusión a la posibilidad o no que tienen los individuos de ejercer sus libertades y al mismo tiempo, tener garantizada la protección de los mismos por parte del Estado. Es así que cuando un grupo social o comunidad queda excluido por no tener una inscripción en la trama simbólica jurídico - social, experimenta una pérdida/privación del respeto social y del reconocimiento. Esto es concebido como una situación de injusticia.

Considerando la significación psíquica que el reconocimiento jurídico tiene para el auto respeto de los colectivos excluidos, *el tolerar una inferioridad jurídica debe llevar a un sentimiento paralizante de vergüenza social del que sólo la protesta activa y la resistencia pueden liberar* (Honneth, 1997). En consecuencia, cuando un grupo social se ve privado de su inscripción simbólica en el entramado jurídico social y por tanto de su reconocimiento, experimenta una vergüenza social que genera una sensación de injusticia, la cual puede llegar a motivar al colectivo excluido a su movilización por la lucha de ese reconocimiento.

En este sentido es importante conocer de qué manera un derecho empieza a tener ese status, o bien, de qué manera se empieza a conformar un sujeto político. Entonces a los "dominados" les quedan dos opciones: o bien aceptan la definición dominante de su identidad; o bien se rebelan, no tanto para negar los rasgos devaluados o estigmatizados, sino para invertir la escala de valores. La lógica del "orgullo gay" o del *black is beautiful* resultan ejemplos de esta última operación (Giménez, 2007: 48).

Sobre el reconocimiento de los grupos llamados "minoritarios" y la igualdad que estos reclaman, vale la pena señalar que,

> "...en la legislación mexicana se encuentra el concepto de igualdad sustancial, que busca asegurar o solamente el igual trato frente a la ley, sino el goce de condiciones de igualdades reales, que permitan hacer efectivas las libertades y los demás derechos fundamentales. La consecución de este tipo de igualdad depende, en buena medida, de que el Estado se decida a implementar medidas compensatorias y acciones positivas en favor de los grupos discriminados..." (Carbonel, 2006).

De manera específica para lo que nos proponemos estudiar, una *comunidad indígena se conforma en sujeto político cuando es considerado "pueblo indígena"* cuya lengua materna es indígena, con la posibilidad de establecer un auto gobierno con sus propias reglas y normas, y cuyos miembros comparten una historia y cultura. Es decir, "los miembros del pueblo se constituyen y sienten "idénticos" cuando comparten una historia, un territorio y una cultura específicos, por lo que tienen un sentimiento de pertenencia común" (Gall, 2004) y, según nuestra perspectiva, cuando todas estas características son reconocidas desde el Estado. En otras palabras, esta construcción del sujeto político adquiere valor sustantivo en el reconocimiento estatal.

Sin embargo, no desconocemos el carácter paradojal del reconocimiento en términos de derecho y Estado. La paradoja entre el idioma universal y el efecto local[3] de los derechos trasciende tanto a los niveles temporales como espaciales: si bien en un momento histórico pueden tener valor *emancipador* en otro tiempo puede cumplir una función *reguladora* para obstruir o cooptar demandas sociales más radicales (Brown, 2003: 82). Es decir, el derecho al mismo tiempo que puede ser producto de una conquista social se puede convertir, a través del tiempo o de mecanismos institucionales que trascienden al movimiento mismo, en una "traición" de la fuerza creadora y emancipadora que le dio sentido.

Otro efecto paradojal se establece cuando el derecho se vuelve interno a una comunidad (para nuestro caso, la comunidad indígena) y deja de ser concebido como un efecto social, generando una esencia del mismo. Se define a partir de "la anatomía" (raza, sexo, religión, etc.) de las personas reproduciendo la lógica de poder por la cual fueron creados, es decir, la anatomía se vuelve destino una vez más. En la medida en que el "egoísmo de los derechos" –la formación discursiva del individuo soberano- opaca las fuerzas sociales que lo producen[4], además de marcar grupos o comportamientos colectivos tratándolos como "subhumanos", los derechos parecen enterrar discursivamente los mismos poderes para cuya contestación fueron creados (Brown, 2003: 111).

El discurso de los derechos aparece como opuesto a modos alternativos de reparar la sujeción social expresada como identidad politizada. Es decir, si el derecho aparece como producto del cuestionamiento de identidades objetivas (en el sentido de reproducir las lógicas existentes respecto del rol femenino y

---

3 Reconocer el efecto contextual, trasladar el lenguaje universal del derecho al ámbito de la vida es el primer paso en la indeterminación sustancial del derecho.

4 El discurso burgués de los derechos no sólo enmascaró, al despolitizarlo, el poder social de las instituciones como la propiedad privada o la familia, también organizó masas de población para explotarlas y regularlas, funcionando así como una modalidad de lo que Foucault llama el "bio-poder" (Brown, 2003: 86).

masculino o del indio - no indio por ejemplo), cuando a través de las fronteras del derecho se establece una "nueva" identidad ésta emerge reproduciendo, aunque con contenido distinto, aquello que denunciaba. Esto es ilustrado en el momento en que la etnicidad toma un sentido contrario: la figura a resaltar ya no es "lo occidental" sino la del indígena, rescatando la vertiente culturalista que ve en el mismo un sinónimo de lo "auténtico" y valioso. A estos efectos paradojales del derecho puede sumarse cierta "funcionalidad" de los mismos. Conforme a la doctrina de la solidaridad, según Donzelot (1988), los derechos sociales buscan compensar los efectos de la pobreza y reducir los de la opresión.

La paradoja que nos interesa resaltar es la de la igualdad. Al proclamar por la universalidad de los seres humanos se generan paradojas, pues al hablar de derechos iguales nos enfrascamos en una contradicción central: "... aquella entre el universalismo que concierne a los seres humanos y el universalismo que concierne a las "culturas"" (Castoriadis, 1985 citado en Gall, 2004). Es decir, se apela a un principio universal para un elemento que, por definición, es particular como lo es el factor cultural.

CAPÍTULO 3

La normatividad en materia indígena

El desarrollo de los pueblos indígenas de América Latina constituye un área específica de intervención que ha venido consolidándose en las últimas décadas debido a la confluencia de tres procesos coetáneos e imbricados entre sí. Por un lado, desde los años setenta ha habido una creciente politización de la identidad indígena en la región, ligada a procesos de emergencia étnica que vienen mostrando la perentoria necesidad de atender los reclamos de los derechos políticos, culturales y económicos de esta población. Paralelamente, la comunidad internacional ha reconocido estas reivindicaciones, generando una conciencia en torno a la defensa de los derechos de los pueblos indígenas que culminó en 2007 con la aprobación, tras 20 años de trabajo, de la Declaración de los Derechos de los Pueblos Indígenas, norma exhaustiva de derechos humanos que plantea estándares mínimos para su supervivencia, dignidad y bienestar. Finalmente, en casi todos los países de la región se ha reconocido el histórico abandono de las poblaciones indígenas, abandono agudizado en tiempos de políticas neoliberales.

Como resultado de los mencionados procesos se han multiplicado las instituciones y políticas que intentan impulsar una atención específica al desarrollo social de los pueblos indígenas y un reconocimiento programático de sus derechos, pese a lo cual existen grandes dificultades en las negociaciones políticas a nivel nacional e internacional en relación al reconocimiento de los derechos políticos, económicos y sociales diferenciados para estos pueblos. Por ejemplo, tan sólo el reconocimiento formal de la existencia de nacionalidades, poblaciones indígenas e incluso naciones ha sido muy discutido al considerar que ponen en jaque las decimonónicas construcciones identitarias nacionales. De la misma manera, el reconocimiento de los pueblos indígenas como sujetos jurídicos colectivos capaces de ejercer derechos políticos (como la autonomía territorial o cultural) ha sido y continúa siendo un eje de discusión en muchos países de América Latina; ni qué decir del espíritu indigenista que se generalizó en políticas educativas y sanitarias específicas para esta población, justificadamente criticado por su carácter integracionista y asimilacionista.

Cada vez más se exige la inclusión de intervenciones interculturales e incluso se rechazan políticas públicas en determinadas áreas y se reclaman políticas de desarrollo con identidad inspiradas en los principios del etnodesarrollo –aunque éste parta de una concepción de grupo social homogéneo y cooperativo– endógeno, autónomo y respetuoso de los ritmos de cambio social y político de los pueblos indígenas; es decir, actuaciones con un enfoque de desarrollo basado en derechos.

Tanto en la normatividad internacional como nacional existen numerosos instrumentos jurídicos que plantean la no discriminación como un derecho y otros que establecen los derechos de los pueblos indígenas empezando por el reconocimiento de su autonomía. Si en el primer caso existe suficiente claridad en cuanto al contenido del derecho a la no discriminación –aunque como veremos en el capítulo siete del libro, las prácticas sociales son mucho más complejas–, no sucede lo mismo con la autonomía, situación que limita el ejercicio mismo de los demás derechos que les han sido reconocidos.

En este capítulo se presentan los instrumentos normativos que rigen distintos procesos relacionados con los pueblos indígenas y se destacan algunas cuestiones centrales de aquellos documentos que consideramos determinan la manera en que el Estado Nacional mexicano asume la cuestión indígena.

Instrumentos en la temática de NO discriminación

Instrumentos internacionales

El primer documento en el espectro internacional que establece las libertades y derechos de los individuos es la *Declaración Universal de los Derechos Humanos de 1948*, texto en el que los países que lo suscriben se comprometen –en referencia al tema que nos atañe– a respetar y garantizar la no discriminación, la igualdad ante la ley y el derecho al trabajo, señalando en su artículo siete que:

> "Todos [los individuos] son iguales ante la ley y tienen, sin distinción, derecho a igual protección de la ley. Todos tienen derecho a igual protección contra toda discriminación que infrinja esta Declaración y contra toda provocación a tal discriminación".

Con referencia al derecho al trabajo, en igualdad de oportunidades, el artículo veintitrés afirma:

> "1. Toda persona tiene derecho al trabajo, a la libre elección de su trabajo, a condiciones equitativas y satisfactorias de trabajo y a la protección contra el desempleo.
> 2. Toda persona tiene derecho, sin discriminación alguna, a igual salario por trabajo igual.
> 3. Toda persona que trabaja tiene derecho a una remuneración equitativa y satisfactoria, que le asegure, así como a su familia, una existencia conforme a la dignidad humana y que será completada, en caso necesario, por cualesquiera otros medios de protección social".

De esta declaración internacional, se desprenden una serie de instrumentos jurídicos que reconocen los derechos de los ciudadanos, un trato equitativo para los mismos y el papel de los Estados en el cumplimiento y garantía de tales derechos.

El segundo documento de carácter internacional que plantea el tema de la discriminación es la *Convención Internacional sobre la Eliminación de Todas las Formas de Discriminación Racial de 1965*. Este texto introduce una definición de discriminación racial entendida como:

> "toda distinción, exclusión, restricción o preferencia basada en motivos de raza, color, linaje u origen nacional o étnico que tenga por objeto o por resultado anular o menoscabar el reconocimiento, goce o ejercicio, en condiciones de igualdad, de los derechos humanos y libertades fundamentales en las esferas política, económica, social, cultural o en cualquier otra esfera de la vida pública" (Artículo 1).

Así mismo, compromete a los Estados firmantes en la formulación de políticas y acciones encaminadas a eliminar cualquier tipo de expresión o práctica relacionada con la discriminación racial, incluyendo la remoción de prejuicios sociales que la han fundamentado.[1] Teniendo en cuenta que la discriminación experimentada por la población indígena en las ciudades estudiadas comparte algunos elementos de la discriminación racial –sobre todo en la restricción, reconocimiento y goce de ciertos derechos– en la tercera y cuarta sección del capítulo revisaremos cuáles son los compromisos asumidos por el Estado mexicano con respecto a la formulación de políticas públicas dirigidas a la población indígena.

---

1 Ver Convención Internacional sobre la Eliminación de Todas las formas de Discriminación Racial de 1965. Artículos 2, 5 y 7.

Otro instrumento internacional que hace mención a la no discriminación es el *Pacto Internacional sobre Derechos Civiles y Políticos de 1966*, que en su artículo veintiséis (26) señala:

> "Todas las personas son iguales ante la ley y tienen derecho sin discriminación a igual protección de la ley. A este respecto, la ley prohibirá toda discriminación y garantizará a todas las personas protección igual y efectiva contra cualquier discriminación por motivos de raza, color, sexo, idioma, religión, opiniones políticas o de cualquier índole, origen nacional o social, posición económica, nacimiento o cualquier otra condición social".

Estos tres instrumentos internacionales, aunque no los únicos existentes en materia de no discriminación, son suficientes para dejar en claro tres cuestiones: el *rechazo a la discriminación* en cualquier tipo de relación social entre los seres humanos, el *derecho a un tratamiento igual* ante la ley y la *responsabilidad estatal* en lo concerniente a la erradicación de toda forma de discriminación, independientemente de la naturaleza de las causas que la promuevan.

Tanto el concepto de discriminación como el de igualdad han sufrido una notable transformación que se va plasmando en la legislación internacional y devienen en una tendencia a ampliar los derechos y las esferas de su exigibilidad. Si bien originalmente la exigencia de igualdad se identificaba con una simple demanda de reconocimiento de igualdad frente a la ley o de igualdad formal actualmente existe la exigencia de una igualdad material o de oportunidades. En la normatividad internacional hay un concepto fundante de discriminación:

> "[…] la discriminación [...] denotará toda distinción, exclusión o restricción basada en [el sexo, discapacidad, motivos de raza...] que tenga por objeto o resultado menoscabar o anular el reconocimiento, goce o ejercicio [...] de los derechos humanos y las libertades fundamentales en las esferas política, económica, social, cultural y civil o en cualquier otra esfera" (Rodríguez-Zepeda, 2005: 27).

En cuanto a la normatividad que garantiza el derecho a la igualdad y prohíbe toda forma de discriminación (ver Cuadro III-1) las actividades oficiales de la ONU en relación a la cuestión indígena inician en 1970 con la recomendación formulada por la Subcomisión de Prevención de Discriminaciones y Protección a las Minorías, a la que sigue la conformación del Grupo de Trabajo sobre las Poblaciones Indígenas que celebró su primer periodo de sesiones anual en 1982.

Cuadro III- 1. Principales instrumentos normativos para el reconocimiento de los derechos humanos y marco jurídico internacional relativo a pueblos indígenas

AÑO	INSTRUMENTO	DESCRIPCIÓN
1948	*Declaración Universal de Derechos Humanos*	Representa la primera expresión mundial de derechos para todos los seres humanos.
1957	*Convenio 107 de la OIT*	Primer intento para codificar obligaciones internacionales de los estados con respecto a pueblos tribales e indígenas. Define a los pueblos indígenas como grupos humanos diferenciados y hace hincapié en la necesidad de mejorar las condiciones de vida y trabajo a las que están expuestos.
1963	*Declaración sobre la eliminación de todas las formas de discriminación racial* de Naciones Unidas	Proclamación de derechos humanos a cargo de la Asamblea General de las Naciones Unidas. Constituye un precedente para la *Convención internacional sobre la eliminación de todas las formas de discriminación racial*, jurídicamente vinculante.
1965	Convención internacional sobre la eliminación de todas las formas de discriminación racial	Es un mecanismo jurídicamente vinculante que obliga a todos los miembros de las Naciones Unidas a eliminar la discriminación racial y promover el entendimiento entre todas las razas.
1966	*Pacto Internacional de Derechos Económicos, Sociales y Culturales*	Obliga a los Estados partes a esforzarse para asegurar a los individuos derechos económicos, sociales y culturales, incluyendo derechos laborales y derechos a la salud, la educación y un nivel de vida adecuado.
1966	*Pacto Internacional de Derechos Civiles y Políticos*	Defiende la protección contra la discriminación por razones de género, religión, raza u otra condición.
1989	*Convenio 169* de la OIT	Constituye un instrumento jurídico internacional exhaustivo que define los derechos de los pueblos indígenas y los principios a los que los estados, organizaciones multilaterales y otros agentes deben atenerse.
1992	El *Programa 21* y la *Declaración de Río* (Conferencia de la ONU sobre el Medio Ambiente y el Desarrollo).	Estos instrumentos reconocen a los pueblos indígenas como "grupo principal" y declara que los esfuerzos para aplicar un desarrollo sostenible deberían reconocer, promover y fortalecer el papel de los pueblos indígenas y sus comunidades y darles cabida.
1993	*Declaración y Programa de Acción de Viena*/ Conferencia Mundial de Derechos Humanos.	Esta Conferencia supuso un avance histórico en el fomento y la protección de los derechos de grupos marginados, incluyendo pueblos indígenas. Asimismo, la Conferencia exigió la creación de un Foro Permanente.
2001	*Declaración Universal sobre la Diversidad Cultural* de la UNESCO.	Esta Declaración de la Organización de las Naciones Unidas para la Educación, la Ciencia y la Cultura (UNESCO) estableció derechos universales a la identidad, la diversidad y el pluralismo cultural.
2007	*Declaración sobre los derechos de los pueblos indígenas* de la ONU.	Tras 20 años de negociación, la Declaración estableció una norma esencial para eliminar las violaciones de derechos humanos cometidas contra los pueblos indígenas en todo el mundo, para combatir la discriminación y la marginación y para defender la protección de medios de subsistencia indígenas. La Declaración hace hincapié en los derechos de los pueblos indígenas a perseguir el desarrollo de acuerdo con sus propias necesidades y aspiraciones, incluyendo el derecho a conservar y reforzar sus propias instituciones, culturas y tradiciones.

Fuente: Política de la FAO sobre pueblos indígenas y tribales, 2011, 24-25 y 28.

Desde entonces se reúne anualmente y ha recomendado normas para la protección y promoción de sus derechos humanos; principalmente en relación a los temas como la cuestión de la tierra, el derecho al desarrollo, el patrimonio cultural y la propiedad intelectual, la salud y la educación.

Los principales instrumentos jurídicamente vinculantes relativos a los pueblos indígenas son: el Convenio 169 de la Organización Internacional del Trabajo (1989), el Programa 21 (1992), la Declaración y Programa de Acción de Durban (2001), la Declaración Universal sobre la Diversidad Cultural (2001) y la Declaración de Naciones Unidas sobre los Derechos Humanos de los Pueblos Indígenas (2007) referida al comienzo del capítulo.

El Convenio 169 de la Organización Internacional del Trabajo (OIT) en 1989 sobre los Pueblos Indígenas y Tribales en Países Independientes fue aprobado por el Congreso mexicano en 1990 y entró en vigor en el ámbito nacional un año después. De manera general, busca la protección de derechos de los pueblos indígenas y se refiere al derecho a la posesión de las tierras que ocupan tradicionalmente los pueblos indígenas, el reconocimiento de sus valores sociales y religiosos, el derecho consuetudinario, el derecho a los servicios de salud y el derecho a beneficiarse de la igualdad de las condiciones de empleo. La importancia de dicho Convenio radica en la introducción y reconocimiento de los indígenas como pueblo, la definición de los mismos a partir de las características históricas y el desarrollo de temas sobre derechos sociales y culturales no asumidos en declaraciones o convenciones precedentes.

> "Los pueblos interesados deberán tener el derecho de decidir sus propias prioridades en lo que atañe el proceso de desarrollo, en la medida en que éste afecte a sus vidas, creencias, instituciones y bienestar espiritual y a las tierras que ocupan o utilizan de alguna manera, y de controlar, en la medida de lo posible, su propio desarrollo económico, social y cultural. Además, dichos pueblos deberán participar en la formulación, aplicación y evaluación de los planes y programas de desarrollo nacional y regional susceptibles de afectarles directamente" (OIT 169, Artículo 7).

Con este nuevo esquema, se concede oficialmente a los pueblos indígenas el carácter de sujetos políticos, más allá de estrictas reivindicaciones sociales o culturales, con todo lo que esto implica y en concordancia con el Pacto Internacional de Derechos Civiles y Políticos y el Pacto Internacional de Derechos Económicos, Sociales y Culturales, ambos adoptados en 1966, en vigencia diez años después.

Por su parte, el Programa 21, capítulo 26 (1992), emitido por la Conferencia de las Naciones Unidas sobre el Medio Ambiente y el Desarrollo (CNUMAD) realizada en Río de Janeiro, Brasil, incluye una mención sobre las poblaciones indígenas como agentes importantes, además de recomendar la protección de sus tierras contra actividades que presenten riesgos para el medio ambiente o que la población considere improcedentes social y/o culturalmente. A partir de entonces se han preparado instrumentos jurídicos de interés como la Convención Marco de las Naciones Unidas sobre el Cambio Climático, la Convención de Lucha contra la Desertificación y el establecimiento del Foro de las Naciones Unidas sobre los Bosques.

La Convención sobre la Diversidad Biológica (1992), aprobada en Nairobi, Kenia, incluye en el párrafo j) del artículo 8 los conocimientos, las innovaciones y las prácticas de las comunidades indígenas y locales con estilos tradicionales de vida pertinentes para la conservación y la utilización sostenible de la diversidad biológica. Insta a las Partes Contratantes a respetar, preservar y mantener los conocimientos, las innovaciones y las prácticas de las comunidades indígenas y locales y promueve el reparto equitativo de los beneficios derivados de su utilización. En el artículo 10 impulsa la protección de la utilización consuetudinaria de los recursos biológicos de acuerdo con las prácticas culturales tradicionales compatibles con el uso sostenible. En este mismo tenor, la Convención de las Naciones Unidas de Lucha contra la Desertificación (1994), en sus artículos 16 y 17 exige la protección de los conocimientos, técnicas y prácticas tradicionales indígenas.

La Declaración y Programa de Acción de Viena (1993), en su párrafo 20, pone de relieve la importancia de cuestiones como la participación de las poblaciones indígenas en el desarrollo y el pluralismo de la sociedad, recomendando a los Estados tomar medidas positivas para garantizar el respeto de todos los derechos humanos y las libertades fundamentales de las poblaciones indígenas, partiendo de la igualdad y la no discriminación. En esta misma línea, en la ciudad de Durban, Sudáfrica, se llevó a cabo la Conferencia Mundial contra el Racismo, la Discriminación Racial, la Xenofobia y las Formas Conexas de Intolerancia (2001), emitiendo una Declaración y un Programa de Acción que reafirman los derechos de los indígenas en el marco del racismo y discriminación. Declaran necesario respetar los derechos humanos y libertades fundamentales de los pueblos indígenas a expresar libremente su propia identidad y ejercer sus derechos.

Finalmente, en 2007, la Organización de las Naciones Unidas realiza la Declaración sobre los Derechos Humanos de los Pueblos Indígenas, que establece la centralidad de buscar el desarrollo de acuerdo con sus propias necesidades y aspiraciones, incluyendo el derecho a conservar y reforzar sus propias instituciones, culturas y tradiciones. En su artículo 15 reconoce el derecho de todos los niños indígenas a recibir educación en sus propias lenguas y según sus métodos culturales de enseñanza y aprendizaje, mientras que en el artículo 16 establece que los pueblos indígenas tienen derecho a que la diversidad de sus culturas, tradiciones, historias y aspiraciones se reflejen en todas las formas de educación e información pública.

> "Los pueblos indígenas tienen derecho a determinar y a elaborar prioridades y estrategias para el ejercicio de su derecho al desarrollo. En particular, los pueblos indígenas tienen derecho a participar activamente en la elaboración y determinación de los programas de salud, vivienda y demás programas económicos y sociales que les conciernan y, en lo posible, a administrar esos programas mediante sus propias instituciones" (ONU, 2007).

En cuanto al Derecho a la educación de los pueblos indígenas, el marco jurídico internacional tiene tres puntos centrales: la Declaración sobre los Derechos de las personas pertenecientes a minorías nacionales étnicas, religiosas y lingüísticas, ONU (1990), la Conferencia Mundial sobre Educación para Todos, Jomtien, Tailandia (1990), y la Conferencia Mundial de Derechos Lingüísticos, Barcelona (1996). La primera declara, en su artículo primero, que los Estados protegerán la existencia y la identidad nacional o étnica, cultural, religiosa y lingüística de las minorías dentro de sus territorios respectivos y fomentarán las condiciones para la promoción de esa identidad. Dichas minorías tendrán derecho a disfrutar de su propia cultura, a profesar y practicar su propia religión, y a utilizar su propio idioma, en privado o en público, libremente y sin discriminación de ningún tipo.

La Conferencia Mundial sobre Educación para Todos (1990) propuso como meta la educación primaria universal para todos los niños y niñas, siendo los pueblos indígenas sujetos privilegiados para el programa. Por su parte, la Conferencia Mundial de Derechos Lingüísticos (1996) reconoció el derecho personal a ser reconocido como miembro de una comunidad lingüística, al uso de la lengua en privado y público, así como los derechos colectivos de los grupos lingüísticos a la enseñanza de la propia lengua y cultura.

En el plano regional destacan las actividades de la Comisión Interamericana de Derechos Humanos de la Organización de los Estados Americanos, la cual aprobó el Proyecto de Declaración Americana sobre los Derechos de los Pueblos Indígenas, subrayando que los pueblos indígenas son sujetos del derecho internacional, afirmando el principio de universalidad de los derechos humanos. Además, se declaró el total rechazo a la política asimilacionista, dejando en claro que los pueblos indígenas tienen el derecho a preservar, expresar y desarrollar libremente su identidad cultural en todos los aspectos. En el Artículo XV se establece la necesaria libre determinación de los pueblos indígenas en cuanto a su estatus político y la promoción de su desarrollo económico, social, espiritual y cultural, además de reconocer su derecho a la autonomía en los ámbitos de cultura, religión, educación, medios de comunicación, salud, vivienda, empleo, bienestar social, actividades económicas y administración de recursos naturales.

De lo observado se evidencia que existe un reconocimiento de derechos individuales y colectivos de los pueblos indígenas que coloca al Estado como garante para lograr un equilibrio entre la participación indígena en el Estado y sus instituciones y a la vez se enuncia el respeto de la autonomía de las instituciones indígenas (Assies, 2009:1).

Uno de los principales instrumentos internacionales de carácter vinculante orientado a la protección de derechos de los pueblos indígenas es el *Convenio 169*. Dicho Convenio, cuya importancia hemos señalado antes, ha constituido el principal instrumento para la exigencia de derechos por parte de la población indígena en todo el mundo. De igual forma, se reconoce a este Convenio el cambio de perspectiva en el tratamiento de las libertades y derechos de los pueblos indígenas puesto que se aleja de la visión integracionista instalada en la acción de los Estados durante años.[2] En palabras de Díaz- Polanco y Sánchez (2002:14):

> "la premisa fundamental del viejo enfoque era que los indígenas debían renunciar a sus propias formas culturales o a su identidad y, de hecho, desaparecer como tales, mediante su "integración" a la nación. Todas las acciones realizadas por los gobiernos estaban orientadas a lograr esta meta".

En oposición a este enfoque integracionista, el Convenio 169 deja claro a los Estados la obligación de incluir a los pueblos indígenas en la formulación de las acciones gubernamentales relacionadas con la coordinación y protección de sus propios derechos en materia de tierras, condiciones de empleo, salud, educación y formación profesional, por medio de la creación de instancias de participación específicas que les permitan incorporarse en los procesos de decisión gubernamental que les conciernan o afecten, ya sean de carácter legislativo o administrativo.

> "Los pueblos interesados deberán tener el derecho de decidir sus propias prioridades en lo que atañe el proceso de desarrollo, en la medida en que éste afecte a sus vidas, creencias, instituciones y bienestar espiritual y a las tierras que ocupan o utilizan de alguna manera, y de controlar, en la

2 Puede consultarse el Convenio 107 sobre poblaciones indígenas y tribales de 1957.

medida de lo posible, su propio desarrollo económico, social y cultural. Además, dichos pueblos deberán participar en la formulación, aplicación y evaluación de los planes y programas de desarrollo nacional y regional susceptibles de afectarles directamente". (OIT 169, Artículo 7).

Sin embargo, a pesar de los alcances en cuanto al reconocimiento de derechos que esta Convención contiene, en su articulado no reivindica de modo explícito derechos políticos en términos de libre autodeterminación y autonomía, razón por la cual ha sido objeto de crítica por parte de algunos sectores, entre los que se encuentran la academia y las mismas organizaciones de indígenas. El argumento más citado que sustenta dicha crítica es la aclaración que se hace al respecto de la noción "pueblo", en un sentido diferente y no comparable con el asignado a los Estados-nación en el derecho internacional[3], en tanto se considera que limita la toma de decisiones y accionar de los pueblos indígenas a los ámbitos que discrecionalmente les asigna el Estado.

Muy recientemente quedó saldada esta inconformidad, al menos jurídicamente, con la *Declaración de las Naciones Unidas sobre los Derechos de los Pueblos Indígenas del 13 de septiembre de 2007*, un nuevo instrumento normativo internacional, que fue aprobado luego de más de veinte años de consultas y de foros internacionales entre Estados y organizaciones de la sociedad civil que, por supuesto, incluyen a las indígenas.

Sin ningún tipo de restricción, esta Declaración avanza en el tema de la autonomía, estableciendo en el artículo tres que "Los pueblos indígenas tienen derecho a la libre determinación. En virtud de ese derecho determinan libremente su condición política y persiguen libremente su desarrollo económico, social y cultural". Con este nuevo esquema, se concede oficialmente a los pueblos indígenas el carácter de sujetos políticos -más allá de estrictas reivindicaciones sociales o culturales- con todo lo que esto implica y en concordancia con el Pacto Internacional de Derechos Civiles y Políticos y el Pacto Internacional de Derechos Económicos, Sociales y Culturales, ambos adoptados en 1966 y que entraron en vigencia diez años después.

Si bien existen prevenciones por parte de algunos Estados hacia el reconocimiento de la libre determinación de los pueblos indígenas -evidenciadas en en las dos décadas de consultas y el final con cuatro votos en contra y once abstenciones- debido a temores por el surgimiento de movimientos secesionistas, de acuerdo a Díaz-Polanco y Sánchez (2002:35):

---

3 Al respecto, el artículo uno (1) numeral tres (3) declara "la utilización del término "pueblos" en este Convenio no deberá interpretarse en el sentido de que tenga implicación alguna en lo que atañe a los derechos que pueda conferirse a dicho término en el derecho internacional".

"una de las ventajas de la autonomía es que permite a grupos socioculturales de diversa naturaleza el ejercicio de derechos particulares, sin necesidad de plantearse la separación y la constitución de un Estado-nación propio; esto es, el ejercicio de la autonomía como expresión concreta del derecho a la autodeterminación. En la medida en que satisface las aspiraciones históricas de tales grupos, la autonomía armoniza las partes componentes del cuerpo social; en tanto abre espacio a la participación de sectores anteriormente impedidos, sienta las bases de un régimen político más democrático".

Al respecto, la Declaración propone la participación activa de los pueblos indígenas en la construcción de políticas públicas. Es así como en el artículo veintitrés determina puntualmente:

"Los pueblos indígenas tienen derecho a determinar y a elaborar prioridades y estrategias para el ejercicio de su derecho al desarrollo. En particular, los pueblos indígenas tienen derecho a participar activamente en la elaboración y determinación de los programas de salud, vivienda y demás programas económicos y sociales que les conciernan y, en lo posible, a administrar esos programas mediante sus propias instituciones" (ONU, Declaración sobre los derechos de los pueblos indígenas, 2007).

Esto supone un cambio en las relaciones entre la población indígena y el Estado dado que dicha población pasa de ser simple receptora de las políticas y programas del gobierno a ser partícipe en la construcción de alternativas para darle solución a sus problemas y necesidades más sentidas, propósito que se podrá hacer efectivo en la medida en que los Estados "dejen de pensar por esta población" y creen mecanismos de participación idóneos que superen las instancias de consulta en que los encierran, que en la mayoría de los casos no tienen pertinencia socioeconómica ni cultural.

Entre otros derechos reivindicados en la Declaración, se encuentran el derecho y respeto por los sistemas de tenencia y goce de la tierra en la que habita la población indígena desde tiempos pasados, el derecho a implementar su propio sistema jurídico, el derecho a establecer sus propios medios de información en sus propios idiomas y la igualdad de género entre otros.

Como siempre, está en manos de cada Estado adoptar acciones legislativas y administrativas encaminadas a hacer de los ideales de esta Declaración una realidad, por lo cual es preciso explorar las posibilidades que hasta ahora ofrece la normatividad nacional.

El derecho a la educación en el marco normativo internacional

Veamos un ejemplo de cómo se conjuga el marco normativo internacional para uno de los derechos: el derecho a la educación de los pueblos y comunidades indígenas. La Declaración Universal de los Derechos Humanos adoptada en 1948, en lo referente a la educación básica, declara en su artículo 26 que:

> "Toda persona tienen derecho a la educación. Ésta debe de ser gratuita, al menos en lo concerniente a la instrucción elemental y fundamental, que a su vez será obligatoria".

De dicha Declaratoria parten distintos acuerdos y/o convenios que norman la educación a nivel internacional y que han sido suscritos por nuestro país.

Por su parte, en relación a la lucha contra la discriminación en la esfera de la enseñanza, la Convención considera como discriminación excluir a una persona o grupo de los diversos grados y tipos de enseñanza, limitar a un nivel inferior la educación de una persona o grupo y colocar a una persona o grupo en una situación incompatible con la dignidad humana (artículo 1). Sin embargo, se subraya que existen situaciones que no deben ser consideradas como constitutivas de discriminación, como son la creación o mantenimiento de sistemas de enseñanza separados para alumnos de sexo masculino o femenino, siempre que se tengan espacios, personal docente calificado y el equipo necesario para seguir con los mismos programas de estudio o equivalentes, la creación o mantenimiento, por cuestiones religiosas o lingüísticas, de sistemas o establecimientos separados, según los deseos de los padres o tutores de los alumnos y la creación o mantenimiento de establecimientos de enseñanza privados que tengan como fin sumar posibilidades de enseñanza a las que proporciona el poder público y que corresponda a las normas de enseñanza establecidas por la autoridad competente. La misma Convención en su artículo 3° establece el compromiso de los Estados Partes para:

- Derogar todas las disposiciones legislativas y administrativas y abandonar todas las prácticas administrativas que signifiquen discriminación en la enseñanza.
- Adoptar las medidas necesarias, inclusive disposiciones legislativas, para que no haya discriminación en la admisión de alumnos.
- No admitir tratos diferentes, salvo los referentes al mérito y las necesidades, en cuanto al gasto de matrícula, becas u otro tipo de ayuda a los alumnos.

- No admitir en la ayuda para las escuelas alguna preferencia o restricción porque asistan a ellas alumnos pertenecientes a un grupo social, étnico, cultural, determinado.
- Conceder a los extranjeros el acceso a la enseñanza en las mismas condiciones que los nacionales.

El artículo 4 presenta los compromisos, los cuales se refieren a: a) hacer obligatoria y gratuita la enseñanza primaria y accesible la enseñanza secundaria, b) mantener en todos los centros educativos públicos del mismo grado una enseñanza del mismo nivel y condiciones equivalentes en cuanto a la calidad de la enseñanza, c) permitir que continúen sus estudios las personas que no hayan recibido instrucción primaria o que ésta haya sido parcial y d) cuidar que la preparación docente no sea un espacio de discriminación.

En 1966 se firmó el Pacto Internacional de Derechos Económicos, Sociales y Culturales (PIDESC). Este documento parte del reconocimiento de que el ideal del ser humano libre y liberado de la miseria sólo puede alcanzarse si se crean condiciones que permitan a cada persona gozar de sus derechos económicos, sociales y culturales así como de sus derechos civiles y políticos. En su artículo 13 establece que los Estados Partes reconocen el derecho de toda persona a la educación, la cual debe orientarse hacia el pleno desarrollo de la personalidad humana y del sentido de su dignidad. Asimismo, acuerdan en el derecho a la capacitación para participar efectivamente en una sociedad libre y en el favorecimiento de la tolerancia entre todos los grupos sociales.

Posteriormente, en noviembre de 1969, se llevó a cabo la Convención Americana sobre Derechos Humanos o Pacto de San José de Costa Rica suscrito en dicha ciudad centroamericana en el marco de la Conferencia Especializada Interamericana de Derechos Humanos, uno de los pilares del sistema interamericano de promoción y protección de los derechos humanos en el que los Estados firmantes se comprometieron a respetar los derechos y libertades reconocidos en ella. Como instrumento que complementó dicha Convención se encuentra el Protocolo de San Salvador firmado en 1988, que incluye los derechos económicos, sociales y culturales, siendo la educación uno de ellos.

En 1989, en la ciudad de Nueva York, se adoptó la Convención sobre los Derechos del Niño, a la cual México se vinculó en 1990. Con respecto a la educación, en el artículo 28 encontramos que los Estados Parte reconocen el derecho del niño a la educación y las condiciones de igualdad de oportunidades que posibilitan ejercer ese derecho.

El Artículo 29 marca que esa educación deberá:

- Desarrollar la personalidad, las aptitudes y la capacidad mental y física del niño.
- Inculcar al niño el respeto por los derechos humanos y las libertades fundamentales.
- Inculcar al niño el respeto por sus padres, su propia identidad cultural, su idioma y sus valores, los valores nacionales del país en que vive, del país de que sea originario y de las civilizaciones distintas de la suya.
- Preparar al niño para asumir una vida responsable en una sociedad libre, con espíritu de comprensión, paz, tolerancia, igualdad de los sexos y amistad entre todos los pueblos, grupos étnicos, nacionales y religiosos y personas de origen indígena.
- Inculcar al niño el respeto por el medio ambiente.

Por otra parte, en 1992 se promulgó la Declaración sobre los derechos de las personas pertenecientes a minorías nacionales o étnicas, religiosas y lingüísticas, señalando para el tema de la educación que los Estados deberán adoptar medidas para promover el conocimiento de la historia, las tradiciones, el idioma y la cultura de las minorías que existen en su territorio, así como dar posibilidades a dichos grupos para que cuenten con oportunidades adecuadas de adquirir conocimientos sobre la sociedad en su conjunto (Artículo 4).

El Foro Mundial sobre la Educación (2000) ratificó que la educación es un derecho humano fundamental y estableció siete metas para alcanzar el derecho a la enseñanza básica para todos:

1. Extender y mejorar la protección y educación de la primera infancia, especialmente para los niños más vulnerables.
2. Velar por que todos los niños y niñas tengan acceso a una enseñanza primaria gratuita y obligatoria de buena calidad y la terminen.
3. Velar por que las necesidades de aprendizaje de todos los jóvenes y adultos se satisfagan a través de un acceso equitativo a programas de preparación.
4. Aumentar el número de adultos alfabetizados y facilitar a todos un acceso equitativo a la educación básica.
5. Suprimir las disparidades entre los géneros, como meta a corto plazo (2005) y a largo plazo (2015).
6. Suprimir las desigualdades entre géneros.
7. Mejorar los aspectos cualitativos de la educación.

Como puede notarse a partir de este derecho, cada uno de los derechos vinculados con los pueblos indígenas se ha ido apuntalando en las distintas convenciones y pactos internacionales. A continuación, se expondrán las herramientas jurídicas con que cuenta la normatividad nacional respecto a la no discriminación, como señalamiento de la responsabilidad que ha asumido el Estado Mexicano con respecto a la eliminación de cualquier forma de discriminación.

Instrumentos nacionales

El primer documento a tener en cuenta es la *Constitución Política de los Estados Unidos Mexicanos de 1917*, en la cual desde su primer artículo –inciso tres– se prohíbe cualquier tipo de discriminación:

> "Queda prohibida toda discriminación motivada por origen étnico o nacional, el género, la edad, las capacidades diferentes, la condición social, las condiciones de salud, la religiónþM○, las opiniones, las preferencias, el estado civil o cualquier otra que atente contra la dignidad humana y tenga por objeto anular o menoscabar los derechos y libertades de las personas".

El artículo 2° de la Carta Magna indica que las entidades federativas, al igual que sus Congresos, deben tomar en cuenta la composición de la nación mexicana, es decir, que hay una variedad de culturas que deben ser consideras al momento de emitir disposiciones normativas que afecten la vida de dichos grupos. La autonomía de los pueblos indígenas, reconocida en la Constitución, refiere a los siguientes puntos:

- Decidir su forma de organización y convivencia social, aplicar sus propios sistemas normativos en la solución de conflictos, sin menoscabo de los derechos y garantías establecidos en la Constitución.
- Elegir autoridades según sus costumbres, preservar su lengua, sus tradiciones, su identidad y su cultura.
- Conservar, usar y disfrutar de sus territorios, así como formar asociaciones entre diferentes comunidades.

En concordancia con lo estipulado por esta norma mayor, se redactó en 2003 la *Ley Federal para Prevenir y Eliminar la Discriminación*, segundo instrumento normativo cuyo contenido es especialmente importante desde tres puntos de vista.

En primer lugar, en cuanto compromete la acción del Estado en la prevención y eliminación de cualquier forma de discriminación así como en la garantía de los derechos y libertades de los ciudadanos con base no sólo en lo establecido en la normatividad interna sino también en los instrumentos internacionales que en este sentido han sido suscritos y ratificados por el Estado mexicano[4]. Así tenemos que el artículo seis (6) de esta ley dispone:

> "La interpretación del contenido de esta Ley, así como la actuación de las autoridades federales será congruente con los instrumentos internacionales aplicables en materia de discriminación de los que México sea parte, así como con las recomendaciones y resoluciones adoptadas por los organismos multilaterales y regionales y demás legislación aplicable".

Al mismo tiempo, esta ley avanza en la interpretación jurídica a favor de la protección de los grupos o individuos en situación vulnerable; el artículo siete (7) establece:

> "para los efectos del artículo anterior, cuando se presenten diferentes interpretaciones, se deberá preferir aquella que proteja con mayor eficacia a las personas o a los grupos que sean afectados por conductas discriminatorias".

De acuerdo a Carbonell (2006: 209) es una novedad positiva de la Ley el que se tenga en cuenta por parte del intérprete de la norma, además de los tratados, las recomendaciones y resoluciones adoptadas por los organismos multilaterales y regionales. Como ejemplo, este autor señala la obligatoriedad de tener en cuenta en la toma de decisiones las observaciones generales número cuatro (4) y veintiocho (28) del Comité de Derechos Humanos de la ONU, las cuales interpretan el artículo tres del Pacto Internacional sobre Derechos Civiles y Políticos que contiene una cláusula de igualdad y las recomendaciones del Comité para la Eliminación de la Discriminación contra la Mujer, entre otros.

En segundo lugar, la importancia de la *Ley Federal para Prevenir y Eliminar la Discriminación* reside en que ella ofrece una definición de discriminación orientada hacia los derechos y la igualdad de oportunidades que incluye un rango bastante amplio de las posibles causales de discriminación[5] y contempla la discriminación positiva o inversa como un mecanismo para compensar el derecho de aquellos grupos en situación de vulnerabilidad, como es el caso de la población indígena a la cual se dedica todo el artículo 14.

---

4 Esta disposición queda reforzada con el artículo 133 de la Constitución Política de los Estados Unidos Mexicanos, el cual cataloga los tratados como parte de la Ley Suprema de toda la Unión.

5 En el artículo cuatro (4), se nomina además de las formas tradicionales, la discriminación por preferencias sexuales, estado civil, la xenofobia y el antisemitismo. Y el artículo nueve (9) especifica que "Queda prohibida toda práctica discriminatoria que tenga por objeto impedir o anular el reconocimiento o ejercicio de los derechos y la igualdad real de oportunidades" y relaciona cuáles son consideradas como prácticas discriminatorias.

Finalmente, la ley bajo análisis crea el Consejo Nacional para Prevenir la Discriminación (CONAPRED) como instancia descentralizada encargada principalmente de desarrollar estrategias de prevención y eliminación de la discriminación y de formular y promover políticas públicas que garanticen la igualdad de oportunidades, como el Plan Nacional para Prevenir y Eliminar la Discriminación, que coordina las iniciativas que en este tema promueva el Poder Ejecutivo Federal.Å

En la normatividad nacional dirigida a proteger los derechos de los pueblos indígenas se encuentra la *Ley General de Derechos Lingüísticos de los Pueblos Indígenas* sancionada el 13 de marzo de 2003, cuyo objetivo principal es la protección de los derechos lingüísticos, individuales y colectivos de los pueblos indígenas que poseían su propia lengua desde antes de la conformación del Estado mexicano. Siguiendo este propósito se crea el Instituto Nacional de Lenguas Indígenas (INALI) encargado, a través de una acción descentralizada, de promover y preservar las lenguas indígenas en toda la Federación. En la práctica, esta disposición es significativa puesto que las lenguas indígenas adquieren legalmente la misma validez y vigencia que el castellano, abriendo a sus hablantes la posibilidad de comunicarse y relacionarse sin restricciones en cualquier espacio en que se desenvuelvan, sin limitar su práctica al entorno comunitario.

Las consecuencias de estas disposiciones son importantes sobre todo en el tema educativo y jurídico. En lo educativo, se adecuó la Ley General de Educación para que estuviera en correspondencia con el espíritu de esta nueva normatividad, reformando el artículo séptimo (7°), fracción IV, de la Ley General de Educación de 2003, en la cual se compromete al sector educativo a la promoción de la pluralidad lingüística y la enseñanza obligatoria en lengua indígena a la población hablante de la misma. Por otra parte, en el tema jurídico se implementaron en el Código Federal de Procedimientos Civiles[6] dos cambios fundamentales: el primero consiste en la obligatoriedad de asistir a la población indígena con intérpretes, traductores y defensores en diligencias y procesos legales, en el caso de que no se comunique en español y carezca de un defensor que le asesore. El segundo cambio consiste en la consideración de los usos y costumbres indígenas en el momento de formular y tomar decisiones judiciales como sanciones y penas.

Para finalizar, se hace necesario anotar que si bien estos dos cambios en materia judicial resultan favorables para el respeto de los derechos de la

6 Consultar reformas y adiciones de los artículos 6°;15;18;124 bis;128 fracción IV; 154; 159 y 220 bis, del 18 de diciembre de 2002. Y la modificación del artículo 85 en el año 2003.

población indígena, se ha evidenciado que en la práctica no se llevan a cabo y los trámites ante las instancias judiciales se hacen más lentos y tortuosos. Un ejemplo de esto es la dificultad, tanto para las instituciones como para la población indígena, en la obtención de traductores que presten asistencia en los procesos judiciales, entre otras causas, por problemas de pago por la prestación de sus servicios.

El segundo instrumento normativo de la legislación nacional en materia indígena es la ley, publicada el 4 de diciembre de 2018, que crea el *Instituto Nacional de los Pueblos Indígenas (INPI)* por medio del cual se abroga *la Comisión Nacional para el Desarrollo de los Pueblos Indígenas de 2003,* que había sustituido al Instituto Nacional Indigenista (INI) que funcionó desde 1948 como el responsable a nivel federal de todas las políticas públicas concernientes a la población indígena.

A diferencia del esquema centralizado de intervención del INI, tanto el INPI como la ex CDI son organismos descentralizados y autónomos en materia técnica, administrativa y presupuestal, que a través de un trabajo transversal e integral están encargadas de la orientación, coordinación institucional, promoción, seguimiento y evaluación todas las políticas públicas. Así se involucran directamente con la salvaguarda de los derechos de los indígenas en tanto que, por ley, no sólo deben proponer alternativas, sino que también coordinar, colaborar y evaluar la acción de las diferentes entidades de la Administración Pública Federal que desarrollan programas dirigidos a dicha población. Asimismo, deben dar seguimiento a las acciones de todas las entidades que desarrollan acciones y programas específicos en este tema, por eso tienen la obligación de elaborar y publicar de forma anual un informe sobre el estado de avance e impacto logrado.

A diferencia de su predecesora, el INPI incluye tanto a los pueblos indígenas como a los afroamericanos, lo cual constituye una medida importante ante la gran invisibilización de dicha población en el país. Una cuestión de gran importancia jurídica es que la ley expresa en su artículo tercero:

> "Para cumplir los fines y objetivos del Instituto, se reconocen a los pueblos y comunidades indígenas y afromexicanas como ***sujetos de derecho público***; utilizando la categoría jurídica de pueblos y comunidades indígenas en los términos reconocidos por el artículo 2o. de la Constitución Política de los Estados Unidos Mexicanos y los instrumentos internacionales en la materia"[7].

---

7 El resaltado es nuestro.

Con esto se da un paso muy importante pues otras leyes reconocen a los pueblos como sujetos de interés público y no de derecho público, lo cual es sustancial para el ejercicio de los derechos humanos de los pueblos indígenas en el país y constituye un precedente que ha sido tomado por los pueblos indígenas para reclamar que la Constitución y las demás leyes lo sigan, ya que solo con este reconocimiento podrían ejercer un verdadero desarrollo desde su autonomía y no desde el tutelaje del Estado.

El marco normativo y la relación con las jurisdicciones subnacionales

En este apartado nos referiremos a la normatividad subnacional de los derechos en la materia que nos ocupa. En el Cuadro III-2 se muestra qué Constituciones estatales cuentan con una cláusula referente a la no discriminación, así como las leyes que en ese mismo nivel se han decretado. De los estados del sureste, solamente Campeche no cuenta con una cláusula constitucional antidiscriminatoria, aunque sí una ley en la materia que incluye elementos de la definición de discriminación que hemos recuperado del CONAPRED. Contrariamente, Tabasco que tiene un artículo constitucional, no tiene ley alguna que lo regule, situación que es análoga a la del estado de Jalisco donde se ubicó una de nuestras ciudades de estudio.

Cuadro III- 2. Normatividad estatal que incorpora la no discriminación

Estado	**Cláusula constitucional antidiscriminatoria**	**Ley estatal antidiscriminatoria**	**Conducta tipificada**
Aguascalientes	No	Sí	Discriminación
Baja California	No	Sí	Discriminación en perjuicio del libre ejercicio de la educación pública.
Baja California Sur	Sí	Sí	Discriminación racial, étnica, religiosa, por razones de género, edad o discapacidad, como agravante del delito de injurias.
Campeche	No	Sí	Odio, contiene elementos de la definición de discriminación.
Chiapas	Sí	Sí	Contra la dignidad de las personas
Chihuahua	No	Sí	Discriminación como elemento de los hechos punibles dirigidos a las comunidades indígenas. Discriminación a los elementos prohibidos para las determinaciones de la autoridad judicial al individualizar penas.
Coahuila	Sí	Sí	Contra la dignidad e igualdad de las personas. Situación de vulnerabilidad motivada por la condición física o mental o por discriminación como calificativas de los delitos de homicidio y de lesiones.
Colima	Sí	Sí	Discriminación
Distrito Federal	n/a	Sí	Discriminación. Odio como calificativa en los delitos de homicidio y lesiones.
Durango	Sí	Sí	Discriminación
Estado de México	Sí	Sí	Discriminación
Guanajuato	Sí	Sí	Ninguna
Guerrero	No	Sí	Discriminación: Situación de vulnerabilidad motivada por la discriminación como calificativa en el delito de homicidio. Situación de vulnerabilidad motivada por la discriminación como agravante del delito de lesiones. Discriminación como elemento para la comisión del delito de abuso de autoridad.
Hidalgo	Sí	Sí	Ninguna
Jalisco	Sí	No	Contra la dignidad de las personas.
Michoacán	Sí	Sí	Discriminación. Homicidio por discriminación.
Morelos	Sí	Sí	No
Nayarit	No	Sí	Odio por la condición de género, preferencia sexual o religiosa u origen racial como calificativa del delito de homicidio y lesiones.
Nuevo León	Sí	No	Discriminación. Agravante para servidores públicos en el servicio de sus funciones.
Oaxaca	Sí	Sí	Etnocidio. Discriminación cultural.

Puebla	Sí	Sí	Discriminación. La discriminación como una forma comisiva para los delitos en materia de esterilización. Odio como calificativa en la comisión del delito de homicidio y lesiones.
Querétaro	No	Sí	Discriminación
Quintana Roo	Sí	Sí	Discriminación
San Luis Potosí	Sí	Sí	Establece la discriminación como forma comisiva del delito de tortura.
Sinaloa	Sí	Sí	Discriminación
Sonora	No	No	Ninguna
Tabasco	Sí	No	Ninguna
Tamaulipas	No	Sí	Situación de vulnerabilidad motivada por la condición física o mental o por discriminación como calificativa en los delitos de homicidio y lesiones.
Tlaxcala	Sí	Sí	Discriminación Discriminación como elemento de los hechos punibles dirigidos a las comunidades indígenas para acceder al derecho a la reparación del daño. Discriminación como causal de intimidación o coacción, como elemento del delito de tortura.
Veracruz	No	Sí	Discriminación de las personas.
Yucatán	Sí	Sí	Discriminación
Zacatecas	Sí	Sí	Discriminación

Fuente: Elaboración propia con datos de CONAPRED, 2014.

El derecho educativo

Como lo hicimos en la revisión internacional, podemos considerar al derecho educativo en el marco nacional para establecer los aspectos vinculatorios que el Estado mexicano tiene como obligatoriedad para su cumplimiento.

La educación básica en México está regulada por la Constitución Política de los Estados Unidos Mexicanos de 1917[8] y la Ley General de Educación (LGE) de 1993[9] cuya modificación más reciente data del 20-05-2014 publicada en el Diario Oficial de la Federación. Originalmente la educación básica, (artículo 3 constitucional) incluía la educación primaria, y podía ser impartida por el estado y particulares (excluyendo las instituciones religiosas) que se apegaran a los estatutos oficiales, siendo la obligatoriedad, laicidad y gratuidad, los

8 Cámara de Diputados del Honorable Congreso de la Unión. Constitución Política de los Estados Unidos Mexicanos de 1917 (Última reforma DOF 15-08-2007). Secretaría de Servicios Parlamentarios. Centro de Documentación, Información y Análisis.

9 Cámara de Diputados del Honorable Congreso de la Unión. Ley General de Educación de 1993 (Última reforma DOF 02-11-2007). Secretaría de Servicios Parlamentarios. Centro de Documentación, Información y Análisis.

principios fundamentales que la regían. Posteriormente, se integraron a la educación básica los niveles de secundaria en 1993 y preescolar en 2002[10].

El artículo 31 de la Constitución Política de los Estados Unidos Mexicanos establece como una obligación de los padres el que sus hijos asistan a las escuelas ya sean públicas o privadas a cursar la educación básica y media superior. Por otro lado el artículo 73 de la Constitución establece como funciones centrales del Congreso, respecto a la educación, el establecer, organizar y sostener en toda la República escuelas rurales, elementales, superiores, secundaria y profesionales, además de legislar en todo lo que se refiere a dichas instituciones; pero sobre todo decretar las leyes encaminadas a distribuir convenientemente entre la Federación, los Estados y los Municipios el ejercicio de la función educativa y las aportaciones económicas correspondientes a ese servicio público.

Por su parte, la Ley General de Educación (LGE) decretada en 1993 (última reforma publicada DOF 19-01-2018) nos indica que todos los habitantes del país tienen derecho a recibir educación de calidad con las mismas oportunidades de acceso al sistema educativo nacional (artículo 2). Dicha ley establece que la educación deberá ser de calidad, que toda la población debe poder cursar la educación preescolar, primaria, secundaria y media superior (Artículo 3°) y también establece que la educación será laica (Art. 5°), gratuita (Art. 6) y tendrá los siguientes fines (Art. 7): contribuir al desarrollo integral del individuo, favorecer el desarrollo de facultades para adquirir conocimientos, capacidad de observación, análisis y reflexión críticos, fortalecer la conciencia de la nacionalidad y soberanía, así como el respeto a las diversas culturas, y promover los valores de justicia, igualdad, no violencia y el respeto a los derechos humanos.

En cuanto al tema específico de la Educación Indígena-Intercultural, la normatividad tiene sustento en el artículo 2 constitucional que reconoce la diversidad cultural que sustenta la nación mexicana, cimentada en las culturas indígenas, garantizando el derecho a preservar y enriquecer sus lenguas, conocimientos y cultura, por lo que el estado queda obligado a implantar acciones que coadyuven a eliminar cualquier tipo de prácticas discriminatorias y fomenten el desarrollo de los pueblos y comunidades indígenas, con la participación activa de estos pueblos.

En materia educativa, el artículo citado, en el apartado B, fracción II, establece la obligación de "garantizar e incrementar los niveles de escolaridad", procura el fortalecimiento de la educación bilingüe e intercultural, la alfabe-

---

10 Gamas, T. J. La Vigencia de la Constitución de 1917 pg. 387 [en línea] http://www.bibliojuridica.org/libros/5/2389/14.pdf

tización y la conclusión de la educación básica, la capacitación productiva y la educación media superior y superior. Señala también el establecimiento de un sistema de becas para los estudiantes indígenas en todos los niveles. En el artículo 2° constitucional también se promueve la integración de saberes regionales a los programas educativos en reconocimiento de la herencia cultural de los pueblos indígenas. Además, la LGE, en su artículo 38°, manifiesta que los tres niveles de educación básica: preescolar, primaria y secundaria, deberán adaptarse a las características lingüísticas y culturales de la población atendida, esto en referencia a los pueblos indígenas, a la población rural dispersa y a los grupos migratorios al interior del territorio nacional.

Asimismo, en lo referente a la educación dirigida a la población indígena (Artículo 32°), plantea las atribuciones de la Dirección General de Educación Indígena, que son: proponer normas pedagógicas, contenidos, planes y programas de estudio, métodos, materiales y auxiliares didácticos e instrumentos para la evaluación del aprendizaje así como su actualización y la verificación de su cumplimiento; ; establecer mecanismos de coordinación con la Dirección General de Desarrollo Curricular para incluir las innovaciones tanto en los planes y programas de estudio como en los planes y programas para la formación, capacitación y actualización de docentes.

Finalmente, la Ley Federal para Prevenir y Eliminar la Discriminación (2003), también salvaguarda los derechos de los pueblos indígenas en materia educativa y se opone a cualquier práctica discriminatoria entendida como el impedir el acceso a o la permanencia en la educación pública o privada, así como el logro de becas e incentivos en los centros educativos, del mismo modo que el establecer contenidos, métodos o instrumentos pedagógicos en los que se asignen papeles contrarios a la igualdad o que difundan una condición de subordinación. Así, la educación es una medida de inclusión para asegurar la igualdad y la diversidad dentro del sistema educativo mexicano.

El marco normativo de la cuestión estudiada en la presente investigación nos ha llevado al abordaje de los temas de no discriminación, de los derechos de los pueblos indígenas y de la educación básica como derecho fundamental; todo ello en las escalas internacional y nacional. De esta forma podemos observar cómo las declaraciones a nivel internacional permean los fundamentos jurídicos nacionales que tienen un reconocimiento claro de la necesidad de salvaguardar los derechos de no discriminación en diferentes ámbitos de la vida social (incluyendo el educativo) para todos los ciudadanos mexicanos, subrayando la importancia de hacerlo con los grupos sociales más vulnerables, como los pueblos indígenas.

En lo que va del siglo se han sucedido una serie de modificaciones a los planes y programas, acciones que resulta importante revisar con el objetivo de tener un referente claro de la situación actual de la educación básica en el país.

En 2004 se inician una serie de modificaciones curriculares y en 2011 se publica el plan de estudios que integra todos los niveles bajo un modelo educativo por competencias, en vistas a cumplir, al término de este proceso, con el perfil de egreso de la educación básica. Esta reforma se complementa con la modificación del artículo 3° constitucional en 2013, que implica cambios sustanciales en cuestiones de índole pedagógica y en aspectos laborales respecto de los docentes.

Las reformas más recientes de la normatividad en materia de educación, plasmadas en la Ley General de Educación de 1993, derivan principalmente de la puesta en marcha de la Ley General de Servicio Profesional Docente (LGSPD) publicada en el DOF el día 11/09/2013, de la creación del Sistema de Información y Gestión Educativa y de la necesidad de habilitar al INEE como el ente encargado de la evaluación del sistema educativo nacional.

Este análisis permite visualizar las directrices que ha de tomar el sistema educativo, principalmente en cuanto a 1) las facultades de la autoridad federal, 2) las facultades de las autoridades estatales y 3) las facultades de las autoridades municipales y locales.

Las facultades de la autoridad federal en materia educativa se encontraban estipuladas en la LGE (artículo 12 fracciones I a la XIV). Luego de la reforma promovida y aprobada por el gobierno de Enrique Peña Nieto, fueron reformadas ocho de las catorce fracciones, sobresaliendo las modificaciones a las fracciones del artículo 12, las cuales facultan a la autoridad federal a emprender acciones para el alcance de una educación de calidad en relación directa entre el logro de la calidad educativa con una evaluación completa, objetiva y precisa del sistema educativo y la vinculación del diseño de las estrategias con los resultados obtenidos en las evaluaciones.

Así será facultad exclusiva de la SEP la actualización y formulación de los planes y programas de estudio en función de los resultados de las evaluaciones aplicadas por el Instituto Nacional para la Evaluación de la Educación. Esta medida deja casi fuera a las Secretarías estatales en el ajuste de los planes y programas de estudio según las especificidades de cada entidad. Queda también en manos de la autoridad federal la regulación de un sistema nacional de formación, actualización, capacitación y superación profesional para maestros de educación básica (modificación del artículo 12 fracción VI de la LGE). Otro elemento del Sistema Educativo Nacional cuyo control queda exclusivamente en manos de la autoridad federal es el Sistema de Información y Gestión Educativa (SIGED), al que se atribuyen las funciones de "crear, regular, coordinar, operar y mantener actualizado el Sistema de Información y Gestión Educativa"; esta modificación, aunada a las mencionadas anteriormente, deja ver el velo de centralismo que reviste la política educativa en México.

Las atribuciones de los gobiernos estatales en materia educativa son muy limitadas y se encuentran desglosadas en el artículo 13 de la LGE. Cuatro de las diez fracciones fueron modificadas en la reforma de 2013: las modificaciones de las atribuciones de la autoridad estatal en materia educativa procuran facilitar la puesta en marcha de la LGSPD en los estados. La modificación de la fracción cuarta designa a la autoridad estatal como prestadora de servicios para la formación de docentes de educación básica, sujetándola a las disposiciones que la SEP determine según los estatutos de la LGSPD; de esta forma las atribuciones de los estados quedan delegadas en las disposiciones federales. Los cambios no nutren la consolidación del federalismo educativo, por lo que se puede concluir que la acción de los Estados en materia educativa se limita a la operación o ejecución de las disposiciones normativas y programáticas del nivel central del gobierno (Horbath, 2008[a]).

Finalmente, la autoridad municipal está tan restringida en sus atribuciones como las autoridades estatales. La injerencia en la política educativa de los ayuntamientos queda relegada a la voluntad de la autoridad estatal y, por consiguiente, a los lineamientos de la autoridad federal. El artículo 15 de la LGE consta de cuatro párrafos y establece las atribuciones de este nivel de gobierno; el tercero fue añadido en la reciente reforma. Las relaciones intergubernamentales entre los municipios y los otros niveles de gobierno son controladas principalmente por el gobierno federal y las que escapan a ello son controladas por los gobiernos estatales. En este sentido, la literatura[11] coincide en que las relaciones entre el nivel estatal y municipal continúan basándose en dinámicas clientelistas, donde las autoridades estatales están por encima de las municipales.

En cuanto a las facultades de las autoridades locales, resaltan las relativas al trabajo coordinado de las autoridades federales y estatales para realizar las evaluaciones al personal docente así como las actividades propias de la capacitación, según lo dispuesto por la LGSPD. Las fracciones XI y XII Bis encargan a las autoridades federal y estatal la realización de las evaluaciones al alumnado en virtud de los lineamientos estipulados por el INEE. Las XII Ter, XII Quárter y XII Quintus también fueron añadidas en la reciente reforma; respectivamente tratan de la coordinación y apreciación de un sistema de ase-

---

11 Cabrero, 1995; Martínez Assad y Ziccardi, 1986, 2014.

sorías, la promoción de la transparencia y la instrumentación de un sistema de presentación y seguimiento de quejas.

Consideraciones finales

La educación es un derecho humano que sirve para el ejercicio de otros derechos, por lo que su observancia en la legislación internacional es de vital importancia para dotar de un marco de referencia a las prácticas nacionales. Desde la óptica de la autonomía de los individuos, la educación merece especial atención pues a través de ella aumenta la posibilidad de participar en el desarrollo económico y social de sus comunidades y de la sociedad en general. Este hecho ha sido remarcado por los organismos internacionales que trabajan en pos de la mejora en la calidad de vida de los habitantes de cada uno de los países.

En el caso de los pueblos indígenas, la educación significa el principal medio para alcanzar el desarrollo, tanto individual como colectivo. Es central la reafirmación del derecho a una educación de calidad, que se aleje cada vez más de las prácticas asimilacionistas que borran las culturas, lenguas y modos de vida específicos de cada grupo indígena. Es decir, se debe salvaguardar el acceso a la educación, sin prácticas discriminatorias, que respondan a las normas internacionales de derechos humanos. En este sentido, el uso de la lengua materna en la educación básica es una cuestión central en la definición de los derechos humanos de los indígenas, lo que implica un compromiso de parte del Estado para diseñar y poner en marcha políticas que promuevan el uso de las distintas lenguas originarias, integrando métodos docentes acordes, materiales de enseñanza y capacitación de los docentes

En el caso mexicano, desde 2003 el marco jurídico asegura el derecho de todos a comunicarse en la lengua de la que sea hablante, sin restricciones en el espacio público o privado, en forma oral o escrita, en todas sus actividades sociales, económicas, políticas, culturales, religiosas y cualquier otra. Lo anterior significa que, en teoría, las escuelas debieran ser un espacio de afirmación de los elementos culturales de los pueblos indígenas, principalmente su lengua. Sin embargo, en la práctica la situación puede ser distinta pues la plena aplicación del derecho de los pueblos indígenas a la educación requiere de un esfuerzo de fortalecimiento y mejoramiento de la calidad, lo cual es parte de un proceso largo y todavía no acabado.

Capítulo 4

Análisis estadístico de los Censos de Población de 2000 y 2010

Son pocas las bases de datos que permiten identificar a la población según su adscripción a un grupo étnico en México, por lo que, sin ser el más idóneo, el instrumento de mayor aproximación es el censo de población. Los últimos censos de población tienen una periodicidad de diez años y desde 1990 se ha realizado un levantamiento intercensal denominado Conteo de Población. Para el caso que nos atañe, la identificación de la población indígena, estos conteos tienen el problema de que solamente el realizado en 2005 sirve como complemento entre los censos 2000 y 2010 porque incluyó un módulo de preguntas para identificar a la población indígena, que el Conteo de 1995 no consideró.

Por su parte, el cuestionario ampliado del Censo de 2000 contenía un grupo de preguntas para la identificación de la población indígena que se aplicaron a personas de 5 y más años en el módulo 12 de Lengua indígena[1]. En el Censo de 2010 se introdujeron algunos cambios significativos, entre ellos, el aplicar el cuestionario ampliado a la población de entre 3 y más años, preguntándole si hablaba alguna lengua o dialecto indígena (pregunta12), el nombre de dicha lengua (pregunta 13), si hablaba español (pregunta 14), su comprensión de alguna lengua indígena (pregunta 15) y la autoadscripción indígena (pregunta 16)[2].

Con tal contraste de preguntas es posible crear un identificador que no solo combine los aspectos de comunicación y lenguaje a la hora de identificarse con un pueblo indígena sino también la pertenencia o autoadscripción proveniente de su reconocimiento y participación sociocultural en un grupo

---

1 Las preguntas incluidas fueron: ¿(NOMBRE) habla algún dialecto o lengua indígena? ¿Qué dialecto o lengua indígena habla (NOMBRE)?¿(NOMBRE) habla también español? Posteriormente a la misma población de 5 y más años se les preguntaba en el módulo 20 de Pertenencia indígena:¿(NOMBRE) es náhuatl, maya, zapoteco, mixteco o de otro grupo indígena?

2 De acuerdo con la cultura de (NOMBRE), ¿ella (él) se considera indígena?

étnico. A dichos elementos se le suma la identidad intergeneracional como indígena, que se aplica cuando se forma parte de un hogar donde alguno de sus miembros, generalmente el jefe o jefa de familia, cónyuge, padres y/o abuelos o algún ascendiente son reconocidos como indígenas.

Cuadro IV- 1. Definiciones de población indígena, según diferentes instituciones oficiales en México.

Institución	Definición de hogar (HI) o población indígena (PI)
CDI	La PI incluye a "los miembros de los hogares donde las personas que HLI tienen un lazo de parentesco determinante en la decisión del estilo de vida y la transmisión intergeneracional de la socialización, es decir, el jefe/cónyuge y los padres de éste" (Fernández Ham et al., 2006:19).
INEGI	HI es aquel "donde el jefe(a) y/o el cónyuge HLI"; la población en hogares indígenas incluye al "conjunto de personas que forman parte de un HI" (INEGI, 2007).
INEE	De 2003 a 2005 utilizó la de CDI; en 2006 la del INEGI, aunque lo ideal sería identificar a los niños y jóvenes en edades escolarizables con padres indígenas.
CONAPO	Tres alternativas de población en HI: 1) personas en hogares donde alguno de sus miembros HLI, excepto el servicio doméstico, 2) personas en hogares donde el jefe y/o su cónyuge o algún ascendiente HLI, y 3) personas en hogares donde solamente el jefe o su cónyuge HLI (Conapo, 2007).

Fuente: Robles, Hernández y Godines (2013). "Estimaciones de la población indígena en México: conceptos y formas de cálculo", ponencia presentada en el XII Congreso Nacional de Investigación Educativa.

Sin embargo, pese a dicha posibilidad, en México se suscitó un fenómeno de polisemia estadística en la identificación de la población indígena cuando cuatro instituciones gubernamentales crearon su propio identificador, lo que en los propios documentos oficiales llevó a contradicciones al no lograrse una unificación en las cifras. Tal situación hizo que las distribuciones presupuestarias y las competencias en recursos y delimitación de las coberturas de servicios se vieran afectadas, dificultando el proceso de política pública.

En el Cuadro IV-1 se pueden apreciar las diversas definiciones que se han utilizado para identificar a la población indígena en México, recopiladas por Robles, Hernández y Godines (2013).

Considerando solamente a los hablantes de lengua indígena como característica de identificación de la población indígena seguida por las instituciones oficiales en el país, podemos utilizar la información censal de 2010 para una estimación de la población indígena urbana. El cuadro IV-2 muestran los resultados, donde las localidades urbanas son aquellas con población igual o mayor a 2,500 habitantes.

Los datos son elocuentes al mostrar que la población indígena urbana (que habla lengua indígena) es de 2 825 736 habitantes, representando el 3.5 por ciento de la población urbana en el país (ver Cuadro IV-2). Esta población

Cuadro IV- 2. Población total, indígena y no indígena según localidades urbanas y rurales, 2010.

Concepto	Total	Indígenas	No indígenas	(%)
Total de Localidades (Urbanas y Rurales)				
Población Total	112 336 538			
Población femenina	57 481 307			
Población masculina	54 855 231			
Población mayor a 3 años	104 781 265	6 913 362	97 867 903	6.60
Población femenina mayor a 3 años	53 758 877	3 516 163	50 242 714	6.54
Población masculina mayor a 3 años	51 022 388	3 397 199	47 625 189	6.66
Población mayor a 5 años	100 410 810	6 695 228	93 715 582	6.67
Población femenina mayor a 5 años	51 602 741	3 407 389	48 195 352	6.60
Población masculina mayor a 5 años	48 808 069	3 287 839	45 520 230	6.74
Total Hogares	28 159 373	2 392 601	25 766 772	8.50
Población total en hogares	110 610 075	10 788 615	99 821 460	9.75
Promedio personas por hogar	3.93	4.51	3.87	
Localidades Urbanas (igual o mayor a 2500 habitantes)				
Población Total	86 984 906			
Población femenina	44 652 865			
Población masculina	42 196 181			
Población mayor a 3 años	81 027 945	2 825 736	78 202 209	3.49
Población femenina mayor a 3 años	41 782 427	1 441 760	40 340 667	3.45
Población masculina mayor a 3 años	39 245 173	1 378 269	37 866 904	3.51
Población mayor a 5 años	77 779 198	2 775 683	75 003 515	3.57
Población femenina mayor a 5 años	40 180 912	1 416 769	38 764 143	3.53
Población masculina mayor a 5 años	37 597 941	1 353 191	36 244 750	3.60
Total Hogares	22 169 170	1 211 746	20 957 424	5.47
Población total en hogares	85 351 677	5 244 874	80 106 803	6.15
Promedio personas por hogar	3.85	4.33	3.82	
Localidades Rurales (menor a 2500 habitantes)				
Población Total	25 351 632			
Población femenina	12 828 442			
Población masculina	12 659 050			
Población mayor a 3 años	23 753 320	4 087 626	19 665 694	17.21
Población femenina mayor a 3 años	11 976 450	2 074 403	9 902 047	17.32
Población masculina mayor a 3 años	11 777 215	2 018 930	9 758 285	17.14
Población mayor a 5 años	22 631 612	3 919 545	18 712 067	17.32
Población femenina mayor a 5 años	11 421 829	1 990 620	9 431 209	17.43
Población masculina mayor a 5 años	11 210 128	1 934 648	9 275 480	17.26
Total Hogares	5 990 203	1 180 855	4 809 348	19.71
Población total en hogares	25 258 398	5 543 741	19 714 657	21.95
Promedio personas por hogar	4.22	4.69	4.10	

Fuente: Elaboración con base en Sistema para la Consulta de Información Censal 2010, Versión 05/2012. Consulta en línea (http://gaia.inegi.org.mx/scince2/viewer.html).

representa el 40.9 por ciento de la población indígena de México y equivale, en 2010, al 2.7 por ciento de la población total. Si se consideraran otras características dentro de la definición de "indígena", se llegaría a una conformación de atributos que podrían mostrar un problema mucho más complejo debido a que el volumen de población indígena urbana y total aumentaría. A continuación, realizaremos una estimación en esa dirección, analizando con cuidado los diversos atributos para reflejar este cambio en los volúmenes.

Definición de atributos indígenas para identificar a la población indígena en el Censo de 2010

Para la identificación de la población indígena se tomaron las preguntas del cuestionario ampliado del Censo de 2010 y de ellas se conformaron diez categorías de base. La forma de crear cada categoría utilizando las respectivas preguntas es la que sigue:

Categoría 0: Información neutra.

Se toma como categoría neutral en la que la población censada no ha recibido consideraciones de sus atributos sociales, por lo que todos los registros censales adquieren el mismo valor neutral (valor igual a cero).

Categoría 1: Sin información de atributos indígenas.

Pregunta 13: no habla o no específica hablar una lengua o dialecto indígena, Pregunta 14: no habla o no especifica hablar español, Pregunta 15: no entiende o no especifica entender alguna lengua indígena, Pregunta 16: no se considera o no especifica considerarse como indígena, Pregunta 21: no sabe o no especifica que sabe leer y escribir un recado.

También se incluye Pregunta 16 (no se considera o no especifica considerarse como indígena), Pregunta 2 (edad entre 3 y 4 años). Se recodifican a la presente categoría los que mantienen la categoría inicialmente neutra (valor de cero).

Categoría 2: No habla ni entiende lengua indígena, posiblemente habla español pero se autoadscribe como indígena.

Pregunta 13: no habla o no especifica hablar una lengua o dialecto indígena, Pregunta 14: no habla o no especifica hablar español, Pregunta 15: no entiende o no especifica entender alguna lengua indígena, Pregunta 16: sí se considera como indígena, Pregunta 21: no sabe o no especifica que sabe leer y escribir un recado.

También se incluye Pregunta 16, Pregunta 2. Debido a los filtros del cuestionario que llevan a pérdida de registros, se crean las categorías 3 y 4 adicionando la pregunta 21 para rescatar registros.

Categoría 3: No habla ni entiende lengua indígena, habla español o sabe leer y escribir un recado, no se autoadscribe como indígena.

Pregunta 13: no habla o no específica hablar una lengua o dialecto indígena, Pregunta 14: no habla o no especifica hablar español, Pregunta 15: no entiende o no especifica entender alguna lengua indígena, Pregunta 16: no se considera o no especifica considerarse como indígena, Pregunta 21: sí sabe leer y escribir un recado.

Categoría 4: No habla ni entiende lengua indígena, habla español o sabe leer y escribir un recado, se autoadscribe como indígena.

Pregunta 13: no habla o no específica hablar una lengua o dialecto indígena, Pregunta 14: no habla o no especifica hablar español, Pregunta 15: no entiende o no especifica entender alguna lengua indígena, Pregunta 16: sí se considera como indígena, Pregunta 21: sí sabe leer y escribir un recado.

Categoría 5: habla o entiende lengua indígena, no habla español, no se autoadscribe como indígena.

Pregunta 13: sí habla un dialecto o lengua indígena, Pregunta 14: no habla o no especifica hablar español, Pregunta 15: sí entiende alguna lengua indígena, Pregunta 16: no se considera o no especifica considerarse como indígena.

Categoría 6: Habla o entiende lengua indígena, no habla español, se autoadscribe como indígena.

Pregunta 13: sí habla un dialecto o lengua indígena, Pregunta 14: no habla o no especifica hablar español, Pregunta 15: sí entiende alguna lengua indígena, Pregunta 16: sí se considera como indígena.

Categoría 7: Habla o entiende lengua indígena, habla español, no se autoadscribe como indígena.

Pregunta 13: sí habla un dialecto o lengua indígena, Pregunta 14: sí habla español, Pregunta 15: sí entiende alguna lengua indígena, Pregunta 16: no se considera o no especifica considerarse como indígena.

Categoría 8: Habla o entiende lengua indígena, habla español, se autoadscribe como indígena.

Pregunta 13: sí habla un dialecto o lengua indígena, Pregunta 14: sí habla español, Pregunta 15: sí entiende alguna lengua indígena, Pregunta 16: sí se considera como indígena.

Categoría 9: Sin atributos indígenas pero con vínculo intergeneracional indígena en el hogar.

Se formula una variable intermedia que identifique al hogar como indígena, es decir si en él hay al menos un integrante de la familia que posee al menos un atributo indígena. Para ello se tomaron las ocho categorías anteriores como referencia para cada integrante del hogar y se establecieron tres variables de base: 1) Hogares donde al menos un miembro habla dialecto o lengua indígena, 2) Hogares donde al menos un miembro entiende dialecto o lengua indígena, 3) Hogares donde al menos un miembro se considera como indígena. Los miembros de referencia corresponden a los padres, hijos y abuelos que integran el hogar. De la combinación de esas tres opciones surgen ocho categorías de hogares que se categorizan de la siguiente forma: 1) Sin vínculo intergeneracional indígena, 2) Alguien habla lengua indígena, 3) Alguien entiende lengua indígena, 4) Alguien se autoadscribe como indígena, 5) Miembros manifiestan hablar y entender lengua indígena, 6) Miembros manifiestan entender lengua y autoadscribirse como indígena, 7) Miembros manifiestan hablar lengua y autoadscribirse como indígena, y 8) Miembros manifiestan hablar, entender y autoadscribirse como indígena. Con esas ocho categorías, se pudo identificar que el hogar puede reconocerse como "indígena" si tiene al menos un atributo diferente del primero (es decir si se encuentra al menos una de las categorías 2 a la 8).

Con esa condición de "hogar indígena", se puedo extender dicho atributo a los demás miembros que se encontraban en las categorías 1 (Sin información de atributos indígenas) y 3 (No habla ni entiende lengua indígena, habla español o sabe leer y escribir un recado, no se autoadscribe como indígena), con lo cual se recupera a los integrantes que de alguna u otra manera no estaban reportándose como indígenas cuando el vínculo intergeneracional en la familia sí los estaba reconociendo con al menos un atributo indígena.

Variable dicotómica de atributo indígena

Con las nueve categorías anteriores se pudo crear una variable dicotómica que diferenciaba a cada registro censal en una de dos categorías como "indígena" y "no indígena". Tomando en cuenta las nueve categorías que agrupan los atributos indígenas, se consideró que una persona tiene al menos un atributo indígena si se encuentra en al menos una de las categorías 2, 4, 5, 6, 7, 8 y 9 o, lo que es lo mismo, si la persona censada se encuentra en una categoría diferente a la 1 (Sin información de atributos indígenas) y a la 3 (No habla ni entiende lengua indígena, habla español o sabe leer y escribir un recado, no se autoadscribe como indígena).

El anterior proceso de identificar a la población indígena muestra la complejidad de establecer criterios y la amalgama de atributos y combinaciones que deben considerarse, exponiendo la diversidad cultural de la composición social, para tratar de reducir a dos grupos poblacionales como son "indígenas" y "no indígenas".

La utilidad de esta caracterización se encontraría en el terreno de las políticas públicas, cuando se establecen los aspectos de derechos económicos, sociales, culturales y ambientales de los grupos poblacionales y la necesidad de visibilizar a la población indígena como grupo sujeto de derechos, iniciando desde la base poblacional como lo es el tamaño y participación en el total de la población del país, para traducirse en la exigibilidad del cumplimiento de sus derechos, desde los recursos presupuestales en los programas sociales donde deben quedar integrados en las reglas de operación de dichos programas.

Resultados estadísticos con la delimitación de atributos indígenas

Los resultados del cruce de atributos tanto individuales como colectivos que establecen personas y hogares se presentan a continuación en el Cuadro IV-1. Como se puede ver en el Cuadro IV-3, la base de los microdatos correspondientes al cuestionario ampliado del censo de 2010 arroja un total de población de 113'072,412 personas, de las cuales 90'900,395 no reportaron o no tienen atributos indígenas. De ellos, 16'180,004 personas no reportaron atributos indígenas que permitieran su identificación, mientras que 74'720,391 personas lograron reportar atributos no indígenas (no habla ni entiende lengua indígena, habla español o sabe leer y escribir un recado, no se autoadscribe como indígena). En el mismo cuadro se pueden distinguir con color oscuro, las celdas correspondientes a atributos personales y del hogar que permiten otorgarle una identidad de "indígena". Considerando la agregación de las filas sombreadas del cuadro, se llega a la cifra de 22'172,017 personas con algún atributo indígena.

Cuadro IV- 3. Resultados de identificación de atributos indígenas por persona y hogar.

Atributos por hogares y personas Sin vínculo intergeneracional indígena		Hogar indígena								
		Alguien habla lengua indígena	Alguien entiende lengua indígena	Alguien se auto-adscribe como indígena	Miembros manifiestan hablar y entender lengua indígena	Miembros manifiestan entender lengua y autoadscri-birse como indígena	Miembros manifiestan hablar lengua y autoadscri-birse como indígena	Miembros manifiestan hablar, entender y autoadscri-birse como indígenas	Total	
Persona indígena	Sin información de atributos indígenas	16,180,004	0	0	0	0	0	0	0	16,180,004
	No habla ni entiende lengua indígena, posiblemente habla español pero se autoadscribe como indígena	33,223	1,451	885	855,462	81	88,172	228,856	38,095	1,246,225
	No habla ni entiende lengua indígena, habla español o sabe leer y escribir un recado, no se autoadscribe como indígena	74,720,391	0	0	0	0	0	0	0	74,720,391
	No habla ni entiende lengua indígena, habla español o sabe leer y escribir un recado, se autoadscribe como indígena	208,550	5,388	4,674	5,267,911	237	408,508	739,820	126,679	6,761,767
	Habla o entiende lengua indígena, no habla español, no se autoadscribe como indígena	38,585	59,123	175,891	2,807	14,510	14,285	67,956	24,718	397,875
	Habla o entiende lengua indígena, no habla español, se autoadscribe como indígena	19,251	4,498	1,565	20,011	125	432,320	1,717,639	218,570	2,413,979
	Habla o entiende lengua indígena, habla español, no se autoadscribe como indígena	25,263	248,638	1,896	905	10,914	589	64,614	2,963	355,782
	Habla o entiende lengua indígena, habla español, se autoadscribe como indígena	47,025	9,716	1,654	14,311	173	9,839	5,033,520	170,786	5,287,024
	Sin atributos indígenas pero con vínculo intergenera-cional indígena en el hogar	0	525,001	420,503	2,206,425	23,442	376,924	2,026,647	130,423	5,709,365
	Total	91,272,292	853,815	607,068	8,357,832	49,482	1,330,637	9,879,052	712,234	113,072,412

Cálculos propios. Fuente: Procesamientos especiales de los Microdatos del Cuestionario Ampliado del Censo de Población 2010. INEGI.

Estos resultados incluyen a la población menor a tres años de edad e incluye el tratamiento de la información de 3 y 4 años en que se perdían registros por filtro del cuestionario. Si bien las filas tratan de condensar los atributos indígenas, la diversidad de las combinaciones y traslape de atributos lleva a agregar la población por los tres atributos de referencia, dando como resultado que:

1) La población que indicó hablar o entender lengua indígena es de 8'454,660 personas.
2) La población que indicó autoadscribirse como indígena es de 15'708,995 personas.
3) La población que indicó tener un vínculo intergeneracional indígena es de 21'800,120 personas.

En el Cuadro IV-4 se muestran los resultados por regiones y entidades federativas considerando los atributos personales.

Aplicando la regionalización estatal propuesta por Bassols Batalla (1999), en el cuadro IV-4 se obtiene una notoria predominancia de las tres regiones del norte de México donde más del noventa por ciento de su población no reportó atributos indígenas, mientras que, a medida que se pasa de las entidades federativas del norte hacia la región central y hacia el sur, la participación de población con atributos indígenas aumenta. Lo anterior podría parecer algo lógico de no ser porque al comparar la autoadscripción y el vínculo intergeneracional que sumados con el atributo de habla o entiende lengua indígena se logra que dichas regiones pasen de 3 a casi 10 por ciento de población indígena.

También resulta interesante que el atributo de habla o entiende lengua indígena tenga proporciones muy bajas desde la región norte hasta la región centro occidente y mayor relevancia en las regiones hacia el sur y la península de Yucatán.

Cuadro IV- 4. Población por entidades federativas según atributos indígenas, 2010.

Regiones y Entidades Federativas		Sin información de atributos indígenas	No habla ni entiende lengua indígena, posiblemente habla español pero se autoadscribe como indígena	No habla ni entiende lengua indígena, habla español o sabe leer y escribir un recado, no se autoadscribe como indígena	No habla ni entiende lengua indígena, habla español o sabe leer y escribir un recado, se autoadscribe como indígena	Habla o entiende lengua indígena, no habla español, no se autoadscribe como indígena
Noroeste	Baja California	418,745	14,921	2,423,013	103,973	5,581
	Baja California Sur	80,827	4,391	484,261	27,131	1,984
	Sinaloa	411,612	14,191	2,162,070	77,401	2,839
	Sonora	331,757	26,271	1,870,153	183,141	7,557
Norte	Coahuila	405,331	4,015	2,250,773	41,327	2,681
	Chihuahua	444,380	20,491	2,547,916	142,445	8,794
	Durango	254,116	3,237	1,283,328	22,511	1,760
Noreste	Nuevo León	680,225	5,072	3,786,971	39,557	6,552
	Tamaulipas	510,331	10,525	2,526,251	84,690	5,925
Centro-Norte	Aguascalientes	180,951	4,695	927,474	38,396	1,240
	San Luis Potosí	356,283	31,471	1,635,806	152,643	6,183
	Zacatecas	259,958	3,904	1,173,862	32,464	1,220
Centro-Occidente	Colima	86,809	10,279	448,211	66,169	1,229
	Guanajuato	1,022,813	38,249	4,137,389	171,513	4,019
	Jalisco	1,112,775	38,876	5,718,855	247,218	7,202
	Michoacán	751,148	73,179	2,831,030	366,988	6,075
	Nayarit	160,963	7,404	775,143	41,098	1,723

Centro-Este	Distrito Federal	891,230	27,734	7,007,365	278,945	29,724
	México	1,918,115	150,544	10,547,347	942,541	55,210
	Hidalgo	299,304	60,980	1,391,528	300,321	13,096
	Morelos	224,877	30,923	1,176,301	188,605	6,515
	Puebla	757,469	126,893	3,136,014	545,868	35,259
	Querétaro	264,355	31,764	1,219,072	190,126	2,948
	Tlaxcala	152,806	20,739	730,660	133,685	9,026
Sur	Chiapas	737,463	40,043	2,242,201	129,311	19,147
	Guerrero	586,845	51,779	1,879,542	187,583	8,985
	Oaxaca	261,264	136,473	970,273	618,020	33,207
Este	Tabasco	352,230	22,161	1,555,367	138,431	5,705
	Veracruz	1,114,837	122,083	4,568,713	609,269	30,141
Península de Yucatán	Campeche	85,302	22,792	397,944	112,473	7,319
	Quintana Roo	107,998	26,832	543,510	153,081	22,687
	Yucatán	61,698	63,314	372,048	394,843	46,342
Total México		15,284,817	1,246,225	74,720,391	6,761,767	397,875

Fuente: Procesamientos especiales de los Microdatos del Cuestionario Ampliado del Censo de Población 2010. INEGI. Regionalización basada en Bassols Batalla, 1999.

Cuadro IV- 4. Población por entidades federativas según atributos indígenas, 2010

Regiones y Entidades Federativas		Habla o entiende lengua indígena, no habla español, se autoadscribe como indígena	Habla o entiende lengua indígena, habla español, no se autoadscribe como indígena	Habla o entiende lengua indígena, habla español, se autoadscribe como indígena	Sin atributos indígenas pero con vínculo intergeneracional indígena en el hogar	Población Total
Noroeste	Baja California	16,593	6,282	32,631	101,646	3,123,385
	Baja California Sur	2,901	2,035	8,257	22,067	633,854
	Sinaloa	12,006	2,143	16,849	61,290	2,760,401
	Sonora	40,040	4,505	45,846	123,726	2,632,996
Norte	Coahuila	1,154	1,070	1,885	31,455	2,739,691
	Chihuahua	21,958	5,513	85,421	113,541	3,390,459
	Durango	8,878	1,583	22,980	26,448	1,624,841
Noreste	Nuevo León	8,393	9,138	31,190	74,805	4,641,903
	Tamaulipas	7,002	5,245	17,146	87,523	3,254,638
Centro-Norte	Aguascalientes	728	394	2,578	22,344	1,178,800
	San Luis Potosí	54,655	3,853	227,309	106,585	2,574,788
	Zacatecas	1,359	688	2,340	18,350	1,494,145
Centro-Occidente	Colima	1,694	633	3,569	29,061	647,654
	Guanajuato	4,527	2,597	7,695	85,468	5,474,270
	Jalisco	12,011	5,622	33,656	146,961	7,323,176
	Michoacán	43,276	3,321	113,968	160,008	4,348,993
	Nayarit	13,750	2,848	39,751	33,246	1,075,926

Centro-Este	Distrito Federal	35,754	28,344	96,422	388,391	8,783,909
	México	195,078	44,637	323,577	946,255	15,123,304
	Hidalgo	109,796	13,624	288,423	197,319	2,674,391
	Morelos	17,238	6,726	23,956	94,663	1,769,804
	Puebla	181,901	33,577	513,646	447,912	5,778,539
	Querétaro	12,248	1,780	25,322	78,021	1,825,636
	Tlaxcala	15,080	5,068	20,866	92,784	1,180,714
Sur	Chiapas	501,976	22,593	784,179	311,249	4,788,162
	Guerrero	175,147	11,058	299,805	179,350	3,380,094
	Oaxaca	358,409	37,162	953,646	415,796	3,784,250
Este	Tabasco	20,959	4,793	43,219	93,324	2,236,189
	Veracruz	175,185	26,644	533,411	446,120	7,626,403
Península de Yucatán	Campeche	41,398	4,368	69,866	75,454	816,916
	Quintana Roo	77,023	22,202	161,328	204,824	1,319,485
	Yucatán	245,862	35,736	456,287	276,293	1,952,423
Total México		2,413,979	355,782	5,287,024	5,492,279	111,960,139

Fuente: Procesamientos especiales de los Microdatos del Cuestionario Ampliado del Censo de Población 2010. INEGI. Regionalización basada en Bassols Batalla, 1999"

En el atributo de autoadscripción se aprecia mayor proporción de población en regiones donde la anterior categoría es baja, como es el caso de entidades federativas Sonora y Chihuahua de las regiones del norte, y San Luís Potosí, Colima y Michoacán de las regiones del centro-norte y centro-occidente de México. La proporción de población con autoadscripción como indígena empieza a ser notable en la región centro-este, llegando a ser superior a 20 por ciento, acentuándose mucho más en los estados de las regiones del sur donde se llega a superar la mitad de población con dicho atributo.

Ese mismo comportamiento se registra en el atributo de vínculo intergeneracional indígena, aunque en el cuadro IV-2 se presentan los resultados solamente de la población que no reportó los demás atributos para identificarlos como indígenas. Cabe mencionar nuevamente que dicho atributo se traslapa con los anteriores y por ello las cifras llegan a rondar el 98 por ciento de la población indígena en las entidades federativas. En el cuadro IV-5 presentamos los resultados para los municipios seleccionados de las ciudades del sureste de México y para las dos grandes metrópolis.

Del cuadro se desprenden las diferencias entre grandes y medianos municipios respecto a los pequeños, con una relación inversa entre tamaño poblacional y proporción de población indígena. En Campeche, de los 256,742 habitantes en el 2010 8.52 por ciento hablaban o entendía lengua indígena y 28.67 por ciento se adscribían como indígenas; al incluir el atributo de vínculo intergeneracional la proporción de población indígena ascendía a 41.13 por ciento. En el municipio petrolero de Ciudad del Carmen, de 220,687 habitantes menos del 2 por ciento hablaban o entendían lengua indígena, pero con los otros dos atributos adicionales la proporción llegaba al 10.41 por ciento.

En Tuxtla Gutiérrez, la capital del estado de Chiapas, con los tres atributos la proporción de indígenas llega a 10.2 por ciento, mientras que en San Cristóbal de las Casas la proporción pasa de casi 40 por ciento de hablantes de lengua indígena a ser de 60.65 por ciento de la población con alguno de los tres atributos, y en Tapachula, municipio fronterizo con Guatemala, los hablantes de lengua indígena representan el 2.14 por ciento pero con los tres atributos la proporción de población indígena aumenta hasta 6.03 por ciento.

Cuadro IV- 5. Población por Municipios seleccionados según atributos indígenas, 2010.

Municipios seleccionados	Categorías de atributos									
	1	2	3	4	5	6	7	8	9	Total
Estado de Campeche										
Campeche	20,918	6,007	130,233	49,422	3,694	8,790	1,748	7,648	28,282	256,742
Carmen	33,175	1,719	164,529	9,921	322	763	623	1,947	7,688	220,687
Estado de Chiapas										
San Cristóbal de las Casas	12,270	3,332	61,070	9,290	2,386	19,310	3,158	49,521	26,021	186,358
Tapachula	70,580	529	229,718	2,369	782	1,410	389	3,451	10,339	319,567
Tuxtla Gutiérrez	79,731	1,956	415,995	16,797	1,552	1,148	2,191	6,895	25,760	552,025
Grandes metrópolis										
Distrito Federal	891,230	27,734	7,007,365	278,945	29,724	35,754	28,344	96,422	388,391	8,783,909
Guadalajara	181,787	2,584	1,257,997	24,117	1,896	455	1,273	2,173	18,935	1,491,217
Estado de Quintana Roo										
Othón P. Blanco	20,935	7,482	100,618	41,473	2,829	9,218	2,838	21,976	35,917	243,286
Benito Juárez	61,827	9,578	317,445	67,200	12,457	29,409	10,804	45,849	104,742	659,311
Solidaridad	15,659	2,351	76,858	14,906	2,077	7,281	2,154	13,581	23,732	158,599
Estado de Tabasco										
Cárdenas	49,390	205	189,807	3,640	157	266	319	611	3,620	248,015
Centro	83,158	1,322	513,267	8,469	908	4,035	1,883	9,806	15,313	638,161
Estado de Yucatán										
Mérida	44,574	21,072	290,387	214,719	15,663	41,299	13,618	60,528	124,711	826,571
Tizimín	494	4,679	1,818	14,478	2,111	14,668	1,109	24,309	9,527	73,193
Valladolid	765	2,088	4,023	9,015	2,145	14,469	1,692	29,933	11,687	75,817

Categoría 1: Sin información de atributos indígenas. Categoría 2: No habla ni entiende lengua indígena, posiblemente habla español pero se autoadscribe como indígena. Categoría 3: No habla ni entiende lengua indígena, habla español o sabe leer y escribir un recado, no se autoadscribe como indígena. Categoría 4: No habla ni entiende lengua indígena, habla español o sabe leer y escribir un recado, se autoadscribe como indígena. Categoría 5: Habla o entiende lengua indígena, no habla español, no se autoadscribe como indígena. Categoría 6: Habla o entiende lengua indígena, no habla español, se autoadscribe como indígena. Categoría 7: Habla o entiende lengua indígena, habla español, no se autoadscribe como indígena. Categoría 8: Habla o entiende lengua indígena, habla español, se autoadscribe como indígena. Categoría 9: Sin atributos indígenas pero con vínculo intergeneracional indígena en el hogar.
Cálculos propios. Fuente: Procesamientos especiales de los Microdatos del Cuestionario. Ampliado del Censo de Población 2010. INEGI.

En los municipios de Othón P. Blanco, Benito Juárez y Solidaridad en Quintana Roo, la proporción de hablantes de lengua indígena es de alrededor del 15 por ciento y al integrar los tres atributos se eleva a valores de entre 42 y 50 por ciento de la población. En los municipios tabasqueños de Cárdenas y Centro la población que habla o entiende lengua indígena representa entre 0.5 y 2.6 por ciento, mientras que al integrar los tres atributos pasa a ser de 3.5 y 6.5 por ciento respectivamente.

Para el caso de los municipios yucatecos de Tizimín y Valladolid su contexto es marcadamente diferente respecto a los demás, no solamente respecto a su tamaño población, superior a los 70 mil habitantes, sino también a la mayor proporción de hablantes de lengua indígena, entre 57 y 63 por ciento del total; con lo que la proporción con los tres atributos llega a ser entre 93 y 96 por ciento.

Al observar los resultados que arrojan los microdatos expandidos del censo de 2010 de la Ciudad de México y Guadalajara, las dos grandes metrópolis que se seleccionaron para investigar, se tiene que de los 8'783,909 de personas, solamente el 2.17 por ciento hablan lengua indígena y se adscriben como indígenas el 5.32 por ciento; con los tres atributos incluyendo el vínculo intergeneracional indígena en los hogares la proporción de indígenas aumenta hasta el 10.08 por ciento. En Guadalajara, de 1'491,217 de personas menos del 0.4 por ciento refirió que hablaba o entendía lengua indígena, un poco más del 2 por ciento se adscribe como tal, por lo que al integrar los tres atributos la proporción de población indígena alcanzaría a ser del 3.45 por ciento.

Con esta información se procedió a elaborar las pirámides de población para cada una de las ciudades del sureste y metrópolis seleccionadas, con el fin de profundizar más en la estructura por sexo y edad que arrojarían en el contraste entre población indígena (con al menos uno de los atributos referidos en las categorías elaboradas) y no indígena (sin ningún atributo indígena).

El primer grupo de las pirámides de población a analizar corresponde a las de las ciudades de Campeche y Ciudad del Carmen en el estado de Campeche, San Cristóbal y Tapachula en el estado de Chiapas, condensadas en las Gráfica 1a y 1b. En ellas, el contraste entre las pirámides de población de la ciudad de Campeche y la ciudad petrolera de Ciudad del Carmen en el estado de Campeche es sorprendente. Pese a que ambas pirámides guardan semejanza, al interior de ellas en que se encuentra la pirámide de población indígena (blanco y gris), las diferencias son patentes.

Gráfica IV -1 a. Pirámides de Población Indígena y No Indígena de las ciudades de Campeche, Ciudad del Carmen, San Cristóbal de las Casas y Tapachula

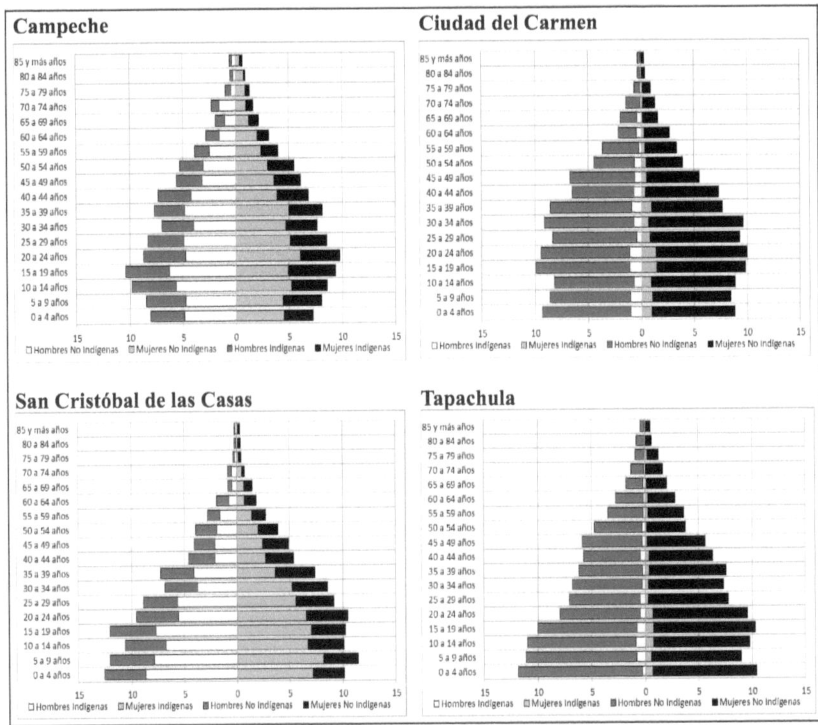

Cálculos propios. Fuente: Procesamientos especiales de los Microdatos del Cuestionario Ampliado del Censo de Población 2010. INEGI.

Gráfica IV -1 b. Pirámides de Población Indígena de las ciudades de Campeche, Ciudad del Carmen, San Cristóbal de las Casas y Tapachula

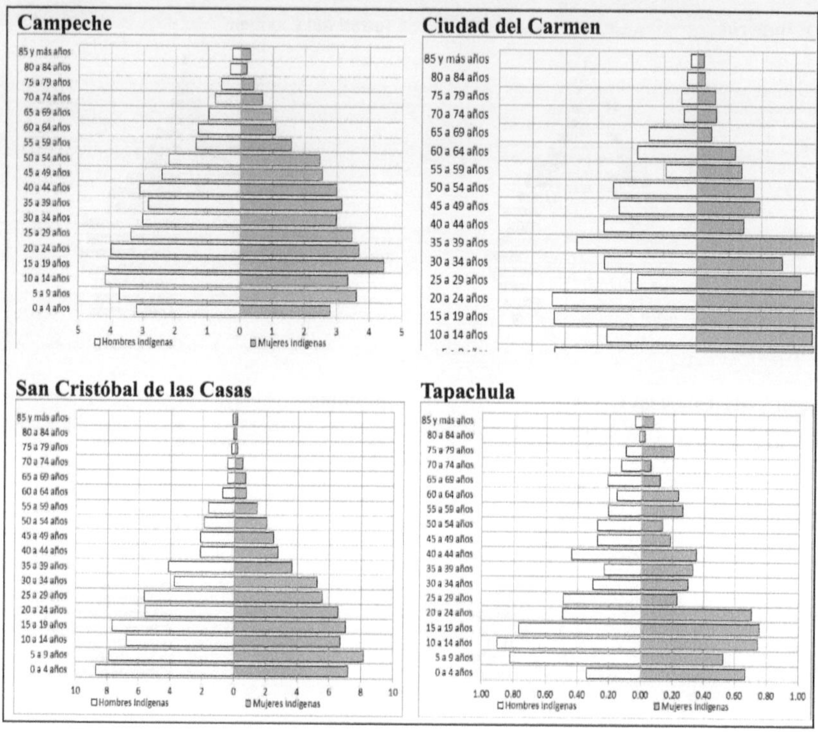

Cálculos propios. Fuente: Procesamientos especiales de los Microdatos del Cuestionario Ampliado del Censo de Población 2010. INEGI.

En la ciudad de Campeche la estructura de la población indígena por sexo y edad mantiene una proporcionalidad con su contraparte poblacional no indígena en cada grupo etario, mientras en Ciudad del Carmen es muchísimo más baja y desequilibrada en los grupos de edades productivas, en especial de 15 a 24 y de 35 a 39 años. La pirámide de población indígena de Ciudad del Carmen es desproporcionada y angosta en comparación con la contraparte no indígena, lo que le otorga la configuración de una pirámide con mucha robustez en la parte media donde la participación de la población en edad altamente productiva en los grupos etarios de 15 a 39 años –especialmente población femenina– es bastante fuerte, propio de una ciudad con alto capital productivo debido a la predominante actividad petrolera que realiza (ver Gráfica 1b).

Algo similar ocurre con San Cristóbal de las Casas, Tapachula y Tuxtla Gutiérrez en el estado de Chiapas. La pirámide de población de San Cristóbal de las Casas es muy ancha en la base, donde los grupos etarios de edades tempranas son las de mayor proporción, lo cual es equivalente tanto para la población indígena como para la no indígena. En ella se puede apreciar la alta participación de población indígena que, con su distribución etaria por sexo, le otorga la forma general a la pirámide poblacional de la ciudad.

Lo anterior no es igual para las ciudades tanto de Tapachula como de Tuxtla Gutiérrez, la capital del estado. En Tapachula, la pirámide de población es semejante a la de San Cristóbal de las Casas por su base gruesa en los grupos de edad menores de 14 años, pero se aprecian las discrepancias y desequilibrios, no solamente a partir de las edades superiores a los 19 años sino también al peso por grupos de edad de la población indígena, muy baja y solamente destacando levemente en los grupos de 9 a 19 años.

Esto es de resaltar, pues la ciudad se encuentra en una zona de alta población de comunidades indígenas, fronteriza con Guatemala y con regiones indígenas. Sin embargo, al ver las estadísticas su participación resulta ser muy baja frente a lo que se esperaba.

Gráfica IV-2 a. Pirámides de Población Indígena y No Indígena de las ciudades de Tuxtla Gutiérrez, Playa del Carmen, Chetumal y Cancún

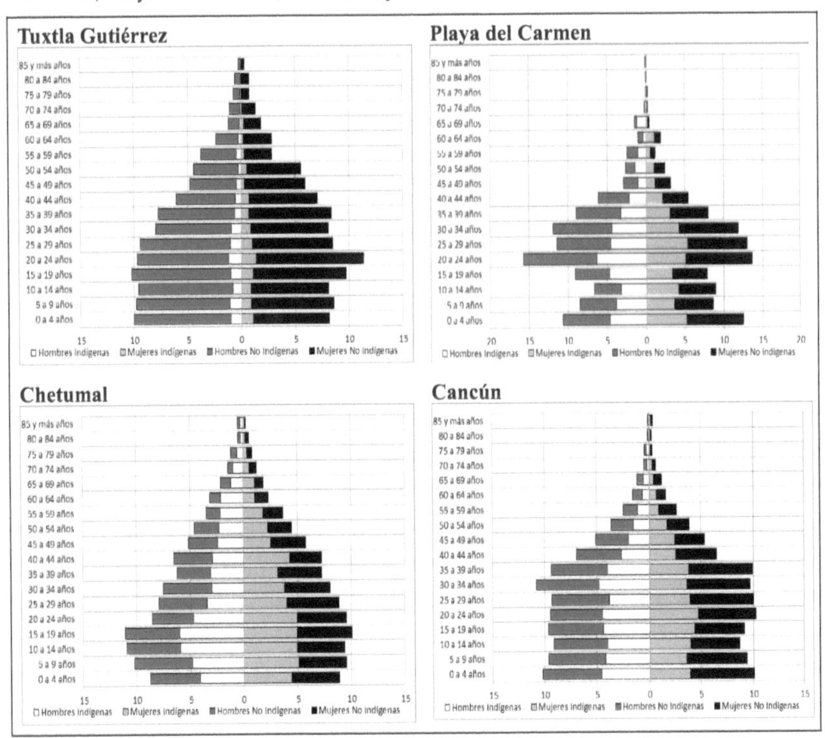

Cálculos propios. Fuente: Procesamientos especiales de los Microdatos del Cuestionario Ampliado del Censo de Población 2010. INEGI.

Gráfica IV-2 b. Pirámides de Población Indígena de las ciudades de Tuxtla Gutiérrez, Playa del Carmen, Chetumal y Cancún.

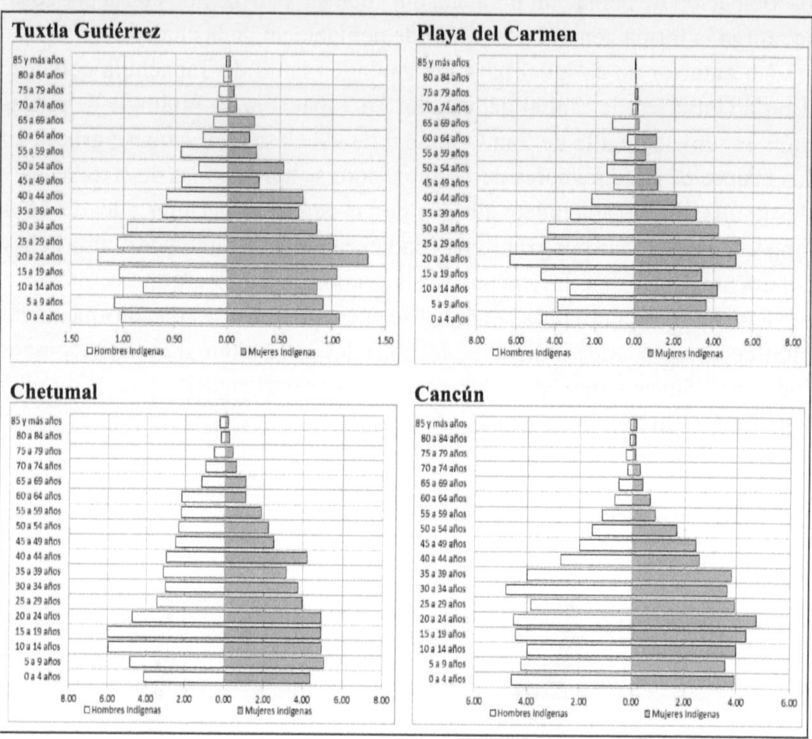

Cálculos propios. Fuente: Procesamientos especiales de los Microdatos del Cuestionario Ampliado del Censo de Población 2010. INEGI.

Al observar la pirámide de población de Tuxtla Gutiérrez en la gráfica 2, por ser una concentración poblacional urbana de más de medio millón de habitantes, la participación de la población indígena es baja y su pirámide poblacional, tanto del total como de la indígena, muy parecida a la de Ciudad del Carmen en Campeche, debido también a la fuerza gravitacional que tiene la ciudad de Tuxtla Gutiérrez como principal centro económico chiapaneco, que la hace un polo de atracción de población en edades económicamente productivas lo cual se refleja en el resultado de su pirámide poblacional donde el predominio de población no indígena en los diferentes grupos etarios por edad es mayor a la población indígena.

En las ciudades quintanarroenses de Playa del Carmen, Cancún y Chetumal, la configuración de la pirámide de población está marcada mucho más por la historia y dinámica reciente de su espacio urbano, que determina la estabilidad del asentamiento humano.

En efecto, una ciudad como Playa del Carmen, cuya dinámica es mucho más reciente que la de Cancún, arroja una pirámide poblacional con una forma particular semejante a la de un colibrí con alas extendidas (ver gráficas 2a y 2b), con una muy baja proporción de población de adultos mayores y una relativamente baja proporción de población infantil y juvenil, predominando preferentemente la población de jóvenes adultos de 20 a 34 años. Es notable la participación de población indígena en este asentamiento urbano, que sigue la estructura marcada por la población no indígena.

Ese equilibrio también se aprecia en las otras dos ciudades del estado, pues en Cancún, pese a ser un asentamiento igualmente joven, la dinámica económica basada en el turismo masivo –al igual que Playa del Carmen– hace que la atracción de fuerza de trabajo en edades productivas sea muy alta.

La pirámide de población indígena sigue un patrón similar y con una participación más visible y notable en cada uno de los grupos etarios y por sexo. Ese mismo comportamiento demográfico se puede apreciar en la ciudad de Chetumal, la capital del estado de Quintana Roo, donde la población indígena también sigue el patrón de distribución poblacional no indígena. El asentamiento humano tiene más antigüedad que en las anteriores ciudades del mismo estado lo que hace que la pirámide poblacional sea un poco más angosta en los grupos de edades infantiles y jóvenes, incluyendo a la población indígena, pero donde se destaca la menor participación de hombres indígenas de 25 a 44 años de edad respecto a su contraparte femenina, posiblemente debido a procesos migratorios hacia las otras dos ciudades del mismo estado.

Esto se puede comprender debido a que la base de la economía de la ciudad de Chetumal, con una dinámica de ciudad de frontera (al sur del estado lindando con Belice), la constituye principalmente el empleo en entidades públicas, oficinas de gobierno y fuerzas militares y policiales, el comercio y los servicios, sin tanto predominio de actividad turística.

Las pirámides poblacionales de las ciudades tabasqueñas de Cárdenas y la capital del estado Villahermosa, aunque diferentes, tienen la particularidad de ser semejantes en la baja participación de la población indígena por sexo y edad. La ciudad de Cárdenas, según los datos expandidos del Censo de 2010 para una población de 248,015 personas –tamaño similar a Chetumal y Campeche– con una pirámide poblacional cuya distribución es cercana a la Tapachula o San Cristóbal, muestra un tamaño de población indígena de 8,818 personas, siendo la más baja registrada en las ciudades estudiadas.

Al observar la pirámide de población indígena en la gráfica 3b, se puede apreciar el desequilibrio en la distribución, principalmente por sexo y a partir de los grupos de edad de 10 años en adelante, con un alto predominio de población femenina, fenómeno probablemente asociado a una mayor migración masculina hacia centros urbanos con mejores oportunidades laborales.

Esta estructura no es ajena a la ciudad de Villahermosa, la capital del estado de Tabasco, donde el equilibrio demográfico se basa en mayor peso de la población en edad de trabajar y la población indígena es de jóvenes y jóvenes adultos de 15 a 29 años. Al igual que Cárdenas, Villahermosa muestra una pirámide de población indígena desequilibrada entre grupos etarios y sexo, donde la población infantil y adolescente así como los adultos de 30 a 64 años parecen ser principalmente población masculina, con algunos predominios femeninos en grupos de edades: jóvenes de 15 a 19 años, adultos 40 a 44 años de edad y adultos mayores de 65 a 69 y 75 a 79 años.

Gráfica IV-3 a. Pirámides de Población Indígena y No Indígena de las ciudades de Guadalajara, Cárdenas, Villahermosa y Mérida

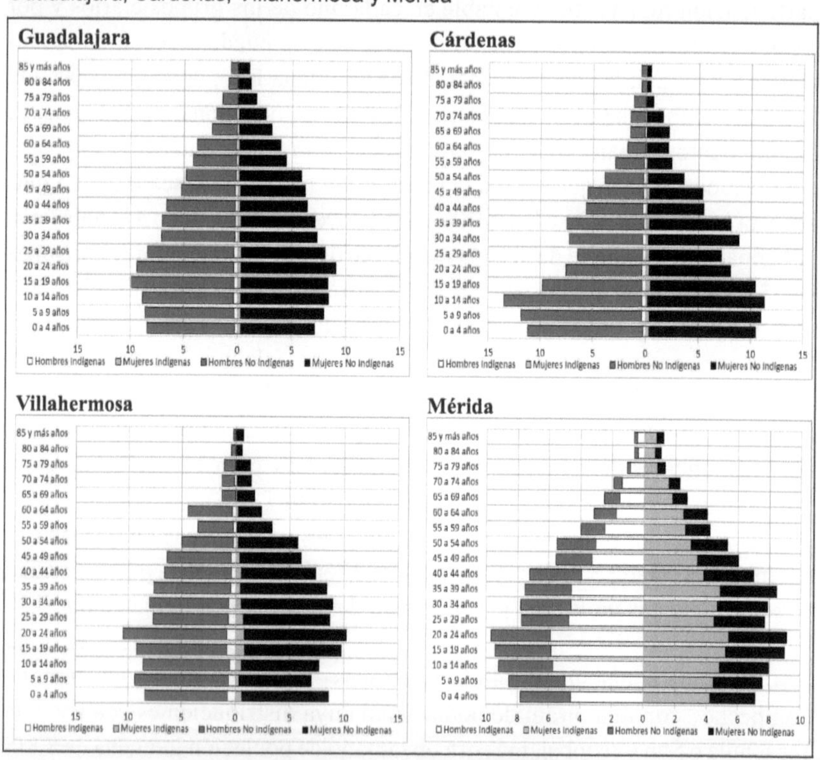

Cálculos propios. Fuente: Procesamientos especiales de los Microdatos del Cuestionario Ampliado del Censo de Población 2010. INEGI.

Gráfica IV-3 b. Pirámides de Población Indígena de las ciudades de Guadalajara, Cárdenas, Villahermosa y Mérida

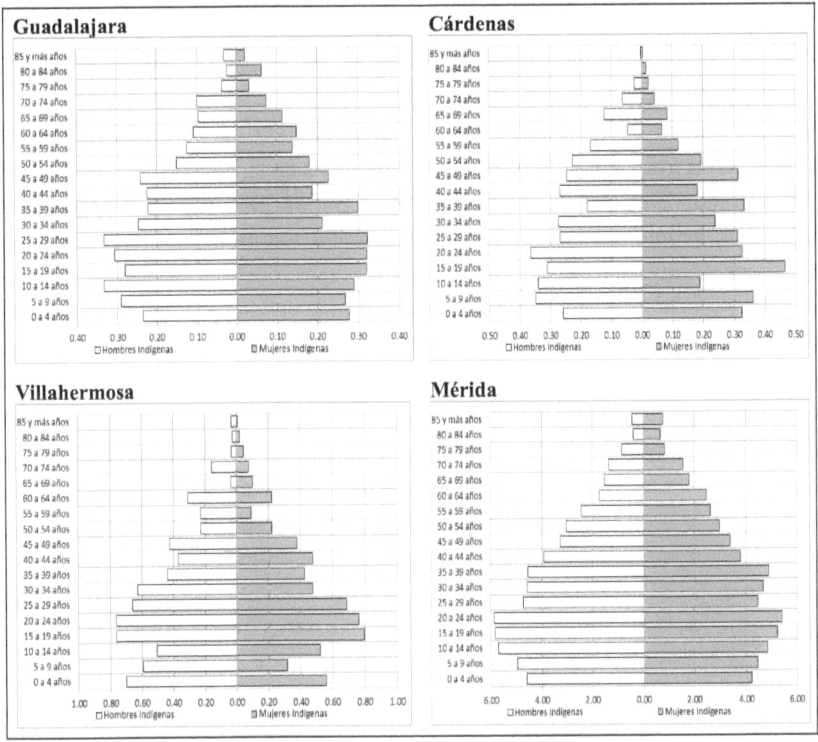

Cálculos propios. Fuente: Procesamientos especiales de los Microdatos del Cuestionario Ampliado del Censo de Población 2010. INEGI.

En el bajío mexicano, Guadalajara la capital del estado de Jalisco, presenta una pirámide de población más robusta en los grupos de jóvenes y jóvenes adultos donde la proporción de población indígena es muy baja. Aunque el número de población indígena que se estimó para el 2010 fue de 51,433 personas, es claro que dicho volumen se diluye en una urbe de casi millón y medio de habitantes. Pese a que podrían encontrarse desequilibrios en algunos grupos etarios, la pirámide de población indígena en esta metrópoli es demográficamente mucho más estable que las registradas en otras ciudades, destacándose la mayor proporción de mujeres en los grupos etarios de adolescentes y jóvenes adultos.

De las tres ciudades del estado de Yucatán, la capital Mérida suele ser de mayor interés por su tamaño poblacional y su historia, al reconocérsela como el asentamiento urbano más importante de la península de Yucatán. Con 491,610 personas de población indígena respecto al total de 826,571 personas, Mérida es la ciudad del sureste con mayor concentración indígena en el país. Su pirámide de población refleja una transición demográfica en la que se empieza a reducir la base de población infantil y juvenil, manteniéndose robusta la población de jóvenes adultos y adultos, en tanto que el envejecimiento poblacional inicia su fase de consolidación, siendo más fuerte este proceso que en otras ciudades aquí estudiadas. Esta estructura se mantiene dentro de los grupos etarios de población indígena en su pirámide de población, manteniendo la estabilidad que se refleja en ambas pirámides de población en la ciudad, debido principalmente a que la población indígena representa casi el 60 por ciento del total.

Las otras dos ciudades yucatecas, Tizimín y Valladolid, las ciudades más pequeñas seleccionadas en la investigación, ambas con un poco más de 70 mil personas, , adquieren relevancia por el amplio peso de su población indígena que llega a ser de más del noventa por ciento del total de población. En ambas ciudades la estructura demográfica que refleja la distribución por grupos etarios y sexo da cuenta de que son asentamientos humanos con una base de transición demográfica en etapas iniciales debido al amplio peso de su base de población infantil y juvenil, respecto a la baja proporción de población de adultos mayores (gráficas 4a y 4b). Si bien en ambas ciudades las pirámides de población indígena y total casi son las mismas por el tamaño de su población indígena, las estructuras no son completamente idénticas en ambas ciudades.

En Tizimín la proporción de población tanto de hombres como de mujeres entre los 5 y 19 años de edad es mucho mayor respecto al total, mientras que la población de 20 a 44 años, recién empieza a ser más robusta; su característica de mayor proporción de población femenina tanto indígena como no indígena reflejaría la migración de hombres hacia otras regiones. Los grupos de adultos mayores con edades superiores a los 60 años son importantes y casualmente con leve predominio de población masculina.

La pirámide de población de la ciudad de Valladolid es más homogénea en los grupos etarios hasta los 29 años, con una transición demográfica en los grupos de población indígena mucho más avanzada que la registrada en Valladolid; no obstante, en los grupos de adultos mayores la estructura se hace más angosta.

La población masculina indígena predomina levemente en los grupos etarios de edades infantiles y adolescentes, mientras que en los jóvenes y jóvenes adultos la predominancia es de población indígena femenina, aunque con leve intensidad. Tal cambio podría estar vinculado a los procesos migratorios de fuerza de trabajo indígena, principalmente masculina, que se realiza por la proximidad de ambas ciudades tanto a Mérida como a Cancún y Playa del Carmen en la Riviera Maya.

Ahora bien, el principal asentamiento urbano de indígenas en el país se encuentra en la Ciudad de México. Podrían verse como relativamente pocos los indígenas en un conglomerado urbano de 8'783,909 personas en el Distrito Federal, pero de ellas 885,314 personas son consideradas como indígenas y representan el diez por ciento de la metrópolis, lo cual realmente resulta de alta importancia. La pirámide de población de la Ciudad de México es reflejo de una transición demográfica en la que se va perdiendo peso en los grupos etarios de edades tempranas y se engrosan los grupos etarios de jóvenes adultos y adultos de entre 19 y 39 años de edad, pero con un envejecimiento paulatino. En contraste, la pirámide de población indígena es mucho más acentuada en su base de población infantil y juvenil respecto a la población no indígena; su parte más robusta se localiza entre los grupos etarios de población joven de 20 a 29 años –con mayor predominio de población masculina– y el envejecimiento es notablemente menor que entre los no indígenas de la misma urbe.

Gráfica IV - 4 a. Pirámides de Población Indígena y No Indígena de las ciudades de Tizimín, Valladolid, Distrito Federal y Total de México.

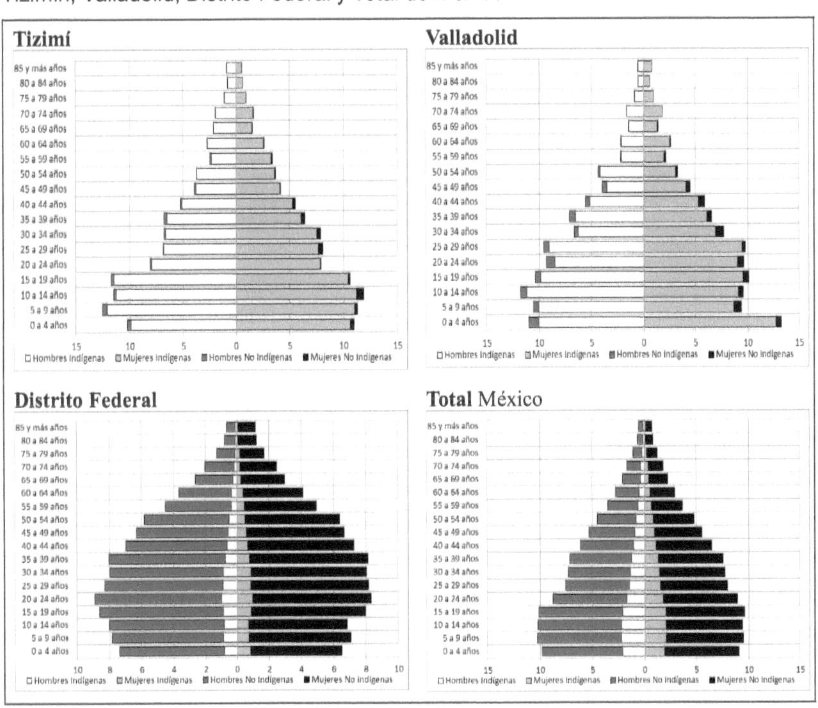

Cálculos propios. Fuente: Procesamientos especiales de los Microdatos del Cuestionario Ampliado del Censo de Población 2010. INEGI.

Gráfica IV - 4 b. Pirámides de Población Indígena de las ciudades de Tizimín, Valladolid, Distrito Federal y Total de México.

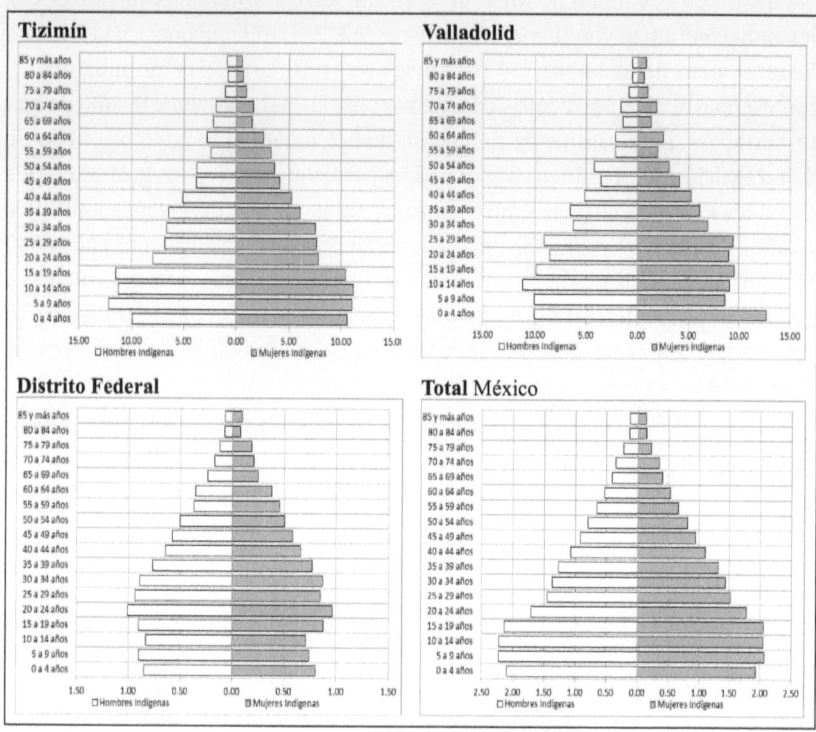

Cálculos propios. Fuente: Procesamientos especiales de los Microdatos del Cuestionario Ampliado del Censo de Población 2010. INEGI.

Si quisiéramos contrastar a las ciudades que hemos revisado con el total de población nacional indígena y no indígena, podemos hacerlo también a partir de las pirámides de población de las gráficas 4a y 4b. En la pirámide de población total se puede ver que el país empieza a reducir su base de grupos etarios de población infantil y que es semejante, aunque levemente menor, a lo que sucede entre la población indígena. Pero la diferencia más importante se encuentra entre los grupos etarios subsiguientes de entre 25 y 39 años, donde la pendiente de la distribución en la población indígena se mantiene de manera homogénea en toda la estructura hacia las edades avanzadas, en tanto que en la población no indígena se robustece en esos grupos etarios, con leve predominancia de población femenina, y recupera levemente la inclinación de distribución en los grupos de 40 y más años de edad.

Localización de la población indígena en Ciudad de México, Guadalajara y las principales ciudades del sureste

Observamos en lo que sigue la concentración de la población indígena en Ciudad de México, Guadalajara y las principales ciudades del sureste de México, para lo cual se hizo uso del Sistema para la Consulta de Información Censal 2010, SCINCE Versión 05 de 2012 desarrollado por el INEGI.

Dentro del sistema de variables utilizamos el atributo de habla o entiende lengua indígena del cuestionario ampliado del Censo y usamos la conformación de rangos con diversos métodos para hacer visibles las concentraciones poblacionales en las Áreas Geoestadísticas Básicas (AGEB), según la situación de cada ciudad.

En el mapa IV-1 podemos observar cómo en la ciudad de Cancún, del total de AGEB urbanas, existen 89 donde la concentración de población indígena oscila entre el 17 y el 35 por ciento. En el resto de las AGEB la proporción es menor del 17 por ciento y en la mayoría incluso es menor al 11 por ciento, destacándose el agrupamiento de AGEB delimitadas por las avenidas paralelas de López Portillo y Fancisco y Madero y cruce con las calles Tulum y 19, cercanas a la zona comercial del centro de la ciudad, que abastece de servicios a la exclusiva zona hotelera internacional del Boulevard Kukulcan. También sobresalen las AGEB de la sección 101 y el IN-NAH, así como la 103, al lado de la avenida López Portillo que atraviesa la ciudad. De igual manera sobresale la prolongación de AGEB urbanas que conforman el ejido de Isla Mujeres, tanto en la parte continental como en la insular, donde hay una concentración de hasta el 17 por ciento de población que habla o entiende lengua indígena. Esto mismo ocurre en la ciudad de Playa del Carmen, donde la población indígena se concentra en las AGEB aledañas al aeropuerto y al Downtown, en cruce con la 50 Avenida Sur, también en las AGEB entre 30 Avenida Norte paralela con 50 Avenida Sur y cruce con Avenida Luis Donaldo Colosio y la calle 110 norte.

Mapa IV- 1. Concentración de población de 3 y más años que hablan lengua indígena en las ciudades de México, 2010. Cancún, Playa del Carmen, Chetumal y Tizimín

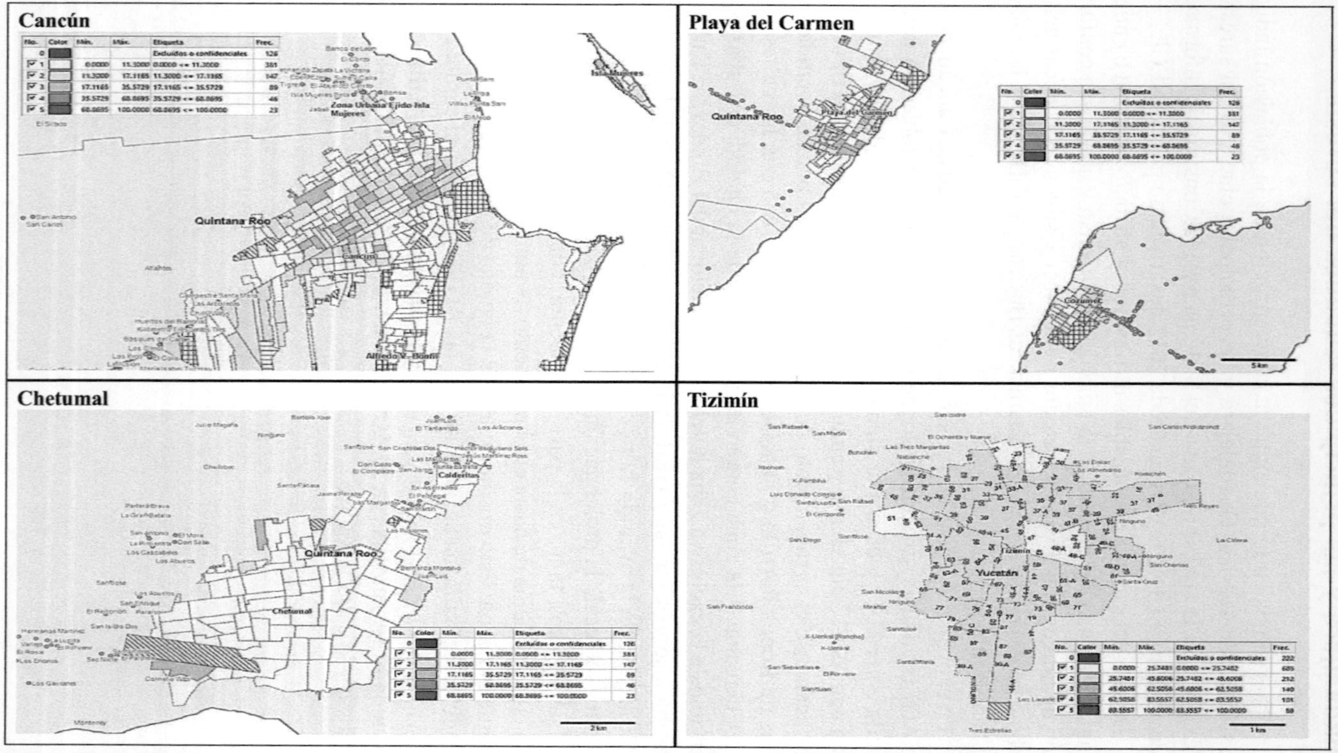

Cancún

Playa del Carmen

Chetumal

Tizimín

Fuente: Elaboración con base en Sistema para la Consulta de Información Censal 2010, Versión 05/2012. Consulta en línea (http://gaia.inegi.org.mx/scince2/viewer.html).

Mapa IV- 2. Concentración de población de 3 y más años que hablan lengua indígena en las ciudades de México, 2010. Valladolid, Mérida, Campeche y Ciudad del Carmen

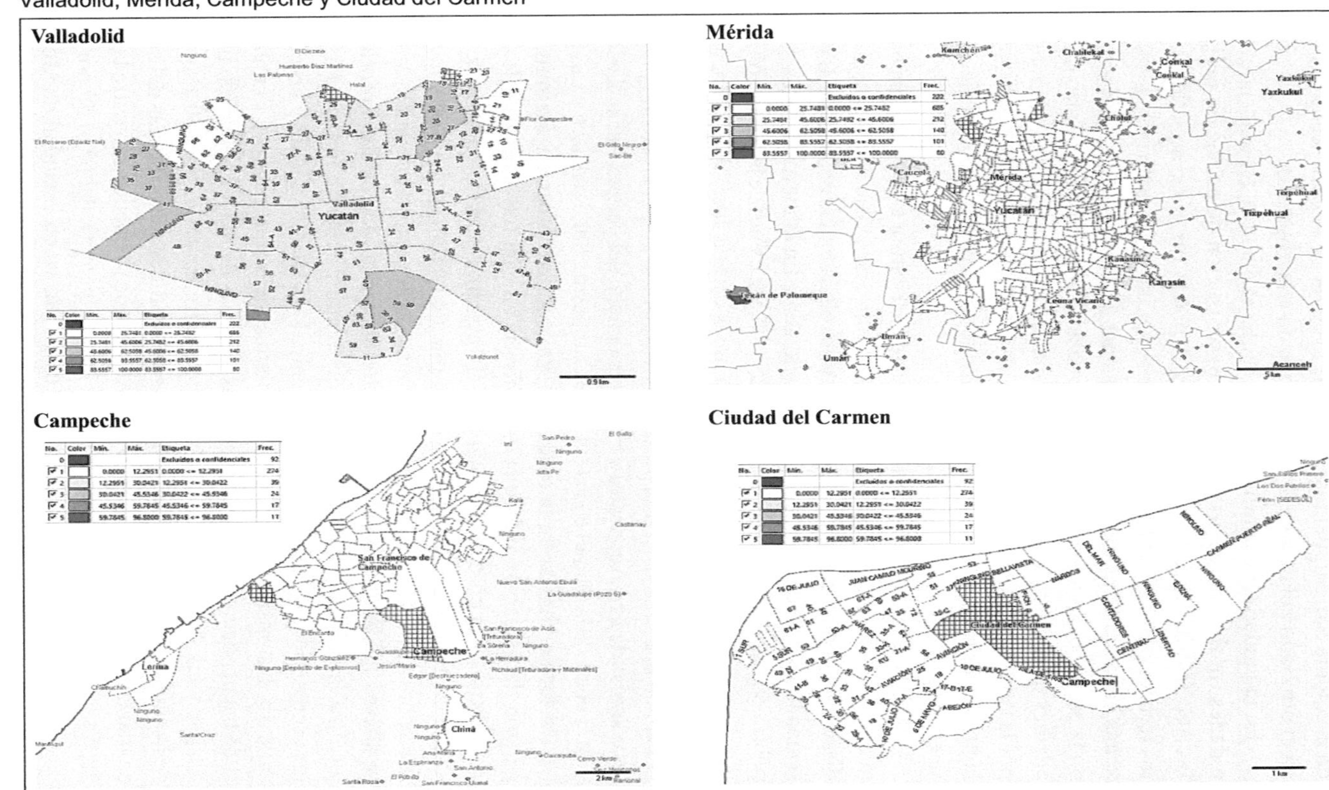

Fuente: Elaboración con base en Sistema para la Consulta de Información Censal 2010, Versión 05/2012. Consulta en línea (http://gaia.inegi.org.mx/scince2/viewer.html).

En la zona urbana de la Isla de Cozumel la concentración indígena se localiza en la colonia Miraflores al lado de la Transversal de Cozumel y también en la colonia San Miguel I, al lado de la avenida Lic. Pedro Joaquín Coldwell, en el otro lado del desarrollo urbano que da al aeropuerto.

En la ciudad de Chetumal, pese a la alta influencia del entorno de comunidades rurales indígenas mayas, la concentración de población indígena en las AGEB urbanas es baja. En el mapa se puede ver cómo aquellos fragmentos territoriales donde hay una acumulación indígena notoria se localizan en zonas en las afueras de la ciudad, atrás del aeropuerto, colonia Santa Isabel, en la parte occidental de la avenida Nicolás Bravo, colonia Lázaro Cárdenas, además de algunas colonias que circundan la Universidad de Quintana Roo por la calle Ignacio Comonfort y el Boulevard Bahía. En el resto de las AGEB la presencia indígena es escasa, incluyendo el asentamiento de Calderitas que se encuentra al norte de la ciudad.

Por el contrario, en el mapa de la ciudad de Tizimín en Yucatán encontramos que la población no se halla concentrada sino que existe homogeneidad en la dispersión dentro del territorio urbano y se refleja en las pocas AGEB que presentan menor proporción de población indígena. En la mayoría de las AGEB la población indígena representa entre el 25 y 45 por ciento de la población en cada una. Solamente en las AGEB de las colonias de San José Nahbalam, entre las calles 39 y 51 cruce con calle 48 que casi atraviesa la ciudad, en pleno centro, la población indígena tiene una presencia no mayor al 25 por ciento al igual que en las colonias de Los Aguacates y en la Residencial del parque, hacia el occidente, y en el norte de la ciudad en las colonias Campestre, San Francisco y Las palmas.

De forma similar en la ciudad de Valladolid, cercana a Tizimín, la dispersión de población indígena es uniforme en casi todas las AGEB urbanas del centro de la ciudad (ver mapa IV-2), con una participación entre el 25 y 45 por ciento respecto al total en el fragmento territorial. La particularidad la incorpora el contraste de pequeñas zonas de la periferia de la ciudad donde se alterna la alta y la baja concentración indígena. Al costado nororiental se localiza la colonia Flor Campestre con menor población indígena así como los asentamientos populares que van entre las calles 14 y la 22 y cruce con la calle 30. Lo mismo ocurre con las colonias de Vista Alegre y Flamboyanes II de baja concentración indígena y las colonias de mayor población indígena Xlapac y las AGEB urbanas colindantes, entre las calles 66 y 80 al occidente de la ciudad. También tienen alta presencia indígena las colonias del sur de la ciudad como la de San Antonio y las AGEB que se encuentran entre las calles 52, 54 y 57 cuya proporción de población indígena va del 62 al 85 por ciento.

Esa dispersión homogénea también se observa en la ciudad de Mérida, la capital del estado de Yucatán. En su interior las AGEB urbanas concentran en promedio hasta el 25 por ciento de población indígena y son pocos los fragmentos territoriales que muestran mayor proporción de dicha población.

Las AGEB urbanas con mayor proporción de población indígena se localizan en el perímetro metropolitano de Mérida, en los asentamientos de Kanasín y Caucel en la zona conurbada, con proporciones de entre 25 y 45 por ciento de población indígena. Un poco más al exterior de los anillos periurbanos se pueden encontrar otras localidades metropolitanas como Tixpéhual, Kómchen y Ucú cerca de Mérida, que resultan relevantes como asentamientos con importante población indígena.

En las ciudades de Campeche y Ciudad del Carmen, como lo muestra el mapa, existe una muy baja proporción de población indígena que alcanza, en promedio, el 12 por ciento. En la ciudad de Campeche se incorpora la parte metropolitana de Lerma y Chiná donde la situación es la misma que la registrada en la ciudad de Campeche.

En el mapa IV-3 se realizó un tratamiento especial con las ciudades tabasqueñas de Villahermosa y Cárdenas al modificar la conformación de rangos debido a la muy baja proporción de población indígena en las AGEB urbanas. El resultado se puede apreciar en cada mapa. Para el caso de la ciudad de Villahermosa, la mayoría tienen hasta un 1.5 por ciento de población indígena, aunque en algunas zonas, como por ejemplo en los centros delegacionales 1, 2, 5, 6 y las colonias Reforma, Tulipanes, Municipal y la Manga III etapa, la proporción de indígenas aumenta hasta 7 por ciento.

En los anillos periféricos del norte de la ciudad, en las colonias de José María Pino Suárez, Bosques de Villahermosa, Ciudad Industrial y Francisco Villa también se registran AGEB con esas mismas proporciones de población indígena, mientras que la mayor concentración –que oscila entre 7 y 18 por ciento– se encuentra en las AGEB de la colonia Casa Blanca 1ra. Sección. Las zonas periféricas de la parte metropolitana que también se consideraron en el mapa –Buena Vista Río Nuevo, Anacleto Cabal, Río Viejo, Guapinol, Parrilla, Medellín y Pigua, Pomoca y Lomitas– muestran una baja proporción de población indígena que no rebasa el 1.5 por ciento.

En la ciudad de Cárdenas, el mapa nos muestra una situación mucho más homogénea en la distribución de AGEB urbanas con concentración indígena, pues en casi todas las zonas de la ciudad, incluyendo las áreas metropolitanas de General Vicente Guerrero y general Francisco Villa, la participación de población indígena es en promedio del 1.5 por ciento. En la única zona donde la concentración es mayor del 7 por ciento es en las AGEB de la parte sur de la colonia Pueblo Nuevo, entre el Periférico y la avenida Cárdenas-Raudales Malpaso, cruce con las calles Prolongación 27 de Febrero y Abraham Bandala.

Mapa IV- 3. Concentración de población de 3 y más años que hablan lengua indígena en las ciudades de México, 2010. Villahermosa, Cárdenas, Tuxtla Gutiérrez y San Cristóbal de las Casas

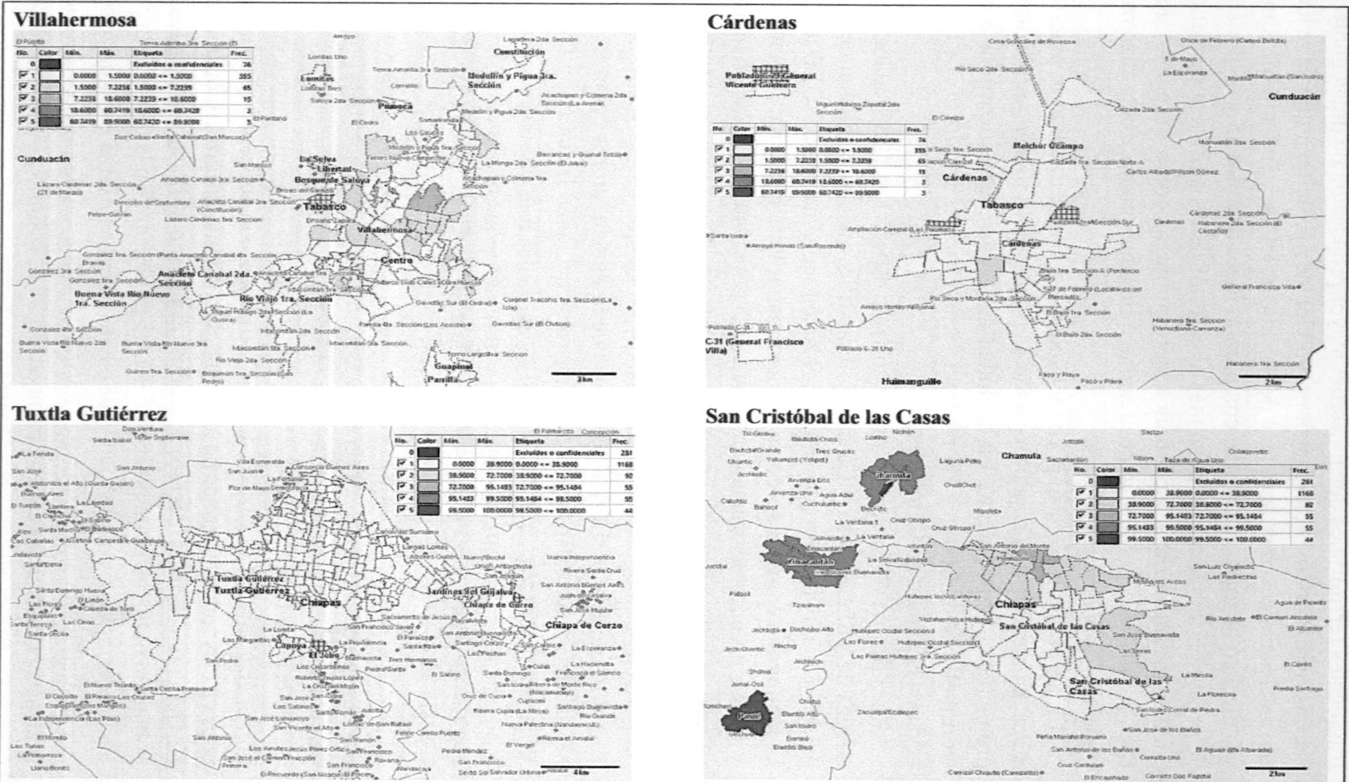

Fuente: Elaboración con base en Sistema para la Consulta de Información Censal 2010, Versión 05/2012. Consulta en línea (http://gaia.inegi.org.mx/scince2/viewer.html).

Para la ciudad de Tuxtla Gutiérrez, capital del estado de Chiapas, se puede observar una distribución similar a la que encontramos en ciudades como Cárdenas, Campeche o Ciudad del Carmen.

Pese a que en la distribución la característica predominante es el primer rango más bajo de la distribución, éste oscila de 0 a 39 por ciento, por lo que podemos afirmar que hay mayor concentración indígena que en otras ciudades de manera generalizada en sus AGEB urbanas. Solamente en la parte metropolitana del suroriente, en Chiapa de Corzo, más precisamente en las colonias de San Juan, El Paraíso y Santa Cruz Nipe, la proporción de población indígena supera el 72 por ciento.

El mapa de San Cristóbal de las Casas muestra que, al igual que en Tuxtla Gutiérrez, en la mayoría de las AGEB urbanas con menor proporción de población indígenael porcentaje se encuentra en niveles de hasta el 39 por ciento, que no es bajo respecto a otras ciudades, pero sí lo es en relación a su entorno con alto predominio de comunidades indígenas. Se destaca en el mapa una gran cantidad de zonas con AGEB cuya concentración indígena oscila entre el 39 y 72 por ciento.

Estas zonas se encuentran en la periferia de la ciudad, en especial al norte y al oriente: las colonias de Diego de Mazariegos, la Hormiga, San Juan del Bosque, San Rafael por el Periférico Norte, complementadas con las colonias vecinas de La Florida, Morelos, Anexo El Edén y Emiliano Zapata, cuya participación de población indígena se ubica entre 72 y 95 por ciento. En el mapa se observan también los asentamientos de Chamula, Zinacatán y Pasté, con población indígena casi en su totalidad.

La distribución de la población indígena en las metrópolis más grandes se hace mucho más compleja de visibilizar: cuando aumenta el tamaño de población y el número de AGEB urbanas, se hace más débil su presencia a la hora de elaborar los mapas. De allí que haya que volver a utilizar las escalas de los rangos para darles preferencia en las proporciones bajas en los fragmentos territoriales urbanos. Esto se refleja en el mapa IV-4 de la Ciudad de México, pues, aún cuando se manejaron escalas de 10 kilómetros, se pueden ver aquellas zonas con concentraciones de población indígena.

Estas zonas se reconocen al estar entre 2.4 y 4 por ciento con una tonalidad gris oscura y el quinto rango de mayor concentración, superior al 4 por ciento, con el tono gris mucho más oscuro. De esas zonas del interior de la ciudad se destacan las zonas de la Delegación Cuauhtémoc, en las colonias de Balderas, Hidalgo, Tacuba; en Iztapalapa las zonas de Tamemes, Tianguis y Cazuela por los alrededores de la Central de Abastos, al igual que algunas AGEB urbanas de la Delegación Coyoacán en las zonas de Guamúchil, Amesquite, Copal y

Cafetales y en la delegación Gustavo A. Madero en las colonias de Necaxa junto a Insurgentes Norte. Las otras zonas con más concentración indígena que se pueden observar en la Ciudad de México se localizan en la parte periférica de la zona urbana, como es el caso de los asentamientos del sur de la ciudad, siendo característico en las Delegaciones de Xochimilco y Milpa Alta, en Santa Ana Tlacotenco y en San Miguel Topilejo que se encuentran ya en los bordes de la zona rural de la ciudad.

Mapa IV- 4. Concentración de población de 3 y más años que hablan lengua indígena en las ciudades de México, 2010. Ciudad de México

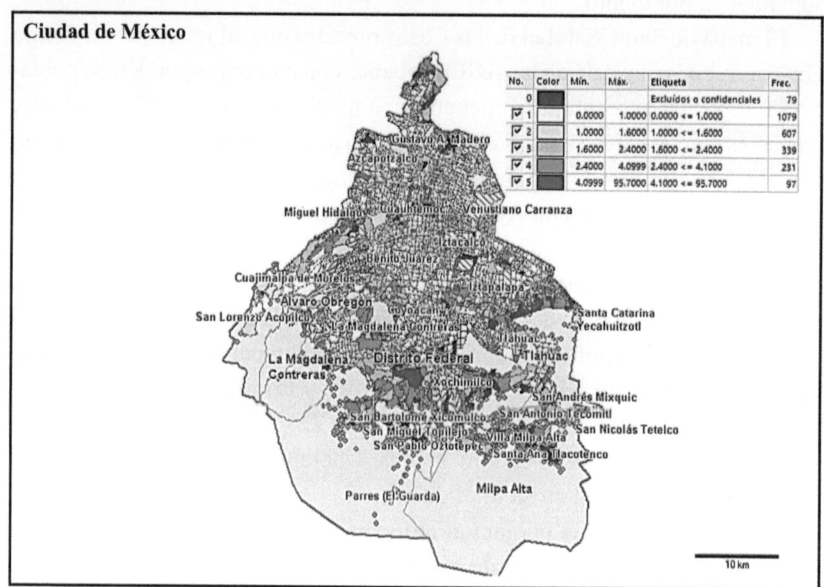

Fuente: Elaboración con base en Sistema para la Consulta de Información Censal 2010, Versión 05/2012. Consulta en línea (http://gaia.inegi.org.mx/scince2/viewer.html).

Al norte de la ciudad destacan las colonias de Malacates en la Delegación Gustavo A. Maderos, también en los bordes de la ciudad, lo mismo que al suroriente de la ciudad en las colonias de Xalpa, San José Buenavista y Palmitas en la Delegación Iztapalapa.

Pese a la dificultad de encontrar las AGEB urbanas con mayor población indígena en la metrópoli más grande de México, el resultado es una alta y diversa conformación de asentamientos indígenas que le otorgan a la ciudad una clara identidad con raíces autóctonas que se refleja al recorrer sus calles y reconocer los rasgos culturales que se mantienen en la urbe.

La ciudad de Guadalajara y su área metropolitana, representada en el mapa IV-5, muestra una distribución de AGEB urbanas con concentraciones de población indígena muy similar a las que vimos en la Ciudad de México, con la diferencia en el límite superior del tercer rango y los intervalos de los últimos dos rangos que tienen mayor amplitud para la ciudad de Guadalajara.

Mapa IV- 5. Concentración de población de 3 y más años que hablan lengua indígena en las ciudades de México, 2010. Guadalajara

Guadalajara

No.	Color	Mín.	Máx.	Etiqueta	Frec.
0				Excluídos o confidenciales	1190
1		0.0000	0.6000	0.0000 <= 0.6000	2529
2		0.6000	1.7000	0.6000 <= 1.7000	381
3		1.7000	3.9000	1.7000 <= 3.9000	152
4		3.9000	13.2270	3.9000 <= 13.2271	59
5		13.2270	65.5000	13.2271 <= 65.5000	15

Fuente: Elaboración con base en Sistema para la Consulta de Información Censal 2010, Versión 05/2012. Consulta en línea (http://gaia.inegi.org.mx/scince2/viewer.html).

En el mapa se aprecia que en casi toda la ciudad hay una muy baja proporción de población indígena en las AGEB urbanas, siendo la excepción algunas zonas del centro de la ciudad, en la colonia de Rincón de la Agua Azul, detrás de la estación de ferrocarril, donde el porcentaje de población indígena oscila entre 13 y 65 por ciento.

Destacan también las zonas periféricas de la ciudad que corresponden a la parte metropolitana conurbada. En efecto, esos sectores que se han conurbado y que pertenecen a otros municipios colindantes con la ciudad de Guadalajara se enlazan e integran con la ciudad formando una unión producto del crecimiento tanto de la mancha urbana como de la simbiosis económica y social entre los territorios.

En el mapa se han integrado para mostrar ese vínculo urbano, donde se aprecia cómo las zonas de Tlaquepaque y Tonalá llegan a registrar grupos de AGEB urbanas en el rango de mayor concentración de población indígena. Este fenómeno es similar y mucho más extendido hacia el occidente de la ciudad, hacia la parte conurbada de Zapopan pero con concentraciones moderadamente altas localizadas en el cuarto rango de 3.9 a 13 por ciento de población indígena, al igual que en Santa Anita, Los Gavilanes y San Sebastián El Grande.

Conclusiones

La revisión tanto del censo como de la distribución espacial de la población indígena en las ciudades del sureste de México y en las metrópolis de Ciudad de México y Guadalajara permite mostrar, en primer lugar, la complejidad de la identificación de la población de acuerdo a los diferentes métodos que las instituciones utilizan para hacerlo y la manera que podría establecerse un criterio unificado como el que se propone en la actual investigación por medio de los atributos y sus combinaciones. Tal combinación nos lleva a formas sofisticadas de procesamiento de la muestra de microdatos censales que, si bien aporta en cuanto a reconocer su magnitud –dirigida a establecer una referencia para la asignación presupuestas en los diversos programas sociales–, también nos lleva a interrogantes sobre los diversos procesos cuando solamente se usa un único criterio como es el caso del atributo de "habla o entiende lengua indígena". Ese resultado es el que vemos en la revisión de la distribución espacial de la población en las AGEB urbanas de las ciudades que se estudiaron, pues tal atributo sin considerar los otros dos de autoadscripción y de vínculo generacional con familiares indígenas mostró la amplia diversidad de ocupación del espacio urbano por parte de la población indígena, con un claro patrón que establece que a menor tamaño de población de la ciudad, existe mayor probabilidad de que aumente la concentración de la población indígena en las AGEB urbanas. Esto es lo que sucedió con las pequeñas ciudades yucatecas de Tizimín y Valladolid, lo mismo que en San Cristóbal de las Casas, pero a medida que se ampliaba la urbe como es el caso de Cancún, Chetumal, Campeche, Ciudad del Carmen, entre otras, se fue reduciendo la proporción en las AGEB urbanas como se encontró en Guadalajara y la Ciudad de México. También influye en ello el entorno regional con alta presencia de comunidades indígenas: entre las ciudades capitales, Tuxtla Gutiérrez destaca por su amplia participación de población en los fragmentos urbanos y con mayor homogeneidad que lo que se encontró en otras ciudades como en el caso de Mérida, Villahermosa y Chetumal. Es evidente que tales hallazgos podrían variar si se contemplaran los otros dos atributos para visibilizar a la población indígena que por factores discriminatorios no se autoadscriben aunque en su entorno familiar hay al menos un miembro que sí lo hace o habla alguna lengua indígena. Lo anterior llevaría a distribuciones espaciales, con mapas diferentes a los que se estudiaron aquí con un único atributo, mostrando mayor diversidad en la construcción de la identidad indígena.

CAPÍTULO 5

Migración reciente de indígenas a Ciudad de México, Guadalajara y a las ciudades del sureste mexicano

México es un país caracterizado por los procesos migratorios, de los cuales ha tomado gran visibilidad la migración internacional hacia Estados Unidos, mientras que ha quedado relegada en los estudios sociales la migración que las personas realizan entre las regiones dentro del mismo país. Son de vitalidad importancia para la población indígena los estudios migratorios dentro de México debido a que permiten observar la migración de las y los indígenas a las ciudades mexicanas, en especial, a aquellas en las que nos hemos concentrado en la presente investigación.

Condiciones de los indígenas migrantes a las ciudades

Los procesos migratorios que realiza la población dentro de un mismo país son motivo de estudio de las movilidades internas, para lo cual se toman como referencia los lugares de origen y destino del migrante. Un factor relevante a considerar es el tiempo que transcurrido desde que migró, pues en los censos de población se tiene información directa de los migrantes en su lugar de destino, en el cual se les pregunta, además, el lugar en que se encontraban cinco años antes. Con ese cruce de información es posible detectar a la población migrante que tiene más de cinco años de haber llegado al lugar al igual que aquella que llegó recientemente.

En el caso de la población indígena es posible establecer distinciones aludiendo a *los pueblos indígenas originarios* (aquellos que nacieron en la ciudad donde viven), *los migrantes residentes* (los que viven en la ciudad desde hace tiempo –según el parámetro institucional, más de 5 años) y los que están en una situación *"itinerante"* (trabajan en la ciudad y regresan a su pueblo natal cada cierto tiempo manteniendo una doble residencia). De la misma manera, es relevante identificar el lugar de origen de los inmigrantes, debido a que hay una proporción importante que viene de fuera del país, principalmente de los Estados Unidos.

En el mapa V-1 se muestran los valores nominales de los indígenas inmigrantes interestatales e internacionales, siendo las manchas blancas indicadores de una nula migración indígena en ciertos municipios. Allí se aprecia que la inmigración interestatal es mucho más abundante que la internacional en los distintos municipios, lo que se manifiesta en una menor proporción de manchas blancas en el mapa de la izquierda y una mayor en el de la derecha. La inmigración internacional corresponde, principalmente, al retorno de Estados Unidos.

Mapa V - 1. Inmigración interestatal e internacional de indígenas en México en 2010 (población de 5 y más años)

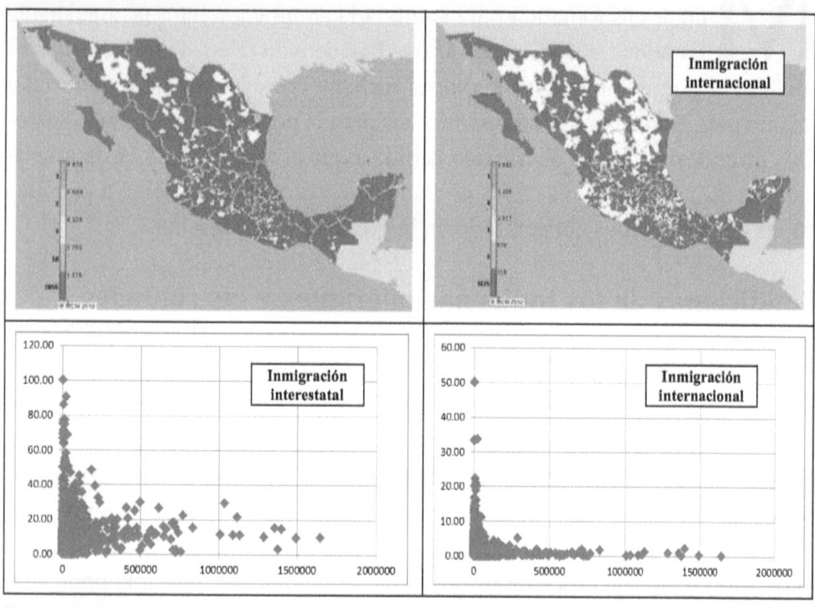

Fuente: Elaboración con base en el Sistema Estatal y Municipal de Bases de Datos (SIMBAD), en su versión 2. INEGI. Consultado en línea (http://sc.inegi.org.mx/cobdem/index.jsp?recargar=false).

Son pocos los municipios donde la inmigración interestatal indígena es muy alta, caracterizándose por tener mayor volumen hacia pequeñas y medianas localidades y con mayor peso relativo que la inmigración internacional, siendo esta última mucho menos dispersa que la interestatal: en el caso extremo no alcanza a superar el 50 por ciento de los inmigrantes indígenas, mientras que en la inmigración interestatal el promedio proporcional se encuentra por encima del 10 por ciento, en la que se destaca un buen número de casos que llega a municipios de más de medio millón de habitantes con grandes ciudades.

Este flujo migratorio indígena se integra a la población de inmigrantes indígenas residentes desde hace más de cinco años, a la par de la población indígena originaria de la ciudad. Su distribución en el territorio también viene a dar una configuración especial a la urbe donde se integran, de acuerdo a la capacidad de inclusión y la segregación espacial y territorial que dicha ciudad históricamente manifiesta.

Los lugares de destino y origen de la migración reciente

De los 50 mil indígenas que migraron hacia las ciudades estudiadas en los últimos cinco años, 27 mil lo hicieron hacia la Ciudad de México, mientras que 13 mil migraron hacia las tres ciudades de Quintana Roo y 4 mil se desplazaron a las ciudades yucatecas de Mérida, Tizimín y Valladolid (Cuadro V-1). Cerca de 2,500 indígenas llegaron a las ciudades chiapanecas de San Cristóbal de las Casas, Tuxtla Gutiérrez y Tapachula , en tanto que 1,686 arribaron a Villahermosa en el municipio de Centro en Tabasco. Las ciudades de menor atracción son Guadalajara (810 indígenas) y las dos ciudades de Campeche, San Francisco de Campeche, su capital, y Ciudad del Carmen (782 indígenas).

Respecto al origen, se puede ver que quienes migraron a Ciudad de México provienen principalmente de los estados de Oaxaca, Puebla, Veracruz y el estado de México. También hay una parte importante de movilidad interna dentro de la propia Ciudad de México, que representa casi la cuarta parte la migración indígena reciente a la principal metrópolis mexicana. La tercera parte de la migración indígena a las ciudades quintanarroenses de Chetumal, Playa del Carmen y Cancún viene de Chiapas y otra tercera parte de Yucatán; es baja la migración desde el estado de Campeche pese a compartir frontera y ser de la región peninsular. Es importante la migración interna desde otras zonas del estado de Quintana Roo –donde el predominio de población indígena es relevante– con destino a estas ciudades. A las ciudades yucatecas migra población indígena principalmente de Quintana Roo, pero más de la mitad del flujo migratorio reciente se origina en la migración interna desde regiones de su propio estado. Algo similar sucede en las ciudades de Campeche, a donde migran indígenas provenientes del estado de Chiapas, pero cuyo mayor flujo migratorio lo constituye la migración interna dentro del propio estado de Campeche. A las ciudades chiapanecas migra población indígena predominantemente desde otras zonas del mismo estado de Chiapas, seguido del flujo de indígenas que provienen de Oaxaca y también de Baja California en el norte de México.

Cuadro V - 1. Indígenas migrantes a Ciudad de México, Guadalajara y sureste de México, según Entidad Federativa de residencia hace 5 años

Entidad Federativa de residencia hace 5 años (2005)	Municipios de residencia actual (2010)							
	Campeche y Carmen	San Cristóbal, Tapachula y Tuxtla	Distrito Federal	Guadalajara	Othón P. Blanco, Benito Juárez y Solidaridad	Centro	Mérida, Tizimín y Valladolid	Total
2 Baja California	0	175	0	0	111	0	15	**301**
3 Baja California Sur	0	0	158	0	41	0	12	**211**
4 Campeche	282	0	72	34	460	48	194	**1090**
5 Coahuila	0	62	52	0	0	0	0	**114**
6 Colima	0	0	3	0	0	0	0	**3**
7 Chiapas	277	1883	519	0	4831	1239	290	**9039**
8 Chihuahua	0	16	98	0	16	0	0	**130**
9 Distrito Federal	0	7	7641	18	194	0	134	**7994**
10 Durango	0	0	38	0	0	0	0	**38**
11 Guanajuato	0	0	10	0	0	0	0	**10**
12 Guerrero	0	0	491	0	0	0	0	**491**
13 Hidalgo	0	0	754	109	0	0	0	**863**
14 Jalisco	21	0	50	39	77	27	0	**214**
15 México	20	14	2392	109	21	0	68	**2624**
16 Michoacán	0	0	360	0	0	0	25	**385**
17 Morelos	0	0	44	0	0	0	0	**44**
18 Nayarit	0	0	32	0	0	0	0	**32**
19 Nuevo León	0	0	85	0	56	0	0	**141**
20 Oaxaca	14	209	7046	361	125	0	3	**7758**
21 Puebla	40	49	4166	75	12	0	0	**4342**
22 Querétaro	0	0	235	0	0	11	0	**246**
23 Quintana Roo	10	33	16	0	2413	90	1205	**3767**
24 San Luis Potosí	0	0	73	65	0	0	1	**139**
25 Sinaloa	8	0	6	0	0	0	0	**14**
26 Sonora	0	0	28	0	0	0	0	**28**
27 Tabasco	18	16	236	0	171	146	62	**649**
28 Tamaulipas	0	19	34	0	0	0	16	**69**
29 Tlaxcala	0	0	23	0	0	0	0	**23**
30 Veracruz	8	4	2728	0	140	93	52	**3025**
31 Yucatán	84	0	28	0	4618	32	2234	**6996**
Total	**782**	**2487**	**27418**	**810**	**13286**	**1686**	**4311**	**50780**

Cálculos propios. Fuente: INEGI, Censo de Población de 2010.

Por último, la mayor migración indígena reciente a la capital de Tabasco, la ciudad de Villahermosa en el municipio de Centro, viene del estado de Chiapas, seguido por un flujo mucho menor de indígenas del propio estado de Tabasco.

Cuadro V - 2. Indígenas migrantes a Ciudad de México, Guadalajara y sureste de México, según concentración indígena de lugar de origen

Municipio de residencia actual según tipo de concentración indígena (2010)	Concentración Indígena en municipio de residencia hace 5 años (2005)			
	Población indígena dispersa	Con presencia indígena	Municipio indígena	Total
4002 Campeche	35	69	248	**352**
4003 Carmen	16	129	285	**430**
7078 San Cristóbal de las Casas	179	316	979	**1474**
7089 Tapachula	16	104	24	**144**
7101 Tuxtla Gutiérrez	59	123	687	**869**
9002 Azcapotzalco	73	326	63	**462**
9003 Coyoacán	204	1228	977	**2409**
9004 Cuajimalpa de Morelos	78	934	279	**1291**
9005 Gustavo A. Madero	228	937	526	**1691**
9006 Iztacalco	22	375	566	**963**
9007 Iztapalapa	987	3192	2586	**6765**
9008 La Magdalena Contreras	27	283	333	**643**
9009 Milpa Alta	0	478	32	**510**
9010 Álvaro Obregón	175	686	669	**1530**
9011 Tláhuac	34	638	42	**714**
9012 Tlalpan	82	2138	574	**2794**
9013 Xochimilco	46	768	324	**1138**
9014 Benito Juárez	52	1114	243	**1409**
9015 Cuauhtémoc	82	2095	171	**2348**
9016 Miguel Hidalgo	146	898	530	**1574**
9017 Venustiano Carranza	35	608	534	**1177**
14039 Guadalajara	0	515	295	**810**
23004 Othón P. Blanco	0	449	353	**802**
23005 Benito Juárez	406	1620	5142	**7168**
23008 Solidaridad	46	1515	3755	**5316**
27004 Centro	242	382	1062	**1686**
31050 Mérida	113	640	1984	**2737**
31096 Tizimín	32	415	116	**563**
31102 Valladolid	15	415	581	**1011**
Total	**3430**	**23390**	**23960**	**50780**

Cálculos propios. Fuente: INEGI, Censo de Población de 2010.

Considerando los lugares de residencia a los que llegaron los indígenas migrantes reportados en el censo de 2010, es posible identificar las características de concentración indígena en los municipios de residencia cinco años atrás. En el Cuadro V-2 se pueden ver las tres categorías de concentración indígena en los lugares de origen, donde la migración indígena reciente a las ciudades de Campeche y Ciudad del Carmen en el estado de Campeche proviene de municipios con alta concentración indígena. Lo mismo ocurre con la migración hacia San Cristóbal de las Casas en Chiapas y hacia Tuxtla Gutiérrez, la capital del estado, no así en el municipio fronterizo de Tapachula, cuya migración indígena proviene de municipios con una concentración indígena media.

En las ciudades de Guadalajara, Chetumal (municipio de Othón P. Blanco) y la Ciudad de México la migración indígena ha sido también en forma predominante de municipios con concentración indígena media en casi todas sus delegaciones, con excepción de la delegación Magdalena Contreras donde la migración indígena llega de municipios con alta concentración indígena. Sin embargo, la migración reciente a Cancún en el municipio de Benito Juárez y a Playa del Carmen en el municipio de Solidaridad en el estado de Quintana Roo, llega de municipios con alta concentración indígena al igual que la migración hacia las ciudades de Villahermosa en el municipio de Centro en Tabasco y a las ciudades de Valladolid y de Mérida en el estado de Yucatán, mientras que la migración a la ciudad de Tizimín viene de municipios con concentración indígena media catalogados como "con presencia indígena".

En el total de ciudades, incluyendo las metrópolis y delegaciones de la Ciudad de México, la migración reciente de indígenas proveniente de lugares con alta presencia indígena es leve/ baja; en volumen la sigue la migración desde municipios con concentración indígena media.

Sus lugares de trabajo

El lugar de residencia hacia donde se migra no necesariamente es el mismo donde se localiza su trabajo actual. A continuación mostraremos las diferencias que existen en esa relación entre lugares de residencia y de trabajo para el caso de las ciudades estudiadas.

Para los migrantes indígenas a las ciudades del estado de Campeche hay concordancia entre su nuevo lugar de residencia y su lugar actual de trabajo, no así para el caso del flujo migratorio reciente hacia las ciudades chapanecas de Tuxtla Gutiérrez, San Cristóbal de las Casas y Tapachula, donde hay un importante grupo de indígenas migrantes que indican a localidades como Copainalá, Chalchihuitán, Palenque, Pantelhó, Pueblo Nuevo Solistahuacán, Teopisca y Santiago el Pinar, cercanas a las ciudades donde residen, como su lugar de trabajo (ver Cuadro V-3).

Este mismo fenómeno se puede apreciar en los indígenas migrantes que residen en Ciudad de México, quienes reportan como lugar de trabajo localidades relativamente cercanas, siendo predominantes las localidades del estado de México que rodean al Distrito Federal, como Ixtapaluca, Naucalpan de Juárez, Nezahualcóyotl, Tlalnepantla de Baz, Cuautitlán Izcalli, incluyendo a Toluca, la capital del estado de México y Querétaro, la capital del estado de Querétaro, hasta donde se desplazan para trabajar.

También una parte de los migrantes indígenas a Guadalajara muestran que para trabajar deben desplazarse hasta otra localidad cercana a dicha ciudad como lo es Zapopan. Lo mismo sucede en la migración de indígenas a las ciudades quintanarroenses de Chetumal, Cancún y Playa del Carmen, en la que un grupo importante debe desplazarse hasta Tulum e incluso pasar a la isla de Cozumel ya que no logran trabajar en las ciudades hacia las que migraron.

De Villahermosa, la capital tabasqueña, se aprecian desplazamientos de indígenas de reciente migración hacia Ciudad del Carmen, convirtiendo a la gran ciudad como un dormitorio respecto a una ciudad mediana cuya dinámica económica basada en el petróleo logra atraer muchos flujos poblacionales incluyendo el de indígenas que migran a otros estados como Tabasco.

A las ciudades yucatecas de Mérida, Tizimín y Valladolid ha llegado migración indígena reciente que debe desplazarse hacia otros lugares para encontrar trabajo: Cancún, Playa del Carmen, Tulum, Lázaro Cárdenas, Cozumel en el vecino estado de Quintana Roo, además de los desplazamientos al interior del propio estado de Yucatán, donde logran encontrar trabajo en las localidades aledañas de Benito Juárez, Chikindzonot y Tinum. Este fenómeno de diferenciación entre lugar de residencia y lugar de trabajo, en un proceso migratorio que involucra una movilidad permanente de los indígenas y afecta al 4.1 por ciento de indígenas en condición de reciente migración a las ciudades que se analizan, tanto del sureste mexicano como de Guadalajara y la Ciudad de México.

Características sociodemográficas de los indígenas migrantes

Una mirada a las características sociodemográficas que registran las y los indígenas migrantes a las ciudades estudiadas nos permite una radiografía sociodemográfica y económica de sus condiciones de vida. Para ello veremos algunas de las principales características individuales, familiares y de los hogares, como también las actividades productivas y posición ocupacional que alcanzan en sus lugares de trabajo.

Cuadro V - 3. Indígenas migrantes a Ciudad de México, Guadalajara y sureste de México, según lugar de trabajo actual

Municipio de trabajo actual (2010)	Municipios de residencia actual (2010)							
	Campeche y Carmen	San Cristóbal, Tapachula y Tuxtla	Distrito Federal	Guadalajara	Othón P. Blanco, Benito Juárez y Solidaridad	Centro	Mérida, Tizimín y Valladolid	**Total**
4002 Campeche	172	0	0	0	0	0	0	**172**
4003 Carmen	319	0	0	0	0	48	0	**367**
7021 Copainalá	0	4	0	0	0	0	0	**4**
7022 Chalchihuitán	0	10	0	0	0	0	0	**10**
7065 Palenque	0	0	20	0	0	0	0	**20**
7066 Pantelhó	0	25	0	0	0	0	0	**25**
7072 Pueblo Nuevo Solistahuacán	0	16	0	0	0	0	0	**16**
7078 San Cristóbal de las Casas	0	843	4	0	0	0	0	**847**
7089 Tapachula	0	127	0	0	0	0	0	**127**
7094 Teopisca	0	62	0	0	0	0	0	**62**
7101 Tuxtla Gutiérrez	0	624	0	0	0	0	0	**624**
7119 Santiago el Pinar	0	17	0	0	0	0	0	**17**
9000 Distrito Federal	0	0	17073	0	0	0	0	**17073**
14039 Guadalajara	0	0	0	618	0	0	0	**618**
14120 Zapopan	0	0	0	42	0	0	0	**42**
15039 Ixtapaluca	0	0	41	0	0	0	0	**41**
15057 Naucalpan de Juárez	0	0	32	0	0	0	0	**32**
15058 Nezahualcóyotl	0	0	175	0	0	0	0	**175**

15104 Tlalnepantla de Baz	0	0	30	0	0	0	0	**30**
15106 Toluca	0	0	17	0	0	0	0	**17**
15121 Cuautitlán Izcalli	0	0	11	0	0	0	0	**11**
22014 Querétaro	0	0	24	0	0	0	0	**24**
23001 Cozumel	0	0	0	0	17	0	15	**32**
23004 Othón P. Blanco	0	0	0	0	427	0	0	**427**
23005 Benito Juárez	0	0	0	0	4644	0	15	**4659**
23007 Lázaro Cárdenas	0	0	0	0	0	0	31	**31**
23008 Solidaridad	0	0	0	0	4302	0	50	**4352**
23009 Tulum	0	0	0	0	36	0	15	**51**
27004 Centro	0	0	0	0	0	1394	0	**1394**
30027 Benito Juárez	0	0	0	0	0	0	15	**15**
30193 Veracruz	0	0	35	0	0	0	0	**35**
31022 Chikindzonot	0	0	0	0	0	0	15	**15**
31050 Mérida	0	0	0	0	69	0	1814	**1883**
31091 Tinum	0	0	0	0	0	0	28	**28**
31096 Tizimín	0	0	0	0	0	0	383	**383**
31102 Valladolid	0	0	0	0	0	0	454	**454**
Total	**491**	**1728**	**17462**	**660**	**9495**	**1442**	**2835**	**34113**

Cálculos propios. Fuente: INEGI, Censo de Población de 2010.

Características individuales

La migración indígena hacia las ciudades de Campeche y Ciudad del Carmen es principalmente femenina, en especial en esta última ciudad, donde más de la mitad de ese flujo migratorio es de población joven y la cuarta parte tiene edades de entre 5 y 19 años (ver Cuadro V-4); la población adulta es muy poca y más del 80 por ciento profesan la religión católica. Una caracterización similar la registran las tres ciudades del estado de Chiapas, donde la proporción femenina de inmigrantes indígenas sigue siendo mayoritaria, principalmente en la ciudad de Tuxtla Gutiérrez. En esta ciudad, como en la ciudad fronteriza de Tapachula, la proporción de jóvenes indígenas migrantes representa el 60 y 70 por ciento respectivamente. También se puede apreciar la baja y nula proporción de migrantes de edades avanzadas, por lo que es evidente la migración de indígenas en edades productivas, mientras que la población de adultos mayores permanece en los lugares de origen. A diferencia de las ciudades de Campeche, en las tres ciudades del estado de Chiapas más del 60 por ciento de los indígenas migrantes son católicos (ver Cuadro V-4) y una parte importante profesa otras religiones, principalmente evangélicas, lo que se convierte en un referente de estudio pues es una característica propia de los migrantes indígenas a las ciudades chiapanecas.

En metrópolis tan extendidas como la Ciudad de México, la variabilidad en cuanto a la proporción de inmigración indígena femenina es alta: en delegaciones como La Magdalena Contreras, Álvaro Obregón, Benito Juárez, Miguel Hidalgo y Venustiano Carranza la proporción es muy alta, mientras que en algunas delegaciones del centro como la delegación Cuauhtémoc el flujo de inmigrantes indígenas es predominantemente masculino con una alta participación de adultos mayores. La migración indígena joven a la Ciudad de México no es tan marcada; por el contrario, solamente se registra en algunas delegaciones como Azcapotzalco, Iztacalco y La Magdalena Contreras.

Hay una altísima proporción de indígenas migrantes que profesan la religión católica; dicha proporción se reduce levemente en Xochimilco, Álvaro Obregón y Miguel Hidalgo. Tales cifras son cercanas a las registradas en Guadalajara, las tres ciudades de Quintana Roo y Yucatán y la cifra es más baja en la ciudad de Villahermosa, Tabasco. En todas estas ciudades también predomina la migración indígena con baja proporción de adultos mayores, aunque en Chetumal, en el municipio de Othón P. Blanco, Tizimín y Valladolid el porcentaje está entre 10 y 17 por ciento.

En este grupo de ciudades también se aprecian diferencias en cuanto a la proporción femenina de migración indígena, siendo superior al 50 por ciento en las ciudades capitales de los estados, como Mérida, Chetumal en Othón P. Blanco y Villahermosa en el municipio de Centro.

Cuadro V - 4. Algunos indicadores de la población indígena migrante a Ciudad de México, Guadalajara y sureste de México, según lugar de residencia

Municipio de residencia actual (2010)	Población de 5 años o más	Población femenina* (%)	Población de 5 a 19 años*	Joven* (%)	Adulto mayor* (%)	Religión católi-ca* (%)
4002 Campeche	352	53.98	42	32.95	8.81	82.39
4003 Ciudad del Carmen	430	72.79	118	55.81	0.00	86.28
7078 San Cristóbal de las Casas	1474	58.28	348	44.17	4.21	68.11
7089 Tapachula	144	50.69	56	70.14	0.00	76.39
7101 Tuxtla Gutiérrez	869	64.21	296	60.30	3.91	63.64
9002 Azcapotzalco	462	40.69	252	65.37	0.00	90.04
9003 Coyoacán	2409	47.57	592	39.39	8.63	95.14
9004 Cuajimalpa de Morelos	1291	57.09	205	56.24	1.24	98.61
9005 Gustavo A. Madero	1691	56.30	449	41.99	3.13	91.19
9006 Iztacalco	963	58.15	339	76.01	0.00	97.20
9007 Iztapalapa	6765	41.49	2055	53.07	3.00	90.51
9008 La Magdalena Contreras	643	88.49	363	75.89	1.24	90.05
9009 Milpa Alta	510	40.39	0	10.59	0.00	87.45
9010 Álvaro Obregón	1530	69.41	438	59.35	2.09	79.87
9011 Tláhuac	714	58.26	77	15.55	5.74	90.20
9012 Tlalpan	2794	58.52	525	43.38	13.10	96.03
9013 Xochimilco	1138	53.78	218	39.46	4.66	77.77
9014 Benito Juárez	1409	83.04	163	41.80	3.83	83.89
9015 Cuauhtémoc	2348	28.41	242	15.63	49.66	88.12
9016 Miguel Hidalgo	1574	63.09	317	40.09	2.86	80.75
9017 Venustiano Carranza	1177	64.91	229	41.97	7.39	94.48
14039 Guadalajara	810	62.10	185	54.20	4.81	82.47
23004 Othón P. Blanco	802	52.00	128	36.03	13.84	81.92
23005 Benito Juárez	7168	48.44	1470	50.75	3.59	81.12
23008 Solidaridad	5316	36.34	1049	59.50	3.63	79.68
27004 Centro	1686	50.65	811	73.61	0.00	69.99
31050 Mérida	2737	57.95	372	50.68	9.72	79.58
31096 Tizimín	563	31.97	0	6.04	17.05	81.88
31102 Valladolid	1011	46.29	117	26.41	10.09	82.00
Total	50780	50.98	11456	48.05	6.94	84.73

* Respecto a la población de 5 años y más.

Cálculos propios. Fuente: INEGI, Censo de Población de 2010.

Características familiares y de los hogares

Además de las anteriores características de los migrantes, también podemos identificar algunas características familiares y de los hogares, sintetizadas en el Cuadro V-5. En él se aprecia que el promedio de escolaridad de los indígenas migrantes a las urbes es de aproximadamente 8.44 años, muy cercano al registro nacional de 8.6 años que corresponde a un nivel levemente mayor a segundo año de secundaria.

Entre los indígenas migrantes a las ciudades se tiene alta variabilidad de escolaridad, sin que exista una clara condición de relación, pues hacia la ciudad de Campeche migran indígenas con mayor promedio de escolaridad respecto a la Ciudad del Carmen en el mismo estado de Campeche, mientras que en Tuxtla Gutiérrez los indígenas migrantes tienen casi tres años menos de escolaridad que los que migran a las ciudades de San Cristóbal de las Casas y Tapachula en el estado de Chiapas. La escolaridad promedio de la migración indígena a Guadalajara es muy cercana a la de Campeche y un poco más alta que la escolaridad de los indígenas que migran a las ciudades quintanarroenses de Cancún, Playa del Carmen y Chetumal, situación en la que podría pensarse que la escolaridad favorecería más a las y los indígenas para encontrar trabajo mejor numerado y desde ahí aceptar las diferencias entre dos con uno de los más bajos registros de escolaridad entre los indígenas migrantes, siendo un poco más de dos años menor a la de los migrantes a Valladolid, ciudad con alta actividad turística.

La diversidad que se aprecia en las delegaciones de la Ciudad de México permite razonar sobre la relación entre la escolaridad y oportunidades laborales para insertarse en los espacios de la metrópoli. El promedio de escolaridad en las delegaciones va desde los 6 hasta casi los 10 años, siendo Azcapotzalco, en el norte, la que menor registro de escolaridad presenta en contraste con la Delegación Venustiano Carranza del centro que registra casi 9.9 años de escolaridad.

El índice de masculinidad ratifica lo que se encontró en el Cuadro V-4, donde, en términos generales, hay una mayor proporción de mujeres que hombres indígenas migrantes, situación no generalizada pues las ciudades de Cancún en Benito Juárez y Playa del Carmen en el municipio de Solidaridad, lo mismo que Tizimín y Valladolid en Yucatán presentan índices de masculinidad entre indígenas migrantes superiores a 100, indicando que migran más hombres que mujeres. Esto también se observa en algunas de las delegaciones de la Ciudad de México.

Cuadro V - 5. Algunos indicadores de la población indígena migrante a Ciudad de México, Guadalajara y sureste de México, según lugar de residencia

Municipio de residencia actual (2010)	Escolaridad acumulada promedio (años aprobados acumulados)	Ingresos mensuales por trabajo promedio**	Índice de Masculinidad*	Tasa de Dependencia*	Número de personas en la vivienda (promedio)
4002 Campeche	10.18	$ 4,423	85.3	9.66	4.72
4003 Carmen	8.34	$ 5,928	37.4	3.86	4.84
7078 San Cristóbal de las Casas	9.95	$ 4,715	71.6	8.86	4.42
7089 Tapachula	9.65	$ 5,402	97.3	0.00	4.01
7101 Tuxtla Gutiérrez	7.33	$ 3,301	55.7	4.07	4.11
9002 Azcapotzalco	6.09	$ 3,246	145.7	0.00	4.01
9003 Coyoacán	9.52	$ 8,174	110.2	17.80	4.03
9004 Cuajimalpa de Morelos	6.92	$ 3,295	75.2	0.00	5.95
9005 Gustavo A. Madero	8.63	$ 4,808	77.6	3.93	3.86
9006 Iztacalco	7.82	$ 3,606	72.0	0.94	3.45
9007 Iztapalapa	8.39	$ 4,234	141.0	6.64	4.52
9008 La Magdalena Contreras	6.44	$ 4,848	13.0	4.05	5.34
9009 Milpa Alta	6.25	$ 8,460	147.6	0.00	4.35
9010 Álvaro Obregón	7.98	$ 5,400	44.1	5.01	4.39
9011 Tláhuac	7.30	$ 4,081	71.6	4.39	5.36
9012 Tlalpan	7.37	$ 5,389	70.9	2.95	4.97
9013 Xochimilco	7.73	$ 4,548	85.9	10.59	3.84
9014 Benito Juárez	8.46	$ 5,455	20.4	3.83	4.15
9015 Cuauhtémoc	8.50	$ 11,698	252.0	108.34	2.88
9016 Miguel Hidalgo	9.48	$ 7,356	58.5	7.66	3.79
9017 Venustiano Carranza	9.89	$ 6,326	54.1	17.11	4.55
14039 Guadalajara	9.99	$ 4,471	61.0	15.88	4.46
23004 Othón P. Blanco	8.84	$ 4,915	92.3	18.79	5.24
23005 Benito Juárez	8.17	$ 4,804	106.5	2.80	4.03
23008 Solidaridad	9.03	$ 5,119	175.2	4.15	3.56
27004 Centro	8.67	$ 4,385	97.4	1.51	3.78
31050 Mérida	8.52	$ 4,652	72.6	9.80	5.17
31096 Tizimín	6.15	$ 2,128	212.8	16.56	4.17
31102 Valladolid	8.34	$ 4,527	116.0	11.22	4.95
Total	8.44	$ 5,206	96.1	8.62	4.25

* Respecto a la población de 5 años o más.

** El salario mínimo mensual vigente en 2010 era de $ 1,200 y el Costo de la Canasta Alimenticia Recomendada $4,716 y el CONEVAL estimaba la Línea de Pobreza Alimentaria en $677.48 para zonas rurales y $969.46 para zonas urbanas. Fuente: Centro de Análisis Multidisciplinario, 2010, UNAM. Cálculos propios. Fuente: INEGI, Censo de Población de 2010.

Respecto a la tasa de dependencia que resulta de relacionar a la población menor de 14 años y mayor de 65 años con la población en edad altamente productiva correspondiente a las edades de 15 a 64 años, esta tasa es de 8.62 por ciento, siendo, en términos generales, baja y cercana a cero en algunas ciudades y en delegaciones de la Ciudad de México, con la excepción de la Delegación Cuauhtémoc donde resultó ser muy elevada, del orden del 108 por ciento, lo que refleja una altísima concentración de población infantil y de adultos mayores entre las y los indígenas migrantes. Casualmente en esta misma delegación se aprecia el menor número promedio de ocupantes por vivienda entre los indígenas migrantes (menos de tres personas), mientras que el promedio entre todas las ciudades estudiadas y las Delegaciones del Distrito Federal es de 4.2 ocupantes por vivienda. La variabilidad en este indicador también es notoria pero con una amplitud que va entre aproximadamente 3 a 6 personas por vivienda.

En 2010 el ingreso promedio mensual por trabajo remunerado entre los indígenas migrantes a estas ciudades era de $5,206 pesos, mientras que el costo de la Canasta Alimenticia Recomendada, (CAR), estaba en $4,716 pesos, quedando un remanente de menos $489 pesos para cubrir las demás necesidades incluyendo el arrendamiento de vivienda, gastos en salud, vestido, etc. Pese a lo desfavorable de esta situación, en algunas ciudades y delegaciones de la Ciudad de México la situación era mucho más dramática y apremiante, como en Tizimín y Tuxtla Gutiérrez o en las delegaciones de Azcapotzalco e Iztacalco en la Ciudad de México cuyos ingresos en promedio estaban entre $2,100 y $3,600 pesos.

Actividades productivas y posición ocupacional

Un elemento complementario a los aspectos laborales que se vieron en el anterior punto sobre remuneración por trabajo corresponde a las ramas de actividad económica a las que se incorporan las y los indígenas migrantes. En el Cuadro V-6 se puede ver cómo en las ciudades de Campeche y Carmen las actividades económicas en las que se concentran son predominantemente otros servicios, principalmente de carácter informal y actividades industriales de alimentos, textiles y piel, seguidas por las ramas de servicios de alojamiento en actividades de aseo y limpieza, como también de jardinería en hoteles y moteles, y trabajos vinculados con la agricultura, la caza y la pesca. Además de la vinculación a las anteriores actividades, en las ciudades del estado de Chiapas las y los indígenas migrantes, se desempeñan en el comercio al por menor, especialmente, en la venta ambulante, y también en trabajos de servicios educativos, así como en actividades del transporte y de la construcción como obreros. Lo mismo ocurre con los indígenas migrantes a las metrópolis de Guadalajara y Ciudad de México, quienes se vinculan a las actividades productivas ya identificadas en las anteriores ciudades, aunque en la primera hay una menor diversidad respecto a la capital del país, pues en la segunda se aprecia una mayor participación en otras actividades productivas diferentes a las de las demás urbes debido a su escala (ver Cuadro V-6).

Cuadro V - 6. Indígenas migrantes a Ciudad de México, Guadalajara y sureste de México, según ramas de actividades económicas, 2010

Actividades económicas (SCIAN 2007)	Municipios de residencia actual (2010)							
	Campeche y Carmen	San Cristóbal, Tapachula y Tuxtla	Distrito Federal	Guadalajara	Othón P. Blanco, Benito Juárez y Solidaridad	Centro	Mérida, Tizimín y Valladolid	**Total**
11 Agropecuaria pesca y caza	54	24	235	0	108	0	250	**671**
21 Minería	0	0	0	0	0	48	0	**48**
23 Construcción	39	106	1450	0	1191	140	181	**3107**
31 Alimentos textiles y piel	109	250	873	17	212	0	138	**1599**
32 Madera química y plásticos	0	32	322	0	116	0	0	**470**
33 Maquinaria y muebles	0	33	296	63	21	45	65	**523**
43 Comercio al por mayor	0	23	235	0	144	0	30	**432**
46 Comercio al por menor	18	286	3076	152	2028	331	424	**6315**
48 Transportes	0	107	224	0	131	42	122	**626**
49 Correos y almacenamiento	0	0	26	0	33	0	0	**59**
51 Información en medios	0	0	84	0	0	0	15	**99**
52 Servicios financieros	0	17	51	0	51	0	0	**119**
53 Servicios inmobiliarios	0	0	4	0	114	0	0	**118**
54 Servicios profesionales	26	13	334	0	137	0	20	**530**
56 Servicios de apoyo	0	62	776	0	815	22	15	**1690**
61 Servicios educativos	16	170	477	175	330	0	79	**1247**
62 Servicios de salud	6	0	438	25	55	0	116	**640**
71 Servicios de esparcimiento	0	0	264	0	163	0	24	**451**
72 Servicios de alojamiento	86	152	2339	0	2776	174	339	**5866**
81 Otros servicios	125	377	6102	246	976	640	1046	**9512**
93 Actividades gubernamentales	12	76	520	0	170	0	86	**864**
99 No especificadas	0	0	61	0	51	0	0	**112**
Total	**491**	**1728**	**18187**	**678**	**9622**	**1442**	**2950**	**35098**

Cálculos propios. Fuente: INEGI, Censo de Población de 2010.

En las ciudades de Villahermosa y las ciudades yucatecas de Mérida, Tizimín y Valladolid, las actividades de inserción de indígenas es similar. La rama de mayor concentración de esta fuerza de trabajo corresponde a actividades informales en otros servicios. Esta tendencia de distribución ocupacional se observa de igual manera en las ciudades quintanarroenses de Cancún, Playa del Carmen y Chetumal, donde hay una participación en otras actividades –que representa un poco menos del 30 por ciento de la ocupación total–, pero donde los servicios de alojamiento, el comercio al por menor y la construcción son los tres nichos más relevantes de incorporación de indígenas migrantes a esas ciudades.

Determinantes del ingreso monetario de los indígenas migrantes en el mercado de trabajo urbano

Debido a la relevancia que tiene el factor trabajo en el proceso migratorio de las y los indígenas, es necesario establecer una estrategia de análisis que apunte a una mayor profundidad respecto a la incorporación de esta población al mercado de trabajo. Para ello formulamos una desagregación en el análisis multivariado con la elaboración de ecuaciones de las probabilidades de migrar en relación con el mejoramiento de las condiciones laborales para las y los indígenas migrantes en las ciudades estudiadas. Seguidamente elaboramos las funciones mincerianas que determinan el ingreso monetario de la población indígena migrante a las ciudades y, posteriormente, ampliamos el análisis multivariado de las funciones mincerianas de ingreso monetario para la población migrante que transita entre su nuevo lugar de residencia y su lugar de trabajo.

Relación entre probabilidades de migrar y mejoramiento de condiciones laborales y sociales

Para establecer la relación entre la probabilidad de mejoramiento en las condiciones laborales y sociales de las y los indígenas por el efecto de migrar hacia las ciudades mexicanas, se hizo uso del Análisis de Regresión Logística. Este procedimiento calcula los coeficientes de un modelo probabilístico, constituido por un conjunto de variables independientes, que mejor pronostica el valor de una variable dependiente dicotómica. De esta manera, la formulación del modelo logístico que relaciona la razón entre las probabilidades de ocurrencia y no ocurrencia del evento entre la población indígena "Ingreso digno que permite cubrir los costos de la Canasta Básica Representativa (CBR)" viene dada por la siguiente expresión:

$$Log\left(\frac{\prod \omega}{\prod \varphi}\right) = B_0 + B_1 X_1 + \mathrm{K} + B_p X_p \quad (1)$$

donde $\prod_{\omega}$ es la probabilidad de que ocurra el evento " Ingreso digno que permite cubrir los costos de la Canasta Básica Representativa (CBR)" y el denominador del fraccionario $\prod_{\varphi}$ es la probabilidad de que no ocurra el evento.

Al reescribir la anterior ecuación quedaría de la siguiente manera:

$$\frac{\prod \omega}{\prod \varphi} = e^{B_0 + B_1 X_1 + \mathrm{K} + B_p X_p} = e^{B_0} e^{B_1 X_1} \mathrm{K}\ e^{B_p X_p} \quad (2)$$

En ella, la probabilidad de "ocurrencia del evento" se expresaría como:

$$\prod \omega = \frac{e^{B_0 + B_1 X_1 + \mathrm{K} + B_p X_p}}{1 + e^{B_0 + B_1 X_1 + \mathrm{K} + B_p X_p}} = \frac{1}{1 + e^{-(B_0 + B_1 X_1 + \mathrm{K} + B_p X_p)}} \quad (3)$$

y la probabilidad de "no ocurrencia del evento" sería:

$$\prod \varphi = 1 - \prod \omega \quad (4)$$

Los resultados dan luces claras sobre lo que ocurre con los indígenas migrantes hacia las ciudades mexicanas, asociando las características de ellos como determinantes de que en su incorporación al mercado de trabajo de las ciudades a las que migran puedan obtener un trabajo con mejores ingresos o mejorar las condiciones sociales que registraban en sus lugares de origen.

Con los microdatos del Censo de Población de 2010 se formaron dos grupos: el primero correspondiente a los indígenas que migraron recientemente tanto a las ciudades mexicanas del sureste como a Ciudad de México y a Guadalajara, identificando las localidades desde donde se desplazaron. Con esa información de localidades de origen, se procedió a identificar el segundo grupo como los indígenas que se quedaron en esas comunidades. De esa forma, los dos grupos integraron la base de datos conformada por 1 026 267 registros de indígenas.

Para la construcción de las variables que se utilizarían en los modelos, se trabajó con la población cuyo atributo indígena indicaba si hablaba lengua indígena. Con estos registros se procedió a la delimitación de cada una de las variables, estableciendo un conjunto amplio de 84 variables de características personales, familiares y hogar, de las viviendas y del contexto de la localidad. Se exponen a continuación solamente las variables representativas en los modelos:

Variable dependiente

INGMESDIGNO: Ingreso Mensual Digno. Dicotómica, con valor de 0 si el ingreso mensual de la persona era igual o menor a la línea de pobreza de 2010 estimada por el Consejo Nacional de Evaluación de la Política de Desarrollo Social (CONEVAL) en $2 106,50 pesos mexicanos (a precios corrientes). El valor de 1 sería si el ingreso mensual era mayor a la línea de pobreza de 2010 de CONEVAL.

Variables independientes

MIGRAN. Inmigrante reciente, migró a la ciudad en los últimos 5 años. Dicotómica, con valor de 0 si no había migrado y 1 si había migrado a alguna de las ciudades del sureste o a Ciudad de México o a Guadalajara.

SEXO. Sexo de la persona. Dicotómica, con valor de 0 si es Hombres y de 1 si es Mujer.

EDAD_DEP. Grupos de edad dependiente. Dicotómica, con valor de 0 si la edad es de 0 a 14 años y de 65 años y más; con valor de 1 si la edad es de 15 a 64 años.

ESC_ACUM. Escolaridad acumulada (años aprobados acumulados). Continua.

ASISTEN. Asistencia escolar actual. Dicotómica, con valor de 0 si no asiste a una institución educativa y de 1 si asiste.

AYUPROGOB. Recibe dinero por programas de gobierno (Oportunidades, Procampo, becas, ayuda a madres solteras, adultos mayores, etcétera). Dicotómica, con valor de 0 si no recibe dinero por programas de gobierno y de 1 si sí lo recibe.

CONHIJOS. Vive con hijos suyos. Dicotómica, con valor de 0 si no vive con ninguno de sus hijos y de 1 si vive con hijos suyos.

TAMLOC. Tamaño de localidad. Politómica, con los valores:

(1) Menos de 2 500 habitantes
(2) 2 500 a 14 999 habitantes
(3) 15 000 a 99 999 habitantes
(4) 100 000 y más habitantes

INGTRHOG. Ingresos mensuales del hogar por trabajo de sus integrantes. Continua.

EXPE_AJUST. Experiencia laboral. Continua, calculada restándole a la edad del individuo los años de escolaridad y la constante 6 años de edad de inicio de sus estudios.

EXPE2_AJUST. Experiencia laboral al cuadrado ajustado. Continua, muestra los rendimientos marginales decrecientes de la educación en la productividad al avanzar la edad.

GRADMARG. Grado de Marginación 2010. Politómica, con valores:

(1) Muy alto
(2) Alto
(3) Medio
(4) Bajo
(5) Muy bajo

RES5A_GRADMARG. Grado de Marginación 2010 del lugar de residencia hace 5 años. Politómica, con valores:

(1) Muy alto
(2) Alto
(3) Medio
(4) Bajo
(5) Muy bajo

REZ_EDBASICA. Rezago de Educación Básica. Continua, muestra el rezago de educación básica de las localidades del lugar de residencia en 2010.

En el Cuadro V-7 se pueden apreciar los tres modelos resultantes que determinan el ingreso digno de los indígenas. El modelo 1 integra a los indígenas que permanecen en sus comunidades y aquellos que migraron a las ciudades referidas, mientras que los modelos 2 y 3 se elaboran para cada grupo tanto los que permanecen como los que migran. La razón de elaborar un primer modelo responde a mostrar la importancia de la variable de migración indígena como relevante en la explicación del ingreso digno superior a la línea de pobreza del CONEVAL. De allí se establece la discriminación de los dos modelos en los dos grupos, principalmente para mostrar el contraste entre las variables que determinan el ingreso digno en cada grupo, resaltando las similitudes y diferencias de las variables independientes o de control.

En el modelo 1 que integra a los dos grupos (inmigrantes y aquellos que permanecen en sus lugares de origen) se aprecia que la variable inmigrante es altamente significativa para explicar la probabilidad de un ingreso digno, debido a que, si los indígenas son migrantes recientes a una ciudad, esta probabilidad es casi 1.3 veces respecto a los indígenas que se quedan en sus comunidades. La condición de ser mujer, que también resulta altamente significativa en los tres modelos, hace que la probabilidad de ingreso digno sea cercana a 39 por ciento tanto en el modelo total como en el segundo modelo de los que permanecen, siendo levemente mayor en el tercer modelo entre los indígenas de migración reciente. Esto significa que las mujeres indígenas que migran a las ciudades, elevan en casi 6 puntos porcentuales la probabilidad de tener un ingreso digno respecto a las mujeres indígenas que se quedan en sus lugares de origen. Sin embargo, sigue siendo menor a la condición de ser hombre cuya probabilidad es mayor a la de la mujer.

Cuadro V - 7. Modelos logísticos para estimar los determinantes del ingreso digno(*) entre indígenas que migran o se quedan en su comunidades, 2010

Variables en la ecuación	Modelo 1: Total (1) y (2)			Modelo 2: (1) Permanecen			Modelo 3: (2) Inmigrantes		
	B	Sig.	Exp(B)	B	Sig.	Exp(B)	B	Sig.	Exp(B)
MIGRAN(1)	,255	***	1,291						
SEXO(1)	-,947	***	,388	-,959	***	,383	-,786	***	,456
EDAD_DEP(1)	,397	***	1,488	,388	***	1,474	,573	***	1,774
ESC_ACUM	,136	***	1,146	,137	***	1,147	,112	***	1,118
ASISTEN(1)	-1,265	***	,282	-1,288	***	,276	-,922	***	,398
AYUPROGOB(1)	-,528	***	,590	-,532	***	,587	-,387	***	,679
CONHIJOS(1)	-,589	***	,555	-,568	***	,566	-,854	***	,426
TAMLOC		***			***			***	
TAMLOC(1)	,222	***	1,248	,220	***	1,246	,754	***	2,126
TAMLOC(2)	-,175	***	,840	-,180	***	,836	,122	**	1,130
TAMLOC(3)	,009		1,009	,010		1,010	-,086		,917
INGTRHOG	,000	***	1,000	,000	***	1,000	,000	***	1,000
EXPE_AJUST	,104	***	1,110						
EXPE2_AJUST	-,002	***	,998	-,002	***	,998	-,002	***	,998
GRADMARG		***			***				
GRADMARG(1)	,778	***	2,178	,934	***	2,545			
GRADMARG(2)	-,014		,986	-,057	***	,945			
GRADMARG(3)	,032		1,033	-,096	***	,909			
GRADMARG(4)	-,023		,978	,002	***	1,002			
RES5A_GRADMARG		***						***	
RES5A_GRADMARG(1)	,165	***	1,180				,029		1,029
RES5A_GRADMARG(2)	-,040		,961				,117	**	1,124
RES5A_GRADMARG(3)	-,133	***	0,876				-,202	***	0,817
RES5A_GRADMARG(4)	,021		1,021				-,008		,992
REZ_EDBASICA				,102	***	1,107	,106	***	1,112
Constante	-4,676	***	,009	-5,186	***	,006	-4,277	***	,014

Cálculos propios. Fuente: INEGI, Censo de Población de 2010.
(*) Ingreso digno > a la línea de pobreza (alimentaria y no alimentaria) de CONEVAL (Superior a $2 106,5 para el año 2010)
e^B= B exponenciado o razón de odds. ***p < .001 **p < .005 * p < .01.
N muestra (no expandida) = 1 026 267.

En el mismo cuadro se aprecia que, si los indígenas se encuentran en edades productivas entre 15 y 64 años, la probabilidad se eleva en casi 1.5 veces, siendo mayor en un 30 por ciento para quienes migran a las ciudades.

Asimismo, la escolaridad acumulada en años de estudio muestra tener también una alta probabilidad de un ingreso digno, siendo de 1.1 veces en los tres modelos, aunque con una leve diferencia entre los indígenas migrantes a las ciudades, cuya probabilidad es menor en cerca de 3 puntos porcentuales respecto a los no migrantes. Lo anterior puede responder principalmente a que la escolaridad de la población indígena es baja y aunque es mayor en el espacio urbano también allí hay más competencia y menor retribución marginal respecto sus lugares de origen.

De manera complementaria a la escolaridad, la asistencia a un establecimiento educativo para continuar estudios genera un aumento en la probabilidad, de 28 por ciento tanto en el total como entre los indígenas no migrantes y de casi 40 por ciento entre los inmigrantes a las ciudades, elevándose en casi 11 puntos porcentuales a favor de estos últimos.

La ayuda recibida en dinero de programas del gobierno establece una probabilidad de casi el 60 por ciento de tener ingresos dignos, siendo similar para el caso de los indígenas que permanecen en sus lugares de origen y de 68 por ciento para los que migran a las ciudades, lo cual se explica por la mayor facilidad de acceder a los programas sociales en contextos urbanos que en los rurales.

Si se considera a los hijos de los indígenas, la condición de vivir con ellos hace que la probabilidad de un ingreso digno sea de 55 por ciento para el total de población indígena. Esta probabilidad es un punto porcentual mayor entre los indígenas que no migran, mientras que entre aquellos que logran migrar tal condición es de 42 por ciento; catorce puntos porcentuales menos en contextos urbanos que rurales, lo cual se explica por el énfasis de los programas sociales en favorecer a las familias con hijos en zonas rurales respecto a lo que ocurre en las ciudades.

La variable politómica de tamaño de la localidad que también resultó significativa en los tres modelos, muestra que, en categoría de referencia a las localidades rurales de menos de 2 500 habitantes, la condición de habitar actualmente en localidades de mayor concentración poblacional tiene probabilidades positivas para obtener un ingreso digno. En efecto, en localidades de 2 500 hasta 15 mil habitantes la probabilidad es de 1.2 veces, tanto para el total como para los indígenas que no migran, mientras que alcanza 2.1 veces para aquellos que logran migrar, respecto a las localidades rurales. Esta probabilidad se reduce cuando son localidades de hasta 100 mil habitantes, llegando a ser de 84 por ciento para el total de indígenas, un punto porcentual menor entre los que no migran, pero mucho más alto entre los indígenas que migran a las ciudades de mayor tamaño, con una probabilidad de 1.1 veces. Para aquellas localidades con más de 100 mil habitantes el coeficiente no resultó significativo.

Otro aspecto que resultó revelador fue el ingreso mensual del hogar que, al ser una variable constante, permite relacionar el incremento de dicha variable con la condición de ingreso digno. En los modelos se muestra una probabilidad unitaria que se interpreta como el favorecimiento de un espacio doméstico cuyos aportantes, además del individuo, tienen ingresos que elevan el quantum del hogar.

La experiencia laboral y su expresión al cuadrado para los rendimientos marginales decrecientes de la educación –ambas variables continuas– resultaron significativas. La primera en el modelo 1 con los dos grupos de población indígena y una probabilidad de 1.1 veces, mientras que la segunda en los tres modelos resultó con una probabilidad casi unitaria. En este caso, la explicación radica principalmente en el aporte en años de experiencia en trabajos artesanales y manualidades, cuya vigencia en los oficios desempeñados es persistente independientemente de la escolaridad, por lo cual no se ve afectado por rendimientos marginales negativos.

La variable politómica de grado de marginación en la residencia actual resultó significativa para los modelos 1 y 2. En el primer modelo solamente resultó significativo el contraste entre la categoría de referencia, que es el grado de marginación Muy Alto con el subsiguiente Alto grado, arrojando una probabilidad de cerca de 2.1 veces. En el segundo modelo con la población indígena que permanece en sus lugares de origen, todos los contrastes entre categorías resultaron muy significativos. El primero –correspondiente al grado Alto de marginación– elevaría la probabilidad de ingreso digno en casi 2.5 veces, mientras que en la siguiente categoría de grado Medio de marginación pasaría a casi 95 por ciento y el contraste con las categorías de Bajo y Muy Bajo grado arrojaría probabilidades de casi 91 por ciento y de obtener ingreso individual digno.

La siguiente variable también politómica de grado de marginación del lugar de residencia hace 5 años resulta significativa tanto en el modelo 1 como en el modelo 3 de indígenas inmigrantes a las ciudades. Considerando como referencia la categoría de Muy Alto, solamente resultaron significativas las categorías de Alto y Bajo grado de marginación en el primer modelo. El contraste entre el grado Muy Alto y Alto grado de marginación genera una probabilidad de casi 1.2 veces en obtener un ingreso digno. En tanto que el contraste entre el grado Muy Alto y el Bajo eleva la probabilidad de ingreso digno en un poco más de 1 vez. Para el modelo 3, los contrastes significativos, con la categoría de Muy Alto grado como referencia, fueron Medio y Alto grados de marginación, con probabilidad de 1.1 veces y cerca de 82 por ciento de obtener un ingreso digno respectivamente.

Los resultados de estas dos variables muestran el efecto del cambio de lugar de residencia y las diferencias respecto a la marginación. En ellas el cambio de un contexto de Muy Alto grado de marginación a uno menor reditúa en mejoras en el ingreso mensual individual, pero ello no es lineal hasta las categorías de baja marginación, mostrando que se desacelera en espacios de moderada marginación (grados Medio y Bajo) y vuelve a recuperarse en escenarios con Muy Bajo grado de marginación. Esto se puede explicar por la variedad de los tamaños de los mercados en las diversas ciudades y localidades donde residen y hacia donde migran los indígenas.

La última variable significativa fue el Rezago de Educación Básica de la localidad de residencia, que no resultó significativa en el primer modelo para los dos grupos mientras que para cada grupo en su respectivo modelo sí fue altamente significativa. En ambos modelos la estimación arrojó más de 1.1 veces la probabilidad de obtener un ingreso mensual individual digno.

Para contrastar estos hallazgos, presentamos a continuación modelos mincerianos de ingreso monetario que explican la relación entre el ingreso monetario, la educación y la experiencia laboral, por medio de las tasas de retorno de la educación.

Funciones mincerianas de ingreso monetario de la población indígena migrante

Para los determinantes del ingreso monetario se suele hacer uso de las funciones mincerianas donde el ingreso adicional o ganancia se incrementa a partir de la formación del individuo. Tal formación se compone generalmente de dos tipos: la educación formal recibida en el sistema educativo, generalmente básica para cualquier trabajo, y la formación recibida para desarrollar un trabajo específico, que se define como la experiencia laboral y que se acumula a medida que se desempeña un mismo trabajo o se amplía cuando se cambia de trabajo. Ambas variables determinan el ingreso monetario –en nuestro caso de las y los indígenas migrantes– en el mercado laboral en las ciudades hacia donde migran y puede expresarse de la siguiente manera:

$$Yim = \varphi(Esc, Exp) + \xi \quad (5)$$

donde Yim es el ingreso monetario de las y los indígenas migrantes a las ciudades, Esc es la escolaridad acumulada expresada en años de educación cursados, Exp corresponde a la experiencia laboral y es el término que recoge las diferencias por la productividad entre los individuos. Para los estudios empíricos se aplica la expresión "linealizada" por medio de logaritmos naturales del salario, que expresa la función de ingresos del capital humano de esta forma:

$$Ln(Yim) = B_0 + B_1 * Esc_1 + B_2 * Exp_2 + B_3 * Exp_3^2 + \xi_i \quad (6)$$

En ella la experiencia laboral Exp se calcula tomando como base la edad del individuo y se le restan tanto los años de escolaridad Esc como la constante 6 que corresponde a los años de edad en que inició sus estudios, por lo que la expresión de Exp quedaría:

$$Exp = Edad - Esc - 6 \quad (7)$$

En la función se incluye la experiencia laboral al cuadrado para incorporar los rendimientos marginales de la inversión en educación para el aumento de la productividad, que son decrecientes en la edad laboral avanzada. Con estos elementos se procedió a estimar las funciones mincerianas de ingresos monetarios para las y los indígenas migrantes a las ciudades mexicanas, contrastándolos con las funciones de indígenas no migrantes y de la población no indígena tanto migrante como no migrante, condensadas en el Cuadro V-8.

Los resultados que arrojan las estimaciones de las ecuaciones a partir del procesamiento de los microdatos del Censo de Población de 2010 muestran que existen diferencias entre los ingresos promedio de los cuatro grupos de población que se contrastan, donde los indígenas, tanto inmigrantes como no inmigrantes, son los de menor promedio ingreso-hora. En efecto, la diferencia entre el promedio del ingreso-hora de los migrantes no indígenas es de más de 84 por ciento más que el del registrado entre los indígenas migrantes a las ciudades y de más de 109 por ciento respecto a los indígenas no migrantes. Incluso el ingreso promedio de los dos grupos de población indígena es menor al de los no indígenas no migrantes (ver Cuadro V-8).

Si se observa el promedio de años de escolaridad que presenta cada grupo, también encontramos diferencias interesantes y, como era de esperarse, los dos grupos de indígenas tanto inmigrantes como no inmigrantes presentan los menores guarismos en años de escolaridad respecto a los no indígenas, que llegan a ser de cerca de cuatro años entre los migrantes no indígenas e indígenas.

Cuadro V - 8. Determinantes de los ingresos monetarios en Ciudad de México, Guadalajara y sureste de México, según población indígena y migración

Concepto	Modelos					Estadísticos	
	B	t	Sig.	Estadísticos		Variables	Media
No indígena no migrante							
(Constante)	1.6966	221.028	.000	**N**	174996	**Ingreso por hora**	28.49
Escolaridad acumulada	.1177	246.270	.000	**F**	21145.047	**Escolaridad acumulada**	11.10
Experiencia laboral	.0218	53.857	.000	**DW**	1.584	**Experiencia laboral**	21.35
Exp. laboral al cuadrado	-.0002	-24.491	.000	**R^2**	.266	**Exp. laboral al cuadrado**	637.06
Indígena no migrante							
(Constante)	1.7391	51.207	.000	**N**	8509	**Ingreso por hora**	18.25
Escolaridad acumulada	.0877	40.032	.000	**F**	581.820	**Escolaridad acumulada**	7.77
Experiencia laboral	.0325	17.671	.000	**DW**	1.657	**Experiencia laboral**	24.42
Exp. laboral al cuadrado	-.0004	-12.862	.000	**R^2**	.170	**Exp. laboral al cuadrado**	792.75
Indígena migrante							
(Constante)	1.9404	29.999	.000	**N**	1327	**Ingreso por hora**	20.69
Escolaridad acumulada	.0900	17.871	.000	**F**	113.708	**Escolaridad acumulada**	8.69
Experiencia laboral	.0325	7.213	.000	**DW**	1.934	**Experiencia laboral**	13.58
Exp. laboral al cuadrado	-.0004	-4.395	.000	**R^2**	.205	**Exp. laboral al cuadrado**	306.84
No indígena migrante							
(Constante)	1.5264	61.436	.000	**N**	18282	**Ingreso por hora**	38.18
Escolaridad acumulada	.1444	95.461	.000	**F**	3131.794	**Escolaridad acumulada**	12.54
Experiencia laboral	.0271	17.594	.000	**DW**	1.729	**Experiencia laboral**	15.40
Exp. laboral al cuadrado	-.0003	-9.035	.000	**R^2**	.340	**Exp. laboral al cuadrado**	356.93

Cálculos propios. Fuente: INEGI, Censo de Población de 2010.

A estas diferencias las premia más el mercado laboral, al igual que la experiencia que registran, pues en ese rubro la diferencia en experiencia del grupo de indígenas migrantes es de poco más de un año respecto al de los migrantes no indígenas, pero ambos grupos tienen menos experiencia que la población no migrante, tanto indígena como no indígena, por lo que les favorece su incorporación al mercado laboral en términos de un menor impacto de los rendimientos marginales decreciente en la desactualización del conocimiento (reflejada en la experiencia elevada al cuadrado).

De esta forma, los resultados en las ecuaciones mincerianas indican que la tasa de retorno para la educación es mucho menor entre los indígenas migrantes que entre los no indígenas, tanto migrantes como no migrantes. Para un indígena migrante un año de escolaridad adicional representa un incremento en un 9 por ciento de su ingreso-hora, frente a incrementos de 11.7 y 14.4 por ciento de los no indígenas no migrantes y migrantes respectivamente (ver Cuadro V-8). La experiencia laboral acumulada pese a ser mayor entre los no indígenas migrantes que entre los indígenas migrantes, beneficia más a los indígenas pues su retorno al ingreso-hora es de 2.7 y 3.2 por ciento respectivamente, pero en el componente de rendimientos marginales decrecientes de la experiencia laboral, el efecto negativo es un poco mayor para los indígenas migrantes.

Los resultados de las ecuaciones mincerianas no buscan ser definitivos pues pretenden mostrar diferencias en la determinación de los ingresos respecto a las dos variables clásicas de dichos modelos como son la escolaridad y la experiencia laboral. La confiabilidad de los resultados se aprecia en los valores aceptables del estadístico de Durbin-Watson y en los niveles de significancia de los estadísticos t y F, pero los valores de R cuadrado nos indican que la explicación de la variabilidad del ingreso-hora oscila entre el 17 y 34 por ciento por parte de las dos variables en la formulación clásica del modelo minceriano, lo que constituye una apertura a la formulación de un nuevo modelo minceriano ampliado para identificar nuevas variables representativas que eleven la explicación de dicha variabilidad. Revisaremos a continuación lo que ocurre para el caso de la población indígena flotante.

Funciones mincerianas de ingreso monetario de la población indígena flotante

Como se sustentó en anteriores apartados, la población indígena migrante a las ciudades mexicanas no necesariamente reside en la misma localidad donde trabaja, resultando un flujo importante de población del cual hay que dar cuenta e identificar sus diferencias en las funciones de ingreso monetario.

Por ello, volvemos a plantear la función minceriana de ingresos determinado por la escolaridad y la experiencia laboral, así:

$$Yif = \varphi(Esc, Exp) + \xi \quad (8)$$

De ella, la expresión "linealizada" de la ecuación minceriana tradicional, con la misma forma de medición de la escolaridad y la experiencia laboral, por medio del logaritmo natural es:

$$Ln(Yif) = B_0 + B_1 * Esc_1 + B_2 * Exp_2 + B_3 * Exp_3^2 + \xi_i \quad (9)$$

Las estimaciones de las ecuaciones se condensan en el Cuadro V-9, para la población indígena migrante y "flotante" entre su lugar de residencia actual y su lugar de trabajo, contrastándola con las ecuaciones de los indígenas "no flotantes" y la población no indígena, tanto flotante como no flotante. En el cuadro, los resultados correspondientes también al procesamiento de los microdatos del Censo de Población de 2010 indican nuevamente que el promedio de ingreso-hora es menor entre los grupos de población indígena, tanto flotantes como no flotantes, respecto a la población no indígena.

Sin embargo, al contrastar estos promedios con los registrados en el Cuadro V-8, se aprecia que solamente el grupo de indígenas migrantes que son flotantes mejoran su promedio de ingreso-hora en un poco más de cuatro pesos. Este diferencial de ingreso sería realmente el plus que tendrían que contrastar respecto a los costos permanentes de desplazamiento en el proceso de "flotación" entre el nuevo lugar de residencia y su lugar de trabajo.

Las diferencias en promedio de escolaridad acumulada entre los cuatro grupos se mantienen respecto a las registradas en el punto anterior, mientras que, en el promedio de experiencia laboral, las diferencias entre indígenas y no indígenas que no son población flotante también son cercanas a las registradas en el Cuadro V-8; esto no es así en el caso de la población flotante, pues para ambos grupos de indígenas y no indígenas se aprecia un mayor valor respecto a las reportadas atrás. Ello podría significar que la población flotante posee mayor edad que aquella que logra encontrar trabajo en la misma ciudad a la que migra, mostrando que el mercado de trabajo urbano también es selectivo en términos generacionales, privilegiando a la fuerza de trabajo más joven y replegando a los adultos hacia otros contornos externos a la ciudad. Sin embargo, al revisar el promedio de edad que resulta de agregar la experiencia laboral, la escolaridad acumulada y los seis años de inicio escolar, el resultado de las diferencias entre los grupos no es tan amplio.

Entre los grupos en contraste, se aprecia que es entre los no indígenas donde se observa una mayor tasa de retorno de la educación, siendo del 11.2 y 13.5 por ciento del incremento en el promedio del ingreso-hora por cada

Cuadro V - 9. Determinantes de los ingresos monetarios en Ciudad de México, Guadalajara y sureste de México, según población indígena y traslado

Concepto	Modelos					Estadísticos	
	B	t	Sig.	Estadísticos		Variables	Media
No indígena no flotante							
(Constante)	1.7581	204.379	.000	**N**	137731	**Ingreso por hora**	26.84
Escolaridad acumulada	.1122	203.700	.000	**F**	14477.148	**Escolaridad acumulada**	10.71
Experiencia laboral	.0213	46.638	.000	**DW**	1.626	**Experiencia laboral**	21.04
Exp. laboral al cuadrado	-.0002	-22.738	.000	**R2**	.240	**Exp. laboral al cuadrado**	628.62
Indígena no flotante							
(Constante)	1.8574	57.647	.000	**N**	8515	**Ingreso por hora**	17.81
Escolaridad acumulada	.0793	35.192	.000	**F**	462.517	**Escolaridad acumulada**	7.69
Experiencia laboral	.0300	16.941	.000	**DW**	1.642	**Experiencia laboral**	23.06
Exp. laboral al cuadrado	-.0004	-12.733	.000	**R2**	.140	**Exp. laboral al cuadrado**	734.47
Indígena flotante							
(Constante)	1.8803	24.808	.000	**N**	1321	**Ingreso por hora**	24.77
Escolaridad acumulada	.1089	23.982	.000	**F**	193.709	**Escolaridad acumulada**	9.23
Experiencia laboral	.0176	4.288	.000	**DW**	1.938	**Experiencia laboral**	22.30
Exp. laboral al cuadrado	-.0001	-1.372	.170	**R2**	.306	**Exp. laboral al cuadrado**	680.30
No indígena flotante							
(Constante)	1.5836	107.948	.000	**N**	55547	**Ingreso por hora**	36.96
Escolaridad acumulada	.1357	157.031	.000	**F**	8460.210	**Escolaridad acumulada**	12.53
Experiencia laboral	.0194	25.687	.000	**DW**	1.638	**Experiencia laboral**	20.15
Exp. laboral al cuadrado	-.0001	-8.243	.000	**R2**	.314	**Exp. laboral al cuadrado**	565.79

Cálculos propios. Fuente: INEGI, Censo de Población de 2010.

año escolar adicional, mientras que para los indígenas migrantes no flotantes fue de 7.9 por ciento y para los indígenas flotantes alcanzaba a ser mayor a 10 por ciento. Para los dos grupos de migrantes flotantes tanto indígenas como no indígenas, el incremento de un año en la experiencia laboral les representa un aumento del ingreso-hora cercano –1.7 y 1.9 por ciento respectivamente–, mucho mayor de lo que les representa a los migrantes no flotantes; los rendimientos marginales decrecientes de la experiencia laboral se aprecian para los cuatro grupos con valores cercanos a cero pero con signo negativo, por lo que al aumentar la edad de los migrantes, sea cual fuera su condición de traslado flotante o no flotante, el efecto es una reducción marginal en su ingreso-hora.

Nuevamente se destaca la confiabilidad de los resultados en las ecuaciones mincerianas clásicas, en las que no se han incorporado nuevas variables y solamente se trabajaron con las dos variables tradicionales de escolaridad y años de experiencia. Los estadísticos tanto de t como de F y Durbin Watson son robustos y confiables además de ser significativos, aun cuando en su conjunto, el modelo clásico de cada grupo logra explicar una proporción baja de la variabilidad del fenómeno, pues el R cuadrado oscila entre 14 y 31 por ciento, dejando la restante proporción de entre 86 y el 69 por ciento de las variaciones en el ingreso-hora por explicar, con nuevas variables diferentes a la escolaridad y la experiencia laboral, que se traducirían en el uso de los conocidos "modelos mincerianos expandidos".

Segregación espacial y ocupacional y discriminación educativa y salarial

El análisis de la segregación espacial complementa la identificación de los lugares que ocupan grupos poblacionales específicos en los procesos migratorios que realizan las poblaciones indígenas hacia las ciudades en México. La "gueatización" del espacio es producto de procesos sociales que obligan a poblaciones migrantes a localizarse en barrios y fragmentos territoriales degradados y marginados donde realizan distintas estrategias de supervivencia y se mimetizan con otras poblaciones que padecen condiciones de pobreza y marginación.

Segregación residencial

En las ciencias sociales el desarrollo de indicadores cuantitativos después de los años cuarenta del siglo pasado, permitieron la construcción de medidas de segregación residencial, dentro de las que destacan los índices de interacción de Bell (1954) y de disimilitud de Duncan (1955[a], 1955[b]), además de los desarrollados en las últimas décadas del siglo veinte a partir de los trabajos de Jakubs (1981), White (1983 y 1986), Morrill (1991 y 1995) y Wong (1993, 1998 y 1999), quienes propusieron los índices de segregación residencial que logran captar diferencias en la clasificación y contraste del contexto territorial de los fragmentos espaciales que se estudian. Estos desarrollos analíticos permitieron estudios de segregación residencial que fueron referentes en el viejo continente como los de Petsimeris para Londres y el norte de Italia (1995 y 1998), así como los realizados por Musterd y Deurloo para Amsterdam (1998), Friedrichs, Giffinger y Kemper (1998) para las ciudades de Colonia, Viena y Berlin, además de los aportes de Peach (1998) en ciudades como Londres y Birmingham, y Germond y Lajoie (1999) en ciudades francesas.

Índices de segregación residencial

Una clasificación de los índices de segregación residencial expuesta por Massey y Denton (1988) establece varias expresiones del fenómeno dependiendo del ángulo de observación en que se fija la mirada hacia un grupo poblacional en las secciones de la ciudad y su relación con el resto de la población, siendo entonces una tipología aceptable la conformada por indicadores de igualdad, i interacción, i concentración y centralización.

Indicadores de igualdad

Debido al tipo de información censal con el que se cuenta, con desagregación por AGEB sin consideraciones de la morfología de cada una de ellas en los tabulados del Censo de Población de 2010 del INEGI, se utilizan los índices de segregación y de disimilitud.

El índice de segregación (Duncan, Duncan, 1955[a], 1955[b]) permite calcular la diferencia entre la proporción de individuos del grupo minoritario (X) y la proporción del resto de población en cada sección. El valor cero equivale a que en todas las secciones existe la misma proporción entre el grupo minoritario y el resto de población.

$$S = \frac{1}{2}\sum_{i=1}^{n}\left|\frac{x_i}{X} - \frac{t_i - x_i}{T - X}\right| \text{K} \quad 0 \leq S \leq 1 \quad (10)$$

donde:

x_i es la población del grupo minoritario en la sección *i*.

X es la población total del grupo minoritario en el municipio.

t_i es la población total en la sección i.

T es la población total del municipio.

n es el número de secciones del municipio.

El índice de disimilitud D formulado por Duncan y Duncan (1955b) es análogo al índice de segregación y su diferencia radica en que se comparan proporciones de dos grupos poblacionales, y no de un grupo respecto al resto. Se expresa como:

$$D = \frac{1}{2}\sum_{i=1}^{n}\left|\frac{x_i}{X} - \frac{y_i}{Y}\right| \mathrm{K}\ 0 \le D \le 1 \quad (11)$$

donde:

y_i es el número de individuos del grupo mayoritario en cada sección.

Y es el total de población de este grupo en el municipio.

Si el índice es igual a cero, el grupo minoritario está repartido de forma igual en todas las secciones.

Indicadores de exposición: Se basan en mediciones de la probabilidad entre grupos poblacionales. Se toman dos índices de este tipo de indicadores como son el índice de aislamiento y el índice de interacción. El índice de aislamiento (Bell, 1954; White, 1986) calcula la probabilidad de que un individuo comparta la sección con un individuo de su mismo grupo. Se calcula como:

$$xPx = \sum_{i=1}^{n}\left(\frac{x_i}{X}\right)\left(\frac{x_i}{t_i}\right) \mathrm{K}\ 0 \le xPx \le 1 \quad (12)$$

El máximo valor representa que el grupo X está aislado en las secciones donde reside. Suele efectuarse una corrección para ajustes a proporciones diferentes respecto al total de población en la ciudad (Stearns, Logan, 1986; Massey, Denton, 1988) y es conocido como el índice de aislamiento corregido η^2:

$$\eta^2 = \frac{xPx - P}{1 - P} \mathrm{K}\ 0 \le \eta^2 \le 1 \quad (13)$$

donde P es la proporción de población del grupo X en la ciudad.

El índice de interacción (Bell, 1954) computa la probabilidad de que un individuo comparta la misma sección con un individuo de un grupo diferente. Se calcula de la siguiente forma:

$$xPy = \sum_{i=1}^{n}\left(\frac{x_i}{X}\right)\left(\frac{y_i}{t_i}\right) \mathrm{K}\ 0 \le xPy \le 1 \quad (14)$$

Se mueve en el mismo rango de valores, pero con otra interpretación. Si se toma el valor 0,3, su interpretación es que en una sección donde reside un integrante del grupo X, tres individuos de cada diez son del grupo Y, siempre y cuando sólo existan dos grupos de población. Por tal razón, en condiciones de alta segregación, el índice adquiere valores bajos.

Para la presente investigación, se siguen las aportaciones de relevancia emitidas por Stearns y Logan (1986), en la preferencia interpretativa del índice de interacción por encima de los indicadores de igualdad tradicionales, debido a que la medición de la probabilidad de interacción mostraría la capacidad de integración cultural como una acción de la interculturalidad efectiva, no solamente por el uso de la legua en la comunicación de doble vía sino también en la conformación de parejas y matrimonios mixtos, entre otros procesos sociales. No obstante, tales mediciones de las interacciones también pueden ser señaladas como limitadas (Bertrand y Chevalier, 1993), debido a que son más complejas y superan el espacio residencial trascendiendo a espacios sociales extradomésticos adicionales como el laboral, entre otros, por lo que su interpretación debe ser mediada con una reflexión cauta de su representación como aproximación fina a matizar una determinada condición.

Indicadores de concentración: Dentro de estos índices el más representativo es el índice Delta (Duncan, 1961), que mide la diferencia entre la proporción de la población de un grupo poblacional en cada sección respecto al total del grupo en la ciudad y la proporción de la superficie de cada sección con el total de la ciudad. El máximo valor representaría la segregación extrema, interpretado como el porcentaje de población del grupo X que ha de cambiar de residencia para obtener una uniformidad urbana.

$$DEL = \frac{1}{2}\sum_{i=1}^{n}\left|\frac{x_i}{X} - \frac{a_i}{A}\right| \text{K} \quad 0 \leq DEL \leq 1 \quad (15)$$

donde a_i es la superficie de la sección *i* y A es la superficie total de la ciudad.

Indicadores de centralización: En este grupo el de mayor frecuencia de elaboración en los estudios corresponde al índice de concentración (Duncan, Duncan, 1955b), que mide la proporción de un grupo poblacional que reside en el centro de la ciudad. Se calcula de la siguiente forma:

$$PCC = \frac{X_c}{X} \text{K} \quad 0 \leq PCC \leq 1 \quad (16)$$

donde, X_c es la población de grupo X que reside en el centro de la ciudad.

Resultados de los índices de segregación residencial

Para la construcción de los índices de segregación residencial se utilizaron los microdatos de la muestra del censo de 2010 del INEGI, correspondientes al cuestionario ampliado. Con esa información se consideraron algunas variables descriptivas que permitían su relación territorial entre proporción de población que habla lengua indígena respecto a otros indicadores sociodemográficos en las AGEB urbanas condensadas en el cuadro V-10.

Cuadro V - 10. Población indígena y total de 5 y más años, y número de AGEB urbanas en Ciudad de México, Guadalajara y sureste de México, 2010.

Clave	Entidad	Ciudad	Población y número de AGEB					
			Pob 5 años +	Lengua 5 años +	Pob hogar indig	Pob en hogar	Pob total	Nro AGEB
4002	Campeche	Campeche	214093	8922	23098	232481	233864	124
4003	Campeche	Ciudad del Carmen	172963	2151	4867	190177	194548	74
7078	Chiapas	San Cristóbal de Las Casas	137986	41916	69467	154057	158027	65
7089	Chiapas	Tapachula	210461	920	2074	232594	233185	165
7101	Chiapas	Tuxtla Gutiérrez	494191	10645	21677	543318	549894	214
9002	Distrito Federal	Azcapotzalco	379605	2995	6671	404623	414711	103
9003	Distrito Federal	Coyoacán	562969	8208	15800	596847	620416	156
9004	Distrito Federal	Cuajimalpa de Morelos	163941	1985	3416	179069	183528	31
9005	Distrito Federal	Gustavo A. Madero	1089359	14842	33242	1156511	1185772	306
9006	Distrito Federal	Iztacalco	351364	3693	7945	374776	384326	110
9007	Distrito Federal	Iztapalapa	1648585	30021	74633	1774186	1815786	458
9008	Distrito Federal	La Magdalena Contreras	218474	2785	5922	236404	238431	52
9009	Distrito Federal	Milpa Alta	102981	3171	8224	113304	113872	42
9010	Distrito Federal	Álvaro Obregón	665616	8518	17099	716531	726664	199
9011	Distrito Federal	Tláhuac	322987	4478	11574	353140	356315	110
9012	Distrito Federal	Tlalpan	579323	9870	22274	621207	641550	206
9013	Distrito Federal	Xochimilco	371549	8821	21178	395001	407885	122
9014	Distrito Federal	Benito Juárez	341639	3954	5727	358089	385439	102
9015	Distrito Federal	Cuauhtémoc	482505	8395	16814	509894	531831	153
9016	Distrito Federal	Miguel Hidalgo	328197	3964	6069	348114	372889	131
9017	Distrito Federal	Venustiano Carranza	389705	4615	9568	417140	430978	151
14039	Jalisco	Guadalajara	1357913	5404	9829	1464804	1495182	442
23004	Quintana Roo	Chetumal	165472	11957	31831	180037	182178	152
23005	Quintana Roo	Cancún	581028	60786	146672	644427	658911	370
23008	Quintana Roo	Playa del Carmen	135387	16950	35047	153379	155902	106
27004	Tabasco	Villahermosa	427268	14263	23474	465404	482757	153
31050	Yucatán	Mérida	736495	66324	160878	791625	804665	474
31096	Yucatán	Tizimín	45188	15475	33088	50084	50247	32
31102	Yucatán	Valladolid	53179	24832	41699	58979	59083	39

Cálculos propios. Fuente: INEGI, Censo de Población de 2010.

En él se aprecia que la proporción de población que habla lengua indígena en las grandes metrópolis como Guadalajara y en las Delegaciones del Distrito Federal, oscilan entre 0.4 y 3 por ciento, siendo predominante la proporción de poco más del 1 por ciento. En ciudades como Campeche y Ciudad del Carmen ocurre algo similar, lo mismo que en Tapachula y Tuxtla Gutiérrez, mientras que en las ciudades quintanarroenses de Chetumal, Playa del Carmen y Cancún la proporción es un poco mayor y se encuentra entre 7 y 12.5 por ciento, cifras cercanas a la registrada en Mérida con 9 por ciento. En ciudades como san Cristóbal de las Casas en Chiapas, Tizimín y Valladolid en Yucatán la proporción de población que habla lengua indígena va del 30 al 46.7 por ciento.

Si se considera a la población en hogares indígenas, se puede apreciar que el tamaño de población aumenta en las ciudades. Este incremento hace que la proporción de población indígena se eleve hasta en más de dos veces, lo cual es similar a los resultados hallados en las estimaciones de población indígena obtenidos atrás.

En promedio la población indígena por AGEB urbana en las grandes metrópolis estuvo entre 12 personas en Guadalajara y 76 personas en Milpa Alta en Ciudad de México, siendo el más bajo promedio el que se registró en Tapachula con 6 personas de habla indígena por AGEB urbana.

En las otras ciudades el promedio sería similar, entre 22 y 79 en las ciudades de Campeche y Ciudad del Carmen, 50 en Tuxtla Gutiérrez y 79 en Chetumal. En las demás ciudades la presencia indígena por AGEB sería mayor, como en Mérida con 140 indígenas, Tizimín, Valladolid y San Cristóbal con entre 484 y 645 indígenas. Estos valores aumentan hasta en casi 2.6 veces si se considera a la población en hogares indígenas en promedio por AGEB.

En la gráfica 1, se presentan cuatro gráficas de dispersión de las AGEB urbanas de las catorce ciudades, donde se relacionan indicadores sociodemográficos (eje de las ordenadas) con la población que habla lengua indígena (eje de las abscisas).

En la primera gráfica de dispersión que relaciona la proporción de población indígena con la ´proporción de población que reside en otra entidad hace cinco años, es decir la población migrante a la AGEB en 2010, se aprecia una relación positiva entre ambas variables, su ecuación muestra una proporción de migración de hasta casi un punto por ciento independiente de la población indígena en las AGEB.

La pendiente de la ecuación también muestra que, por cada incremento en un punto porcentual de la proporción de población indígena en la AGEB, la población inmigrante a la misma ha aumentado en 0.21 puntos porcentuales.

En la segunda gráfica se relacionan la proporción de población indígena y la población desocupada en las AGEB, resultando una tendencia con pendiente negativa que indica una relación inversa entre ambas variables.

La ecuación muestra un parámetro de la tasa de desempleo equivalente al 1.23 por ciento que no depende de la proporción de población indígena, mientras que la pendiente indica que, por cada incremento de la proporción de población indígena en las AGEB urbanas, el desempleo se reduce en 0.11 puntos porcentuales, lo que significaría que la población indígena se localiza en aquellas AGEB donde al parecer hay mayor dinámica económica y por ende menor nivel de desempleo que en las demás, característico de los centros históricos de las ciudades, donde el comercio al por menor es bastante fuerte.

Gráfica V - 1. Indicadores demográficos de las AGEB urbanas en escala logarítmica, 2010

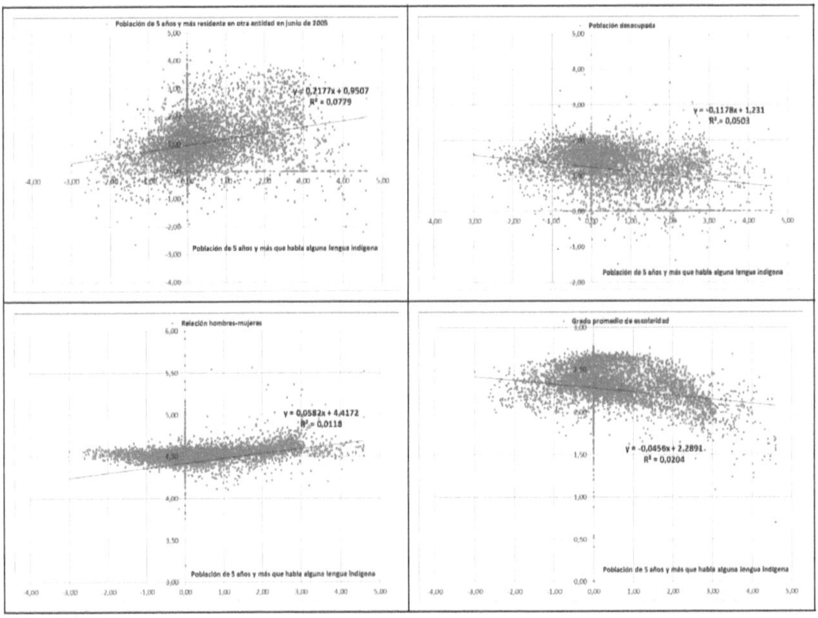

Cálculos propios. Fuente: INEGI, Censo de Población de 2010.

En la tercera gráfica se relaciona a la proporción de población indígena con la relación hombres-mujeres, resultando una pendiente positiva pero con baja inclinación, por lo cual, por cada punto adicional en la proporción de población indígena, se incrementa la relación hombres-mujeres en 0.05 puntos. Además, existe una relación hombres-mujeres de 4.4 puntos que es independiente de la proporción de población indígena en las AGEB.

En la cuarta gráfica se relacionaron la proporción de población indígena y el grado promedio de escolaridad, mostrando una baja pendiente negativa por lo cual hay una relación inversa entre ambas variables: por cada punto adicional en la proporción de población indígena en las AGEB, se reduciría 0.04 puntos el grado de escolaridad entre la población de dichos cuadrantes. Lo anterior correspondería efectivamente a que la población indígena tiene bajos niveles de escolaridad, pero su efecto marginal que en las AGEB no es tan determinante hacia abajo debido a que, en escala, la población total de las AGEB a donde llega la población indígena en las ciudades no tiene una elevada escolaridad. De allí que la misma ecuación refleja un componente de 2.28 grados promedio de escolaridad que no dependen de la proporción de población indígena.

Los resultados de los cálculos de los índices de segregación residencial de la población indígena en las ciudades de Guadalajara, Ciudad de México y el sureste mexicano para el 2010 se exponen en el cuadro V-11. De izquierda a derecha en las dos primeras columnas se encuentran los indicadores de igualdad como son el índice de segregación IS y el índice de disimilitud D. En ellas se aprecia cómo los mayores índices de segregación residencial reflejados por el índice IS son iguales al índice de Duncan debido a que los cálculos corresponden a la relación entre dos grupos poblacionales: Indígenas y no indígenas.

Los mayores niveles de segregación residencial se registran en la ciudad de Villahermosa en Tabasco con 62,8 por ciento, seguido de la ciudad de San Cristóbal de Las Casas en Chiapas con 41,5 por ciento. Luego se encuentran las ciudades de Valladolid en Yucatán con 38 por ciento, Guadalajara en Jalisco con 38,2 por ciento y Tapachula en Chiapas con 33,3 por ciento.

Después les sigue un grupo de ciudades y delegaciones cuyo nivel de segregación residencial oscila entre el 20 y 30 por ciento, de las cuales destacan la ciudad de Cancún en Quintana Roo con 27,2 por ciento, Mérida, capital de Yucatán, con 25,1 por ciento, Tuxtla Gutiérrez en Chiapas con 22,3 por ciento y las delegaciones de la Ciudad de México encabezadas por Coyoacán y Gustavo A. Madero, ambas con niveles de segregación residencial indígena de 28,2 por ciento, Cuauhtémoc con 26,6 por ciento e Iztapalapa con 25,9 por ciento.

En cuanto al índice de aislamiento xPx, los resultados para su estimación clásica muestran que es en la ciudad de Valladolid en Yucatán, donde menor articulación tiene la población indígena en los fragmentos territoriales y espacios urbanos del orden del 60 por ciento, seguida de Villahermosa en Tabasco con 45 por ciento de aislamiento y de San Cristóbal de Las Casas en Chiapas con 41,5 por ciento de aislamiento de la población indígena. A estas tres ciudades, que en los índices de segregación residencial también resultaron ser las de mayor discriminación espacial y territorial hacia la población indígena, se le suma Tizimín en Yucatán, con un índice de aislamiento del 40,1 por ciento, así como también las ciudades quintanarroenses de Playa del Carmen con 14,6 por ciento y Cancún con 13,9 por ciento y la ciudad de Mérida en Yucatán con 13 por ciento. Las demás ciudades y delegaciones de la Ciudad de México registraron bajos niveles de aislamiento cercanos a cero.

Cuadro V - 11. Índices de Segregación Residencial hacia la población indígena en Ciudad de México, Guadalajara y sureste de México, 2010

CLAVE	ENTIDAD	CIUDAD	ÍNDICES DE SEGREGACIÓN RESIDENCIAL						
			IS	D	xPx	n2	xPy	DEL	PCC
4002	Campeche	Campeche	0,1933	0,1933	0,0510	0,0098	0,9490	0,3204	0,0233
4003	Campeche	Ciudad del Carmen	0,1913	0,1913	0,0153	0,0029	0,9847	0,3938	0,0116
7078	Chiapas	San Cristóbal de Las Casas	0,4150	0,4150	0,4470	0,2057	0,5530	0,4051	0,0823
7089	Chiapas	Tapachula	0,3335	0,3335	0,0099	0,0056	0,9901	0,5177	0,0045
7101	Chiapas	Tuxtla Gutiérrez	0,2238	0,2238	0,0310	0,0096	0,9690	0,3239	0,0458
9002	Distrito Federal	Azcapotzalco	0,1736	0,1736	0,0100	0,0022	0,9900	0,2644	0,0109
9003	Distrito Federal	Coyoacán	0,2821	0,2821	0,0228	0,0083	0,9772	0,4484	0,0233
9004	Distrito Federal	Cuajimalpa de Morelos	0,1483	0,1483	0,0150	0,0029	0,9850	0,2638	0,0120
9005	Distrito Federal	Gustavo A. Madero	0,2824	0,2824	0,0241	0,0107	0,9759	0,3622	0,0134
9006	Distrito Federal	Iztacalco	0,2222	0,2222	0,0147	0,0042	0,9853	0,2812	0,0161
9007	Distrito Federal	Iztapalapa	0,2598	0,2598	0,0276	0,0096	0,9724	0,3588	0,0265
9008	Distrito Federal	La Magdalena Contreras	0,1800	0,1800	0,0170	0,0043	0,9830	0,3044	0,0089
9009	Distrito Federal	Milpa Alta	0,2303	0,2303	0,0413	0,0108	0,9587	0,3316	0,0334
9010	Distrito Federal	Álvaro Obregón	0,2117	0,2117	0,0163	0,0035	0,9837	0,3247	0,0139
9011	Distrito Federal	Tláhuac	0,2172	0,2172	0,0181	0,0043	0,9819	0,3413	0,0155
9012	Distrito Federal	Tlalpan	0,2469	0,2469	0,0250	0,0081	0,9750	0,3897	0,0229
9013	Distrito Federal	Xochimilco	0,2446	0,2446	0,0331	0,0096	0,9669	0,3871	0,0269
9014	Distrito Federal	Benito Juárez	0,1158	0,1158	0,0126	0,0011	0,9874	0,1989	0,0148
9015	Distrito Federal	Cuauhtémoc	0,2669	0,2669	0,0291	0,0119	0,9709	0,3986	0,0591
9016	Distrito Federal	Miguel Hidalgo	0,2118	0,2118	0,0169	0,0048	0,9831	0,3570	0,0089
9017	Distrito Federal	Venustiano Carranza	0,2273	0,2273	0,0194	0,0076	0,9806	0,3577	0,0113
14039	Jalisco	Guadalajara	0,3823	0,3823	0,0229	0,0190	0,9771	0,3612	0,0113
23004	Quintana Roo	Chetumal	0,1900	0,1900	0,0902	0,0193	0,9098	0,4561	0,0761
23005	Quintana Roo	Cancún	0,2729	0,2729	0,1393	0,0387	0,8607	0,5269	0,2094
23008	Quintana Roo	Playa del Carmen	0,1863	0,1863	0,1468	0,0247	0,8532	0,5290	0,1982
27004	Tabasco	Villahermosa	0,6286	0,6286	0,4565	0,4378	0,5435	0,6222	0,0203
31050	Yucatán	Mérida	0,2511	0,2511	0,1303	0,0442	0,8697	0,3713	0,0656
31096	Yucatán	Tizimín	0,1822	0,1822	0,4071	0,0983	0,5929	0,3422	0,2919
31102	Yucatán	Valladolid	0,3800	0,3800	0,6002	0,2501	0,3998	0,3512	0,3958

Cálculos propios. Fuente: INEGI, Censo de Población de 2010.

Los anteriores resultados se confirman con las estimaciones de la corrección del índice de aislamiento n2, presentadas también en el Cuadro V-11. En efecto, los datos muestran que la ciudad de Villahermosa sigue siendo la de mayor aislamiento hacia los indígenas con 43,7 por ciento, seguida por la ciudad de Valladolid con 25 por ciento y en tercer lugar nuevamente se encuentra la ciudad de San Cristóbal de Las Casas con 20,5 por ciento. Este cambio en la estimación de la ciudad por la corrección de ajuste proporcional también hace que disminuyan substancialmente los guarismos, lo que suaviza los valores que registra el resto de ciudades.

De manera complementaria, el índice de interacción que presenta la población indígena en los espacios urbanos en las ciudades sigue mostrando valores más bajos en las ciudades de Valladolid, Villahermosa y Tizimín, donde son menores las probabilidades de interacción social entre indígenas y no indígenas. En ellas las relaciones son 4 de cada 10 individuos en Valladolid, 5 de cada 10 individuos en Villahermosa y 6 de cada 10 individuos en Tizimín. Un poco más alta es la relación de interacción en las ciudades Cancún, Playa del Carmen y Mérida con 8 de cada 10 individuos, mientras que el resto de ciudades y las delegaciones de la Ciudad de México tienen elevados niveles de interacción cercanos a la unidad, siendo el resultado correspondiente con los moderados niveles de segregación.

Los valores del índice Delta (DEL) muestran a Villahermosa como la ciudad con mayores niveles de concentración indígena urbana en el grupo de ciudades analizadas respecto a la proporción territorial, siendo del 62 por ciento. Esto significaría que tendría que cambiarse de residencia al 62 por ciento de la población indígena de la ciudad para que existiera una uniformidad urbana proporcional a la de las AGEB de la ciudad. Le siguen las ciudades de Cancún y Playa del Carmen con poco más de 52 por ciento de población indígena a redistribuir, Tapachula con 51 por ciento, Chetumal con 45 por ciento, la Delegación Coyoacán en la Ciudad de México con 44 por ciento y San Cristóbal de Las Casas con 40 por ciento como la nube de ciudades con mayor concentración urbana (ver Cuadro V-11).

Continuando con el aspecto de concentración, ahora en la demarcación central de las ciudades, por medio del índice de centralidad se puede ver que la ciudad con mayor proporción de población indígena localizada en las AGEB del centro de la ciudad, sobresale la ciudad de Valladolid con casi el 40 por ciento de su población indígena, seguida de la ciudad de Tizimín con casi 30 por ciento de concentración en el centro de la ciudad y posteriormente las ciudades de Cancún y Playa del Carmen con casi 21 y 20 por ciento respectivamente. Las demás ciudades registraron niveles menores al 10 por ciento.

En el siguiente apartado veremos la segregación y la discriminación laboral, específicamente en lo que respecta a la concentración de la población indígena en sectores y ramas de actividad económica, así como la discriminación salarial y educativa que se registra, reflejando las distancias entre población indígena y no indígena en las ciudades del estudio.

Segregación ocupacional, discriminación educativa y salarial

La metodología de la medición de la discriminación laboral se desarrolló a partir de los índices que buscan mostrar las diferencias que existían entre hombres y mujeres en el mercado de trabajo. Estos índices se pueden adaptar para la medición de la discriminación laboral de los indígenas, toda vez que se trata de la dicotomía de los grupos de población indígenas y no indígenas. Lo que sigue son los índices que serán utilizados para el cálculo de la discriminación laboral.

Índices de segregación ocupacional y discriminación salarial y educativa

En el desarrollo del primer componente se utilizarán los índices tradicionales de segregación ocupacional siempre y cuando la muestra lo permita y los datos obtenidos de las encuestas sean suficientes para calcular tales índices.

Índice de disimilitud de Duncan

El índice de disimilitud de Duncan ha sido el índice de inequidad más comúnmente utilizado (Anker, 1998:69). La forma tradicional de interpretar el índice es considerarlo como el porcentaje de la fuerza de trabajo indígena (o no indígena) que debe cambiar de una ocupación a otra para garantizar que la distribución indígena sea igual a la no indígena, siendo una adaptación de la aplicación del trabajo de Rendón (2003:38) para el caso femenino, que se contrastaba con la concentración masculina de trabajo. La expresión de la fórmula para nuestro caso es:

$$ID = \frac{1}{2}\sum_{i=1}^{n}\left|Pind_i - Pnind_i\right|$$

donde $Pind_i$=porcentaje de indígenas, en la categoría de clasificación (por ejemplo, una ocupación particular), y $Pnind_i$=porcentaje de no indígenas en la misma categoría (Duncan y Duncan, 1955a).

Resulta importante advertir que el índice es muy sensible a la composición de las categorías de clasificación: un mayor número de categorías de clasificación, tienden a proporcionar valores más altos del índice, lo contrario también es cierto. Esto implica que, si se producen comparaciones, es necesario realizarlas sobre categorías de clasificación similares. Ahora bien, más allá de la preponderancia del índice de Duncan en el análisis de las inequidades ocupacionales, hay consenso en la literatura especializada que éste no permite comparaciones en el tiempo, dado que un cambio en el índice implicaría un cambio en la estructura ocupacional (Rendón, 2003:38).

Índice de Karmel-MacLachlan

Para corregir los anteriores errores, se utilizará este indicador, que busca indagar sobre los cambios en el tiempo de la segregación ocupacional.

$$IS = \frac{1}{T}\sum_{i}^{1}\left|Pind_i - a\left(Pnind_i + Pind_i\right)\right|$$

donde T representa el empleo total, "*a*" la proporción del empleo del grupo X (ya sea este el discriminado o no discriminado) dentro del empleo total, y X_i y Y_i tienen el mismo significado que el Índice de Disimilitud.

Índice de discriminación salarial IDS

El índice mide el porcentaje de remuneración que los indígenas asalariados no perciben, una vez considerados el nivel de escolaridad, la inserción en el mercado de trabajo, el tipo de ocupación y la duración de la jornada de trabajo (INEGI; 2005).

$$IDS = \frac{\frac{IHIndA}{IHNIndA} - \frac{PEIndA}{PENIndA}}{\frac{IHIndA}{IHNIndA}}$$

donde *IHIndA* es el ingreso promedio por hora de la población indígena asalariada, *IHNIndA* es el ingreso promedio por hora de la población no indígena asalariada, *PENIndA* promedio de escolaridad de la población no indígena asalariada, *PEIndA* promedio de escolaridad de la población indígena asalariada. Valores del índice negativos indican el porcentaje en que tendría que aumentar el salario de los indígenas. Valores iguales a cero sugieren que existe equidad salarial. Por último, valores del índice mayores a uno indican el porcentaje en el cual debe disminuir el salario de los indígenas.

Índice de discriminación educativa IDE

El índice mide el porcentaje de años de escolaridad que uno de los grupos (discriminado o no discriminado) no tiene, una vez consideradas el nivel de escolaridad, el promedio de edad y el tipo de ocupación.

$$IDE = \frac{\frac{PEIndA}{PENIndA} - \frac{PIndA}{PNIndA}}{\frac{PEIndA}{PENIndA}}$$

donde *PEIndA* es el promedio de escolaridad de la población indígena, *PENIndA* es el promedio de escolaridad de la población no indígena, *PIndA* es el promedio de edad de la población indígena, *PNIndA* es el promedio de edad de la población no indígena. Valores del índice negativos indican el porcentaje en que tendría que aumentar la educación de la población indígena. Valores iguales a cero sugieren que existe equidad educativa. Por último, valores del índice mayores a uno, indican el porcentaje en el cual debe disminuir la educación de la población indígena.

Resultados de los índices de segregación ocupacional y discriminación salarial y educativa

Para la elaboración de los índices se hizo uso de los microdatos del Censo de Población de 2010, efectuando procesamientos especiales y generando resultados que agregaban 24 sectores a dos dígitos de la Clasificación Industrial de América del Norte, SCIAN. Las tablas contienen la nomenclatura de cada sector referidos a continuación:

11 Agricultura, cría y explotación de animales, aprovechamiento forestal, pesca y caza.
21 Minería.
22 Generación, transmisión y distribución de energía eléctrica, suministro de agua y de gas por ductos al consumidor final.
23 Construcción.
31 Industrias alimentaria, textiles y cuero.
32 Industrias de la madera, plástico y derivados del petróleo.
33 Industrias metálicas básicas, maquinaria, equipo y muebles.
43 Comercio al por mayor.
46 Comercio al por menor.
48 Transportes.

49 Correos y almacenamiento.
51 Información en medios masivos.
52 Servicios financieros y de seguros.
53 Servicios inmobiliarios y de alquiler de bienes muebles e intangibles.
54 Servicios profesionales, científicos y técnicos.
55 Corporativos.
56 Servicios de apoyo a los negocios y manejo de desechos y servicios de remediación.
61 Servicios educativos.
62 Servicios de salud y de asistencia social.
71 Servicios de esparcimiento, culturales y deportivos, y otros servicios recreativos.
72 Servicios de alojamiento temporal y de preparación de alimentos y bebidas.
81 Otros servicios excepto actividades gubernamentales.
93 Actividades legislativas, gubernamentales, de impartición de justicia y de organismos internacionales y extraterritoriales.
99 Actividad económica no especificada.

En el Cuadro V-12 podemos apreciar la segregación ocupacional hacia los indígenas en las ciudades y delegaciones de acuerdo a los sectores de actividad económica en el censo de 2010.

Considerando la magnitud del índice de segregación ocupacional que refiere el desequilibrio proporcional entre la fuerza de trabajo indígena y no indígena en los sectores de actividad económica, se aprecia que en las ciudades del estado de Campeche se registran varios sectores con niveles elevados de segregación ocupacional, como es el caso del comercio al por menor con 26,5 porciento en la ciudad de Campeche, los servicios de apoyo a negocios y manejo de desechos y otros servicios no gubernamentales con 30 por ciento.

En Ciudad del Carmen la mayor segregación se registra en los servicios educativos con cerca de 53 por ciento, seguido de las actividades legislativas y de impartición de justicia con 42 por ciento, otros servicios con poco más de 36 por ciento y en la industria alimentaria, textil y cuero con 31,3 por ciento.

En las ciudades quintanarroenses la segregación es predominante en otros servicios con 27,4 por ciento en Chetumal, lo mismo que en Cancún con 33,5 por ciento y cerca del 27 por ciento en apoyo a negocios y manejo de desechos. En Playa del Carmen el sector agrícola registra una segregación del 45,4 por ciento seguido del sector educativo con 29,6 por ciento, las actividades legislativas y de justicia con 24,2 por ciento y la industria alimentaria, textiles y cuero y las actividades de construcción con 21,2 y 21,8 respectivamente.

Cuadro V - 12. Índices de Segregación Ocupacional hacia la población indígena en Ciudad de México, Guadalajara y sureste de México, según clasificación de actividades SCIAN, 2010

Ciudades/Municipios	Clasificación Industrial de América del Norte, SCIAN																							
	11	21	22	23	31	32	33	43	46	48	49	51	52	53	54	55	56	61	62	71	72	81	93	99
Campeche	26,4		0,5	7,5	11,4	2,5	4,0	1,8	26,5	3,9			3,2		11,0		30,0	8,2	23,7	0,6	10,2	30,7	13,8	9,6
Carmen	34,2	21,6		7,8	31,3	7,4	5,0		22,6	8,0					10,0		12,8	52,9			14,8	36,2	42,0	
San Cristóbal de las Casas	14,0	3,8	3,0	3,8	13,5	3,6	16,5	1,6	17,3	4,8		2,8	2,0		21,9		23,3	11,7	10,3	2,4	7,3	43,8	6,6	3,8
Tapachula	4,3			28,3	12,2		37,8		23,8	0,2							44,6		47,7		20,3	25,6	1,6	19,7
Tuxtla Gutiérrez	13,1			16,6	16,8	2,6	2,9		32,5	4,4		2,5			4,4		14,4	5,7	13,5		10,3	37,9	30,6	2,8
Azcapotzalco				32,4	10,7	1,5	17,6		33,2	0,2	0,3	40,8			12,9		1,2	30,4	0,5		19,7	30,4	12,5	15,0
Coyoacán				20,7	19,4	1,2	7,9	7,8	26,3	6,3		1,7			15,9		25,4	18,0	15,8	7,2	0,9	45,9	1,3	32,8
Cuajimalpa de Morelos	49,0			12,9	13,7	12,5	11,4		40,1	4,2				4,5	13,5		28,9	36,2		5,2	14,3	25,9	35,8	27,0
Gustavo A. Madero	32,2			20,9	27,4	1,1	6,0	0,9	26,9	8,6	0,7		1,3	2,4	5,5		23,5	13,2	10,8	5,1	13,9	35,7	18,8	20,1
Iztacalco				23,2	22,4	14,0	1,0	1,0	34,0	6,4		7,8		9,2			22,7	7,9	47,3	4,1	33,3	19,4	16,0	7,0
Iztapalapa	17,4		2,0	16,3	11,1	3,0	6,1	1,8	25,1	6,3	1,4	4,8			12,2		14,7	25,9	19,2	2,2	12,4	26,0	16,1	5,9
La Magdalena Contreras	8,7			39,1	25,3		0,3		24,8	12,8		4,3		17,7			17,3	21,9	20,8		16,3	24,1	46,3	
Milpa Alta																								
Álvaro Obregón	13,9			41,0	10,5	0,7	12,2	1,5	31,8	10,1	0,8	9,0	2,5		9,0		20,3	23,8	11,2	1,6	9,8	36,9	18,6	13,9
Tláhuac	6,9			23,3	3,1	5,3	13,7	0,9	22,2	2,8					0,3		31,3		49,3	0,6	8,9	36,1	18,7	1,9
Tlalpan	21,2			13,7	12,8	7,7	10,2	3,9	25,0	0,6		2,3	3,1	1,6	5,3	0,1	10,2	20,9	18,9	8,3	10,4	33,7	11,6	1,6
Xochimilco	16,7		4,0	12,7	16,3	7,7	4,4	1,7	34,1	8,8		0,0	0,3	0,2	13,9		29,0	29,5	12,1	0,6	7,8	34,1	14,8	19,7
Benito Juárez				28,3	1,4	13,0	23,4	0,8	23,4	8,8	6,6	1,2	1,5	0,5	15,4		40,5	11,3	4,6	2,4	28,7	46,2	28,3	12,0
Cuauhtémoc			4,8	29,1	4,4	7,5	18,9	1,4	40,8	2,2		3,6	2,2	8,9	18,9		10,6	25,8	17,1	4,0	6,0	46,4	14,3	5,9
Miguel Hidalgo				25,3	18,2	7,6	0,0	3,9	9,2	18,6		0,5	1,8	7,2	5,6		4,8	40,4	2,9	2,1	22,9	26,5	21,0	24,2
Venustiano Carranza	14,3			21,7	26,9	5,8	3,0	4,8	14,6	7,0		3,9	8,1	3,3	2,2		10,0	22,9	19,6		13,0	49,4	11,1	
Guadalajara				32,2	3,3	1,4	21,3		31,1				8,2		19,0		2,0	16,8	3,5		12,0	35,6	24,7	2,7
Othón P. Blanco	8,7			16,3	9,5	6,5	2,5	1,2	14,6	4,0	0,7		0,0		3,3		14,7	13,7	12,3	2,3	8,5	27,3	15,4	1,7
Benito Juárez	12,1		1,5	11,1	11,7	8,3	10,3	2,3	11,4	3,3	0,1	4,1	1,1	3,0	4,7		26,9	18,6	10,9	2,2	7,0	33,5	9,5	1,5
Solidaridad	45,4		15,1	21,2	21,8		11,6	2,6	19,3	1,5		1,5		5,5	13,0		19,5	29,6	5,4	2,4	1,3	10,9	24,2	1,6
Cárdenas	7,8	38,3						1,3	33,6	0,7					36,7			31,6	0,7		14,1	27,4	42,2	
Centro	13,1	7,7		23,8	12,1		22,2	4,6	35,0	5,3				0,7	7,1		27,6	31,4			7,9	41,3	6,2	2,2
Mérida	24,7	0,6	4,5	14,9	8,3	3,0	5,2	3,6	13,7	0,9	0,0	5,7	2,6	1,6	7,2		19,7	11,4	9,1	2,6	9,9	43,8	19,9	0,9
Tizimín	31,2	3,4	1,7	19,1	11,9	0,4	2,6	1,8	10,2	4,1			11,7	2,1	3,6		13,3	8,5	5,2		11,2	32,1	4,7	
Valladolid	32,3		0,6	29,7	29,6	0,4	5,6	1,8	9,8	4,2		3,9	7,9		0,5		22,0	10,7	4,3	1,1	12,6	43,6	40,9	5,2

Cálculos propios. Fuente: INEGI, Censo de Población de 2010.

En las ciudades yucatecas de Mérida, Tizimín y Valladolid también se presentan altos índices de segregación ocupacional especialmente concentrados en otros servicios diferentes a los gubernamentales con valores superiores al 43 por ciento en Mérida y Valladolid y del 32,1 por ciento en Tizimín. En el sector de justicia en Valladolid la segregación llega a 40,9 por ciento y en la industria de la construcción y alimentaria el índice se acerca a 30 por ciento en la misma ciudad. La concentración indígena en actividades agrícolas es predominante y por ende se aprecian índices del 24 por ciento en Mérida y del 31 y 32 por ciento en Tizimín y Valladolid.

En las ciudades tabasqueñas de Villahermosa en el municipio de Centro y de Cárdenas hay similitudes de segregación en el comercio al por menor y los servicios educativos con índices superiores al 31 por ciento. En Villahermosa el sector de mayor segregación es el sector de otros servicios con 41,3 por ciento, mientras en Cárdenas es el de actividades legislativas y de justicia con 42,2 por ciento.

En las ciudades chapanecas de Tuxtla Gutiérrez, San Cristóbal de las Casas y Tapachula la segregación resulta menos intensa que en las otras ciudades, aunque se destaca que en los sectores de comercio al por menor y otros servicios en la capital Tuxtla tiene índices superiores al 32 por ciento por el peso de la mano de obra indígena en estos sectores, en contraste con la segregación del 30,6 por ciento por baja presencia indígena en actividades del sector de justicia en esta ciudad. En San Cristóbal de las Casas, en otros servicios con una alta participación indígena en este sector, el índice de segregación es del 43,8 por ciento, seguido de dos sectores con baja participación indígena como los servicios profesionales y científicos con cerca de 22 por ciento, mientras que el diferencial de ocupación indígena que apoya a negocios y presta servicios de manejo de desechos y remediación muestra una segregación de un poco más del 23 por ciento. En Tapachula, la segregación es rampante en los sectores de salud con 47,7 por ciento; la baja proporción indígena contrasta con la ocupación en apoyo a negocios y manejo de desechos con 44,6 por ciento, así como en el sector de industrias metálicas, maquinaria, equipo y muebles con 37,8 por ciento.

En las grandes ciudades como Guadalajara, la concentración de indígenas en actividades como la industria de la construcción, la actividad minera, el comercio al por menor y otros servicios, muestra segregaciones fuertes que van del 21 al 35 por ciento, en contraste con sectores con baja participación indígena como las actividades profesionales y el sector de justicia con casi 20 y 25 por ciento respectivamente.

En la Ciudad de México la alta concentración de población indígena en el sector de otros servicios muestra índices muy altos, en algunos casos cercanos al 50 por ciento, como en la delegación Venustiano Carranza, al igual que la participación en el comercio al por menor, mucho más visible en las delegaciones Gustavo A. Madero y Cuauhtémoc, con índices de segregación del 40 por ciento, similares a los de la industria de la construcción de las delegaciones de La Magdalena Contreras y Álvaro Obregón y los servicios de apoyo a negocios y manejo de desechos de la delegación Benito Juárez. Estos índices dan cuenta de sectores específicos de concentración de población indígena en actividades de baja productividad y de ingresos precarios con alta volatilidad de ocupación, característicos por ser trabajos de subsistencia, con un contraste de índices similares –como el registrado en servicios educativos en la delegación Miguel Hidalgo y los servicios de salud y de asistencia social de las delegaciones Tláhuac e Iztacalco–, producto de la menor proporción de indígenas en estos sectores.

El Cuadro V-12 muestra el dramatismo en cuanto a las limitadas oportunidades de acceso a actividades productivas con mayores condiciones de reconocimiento social y laboral de los indígenas en las ciudades en el estudio. También presenta una generalizada segregación que, en los casos más destacados, se ha enunciado en las líneas anteriores en cada ciudad, pero que, al ver el cuadro, preocupa la amplia proporción de sectores con índices con valores que pasan de dos dígitos decimales. Para ajustar estos resultados, revisaremos en un cuadro similar los valores de los índices de discriminación salariar para identificar las brechas salariales entre la fuerza de trabajo indígena y la no indígena en los sectores de actividad económica de las ciudades, vertidos en el Cuadro V-13, tomando como referencia el ingreso promedio sectorial de la población indígena del Cuadro V-13.

De acuerdo con la Comisión Nacional de los Salarios Mínimos y el INEGI, para el 2010 el salario mínimo diario en ese año se encontraba en 55 pesos por jornada de ocho horas, equivalente a 6,88 pesos por hora. Considerando nuevamente la línea de pobreza de 2010, estimada por el Consejo Nacional de Evaluación de la Política de Desarrollo Social (CONEVAL) en $2 106,50 pesos mexicanos (a precios corrientes), equivalente a un promedio diario de $70,2 pesos mexicanos de ese año, en equivalencia a las ocho horas de la jornada laboral estipulada correspondería a una línea de pobreza de $8,78 pesos por hora. Al contrastarla con la información del Cuadro V-13, se puede apreciar que, en nueve de los veinticuatro sectores de actividades económicas, hay al menos una ciudad, donde los indígenas reciben menos de lo correspondiente a la línea de pobreza en actividades agrícolas de Ciudad del Carmen, San

Cristóbal de las Casas, Chetumal, Valladolid y algunas delegaciones de Ciudad de México como Álvaro Obregón y Tláhuac, lo mismo que en el sector transporte de las ciudades de Tapachula, Cárdenas y la delegación Magdalena Contreras, además de sectores de información y medios masivos también en Valladolid, servicios de apoyo a negocios y manejo de desechos, en las mismas delegaciones mencionadas, sumándose a éstos los sectores de esparcimiento, culturales y recreativos también en Chetumal y en Tizimín, y los servicios de alojamiento temporal en Guadalajara junto con el sector de justicia en la delegación de Azcapotzalco, que también registran esta situación.

A esta desigualdad se le agrega la situación impulsada por actividades predominantes en algunas ciudades como en el caso de Ciudad del Carmen, algunas ciudades turísticas y delegaciones de la Ciudad de México, donde hay sectores con altos ingresos respecto al diferencial que muestran las demás ciudades, ocasionando un proceso de mayor atracción de mano de obra indígena que migra con expectativas de encontrar trabajo con mejores remuneraciones. Sin embargo, al revisar los valores del índice de discriminación en los sectores y ciudades estudiados que se presentan en el Cuadro V-14, es dramática y generalizada la desigualdad salarial de los indígenas en estos espacios urbanos. En el 55 por ciento de las actividades productivas el índice de discriminación fue negativo y con valores que oscilaban entre 50 y 300 por ciento, incluso llegando a ser de 6 a 14 veces el incremento necesario del ingreso monetario indígena para apenas igualar el ingreso recibido por la fuerza de trabajo no indígena.

Entre las ciudades y delegaciones en estudio, los sectores con mayor frecuencia de índices de discriminación salarial corresponden a servicios de esparcimiento, culturales y deportivos, así como también la industria de la madera, plástico y derivados del petróleo y las actividades legislativas, gubernamentales y de organismos de impartición de justicia e internacionales, con una frecuencia de entre 71 y 78 por ciento en las ciudades y brechas salariales del 96, 48 y 54 por ciento en promedio respectivamente en los tres sectores. Les siguen sectores con recurrente discriminación salarial a indígenas en las ciudades de estudio, como el sector información en medios masivos y los servicios financieros y de seguros, con brechas salariales del 88 y 53 por ciento respectivamente. Incluso en aquellos sectores marginales en los que los indígenas suelen aportar su fuerza de trabajo como el comercio al por menor y la industria de la construcción, aunque en menor magnitud, también hay brechas salariales del 6 y 1 por ciento.

Cuadro V - 13. Ingreso-hora promedio de la población indígena en Ciudad de México, Guadalajara y sureste de México, según clasificación de actividades SCIAN, 2010 (pesos corrientes).

Ciudades/Municipios	Clasificación Industrial de América del Norte, SCIAN																							
	11	21	22	23	31	32	33	43	46	48	49	51	52	53	54	55	56	61	62	71	72	81	93	99
Campeche	9,20		37,80	22,35	14,65	14,38	18,69	12,46	15,74	21,10			33,22		159,80		14,84	35,29	41,99	14,24	12,50	26,32	34,16	25,90
Carmen	3,73	247,52		42,06	75,98	136,80	38,76		35,64	108,96					87,11		15,95	27,36			30,41	28,38	96,90	
San Cristóbal de las Casas	1,87	15,98	14,69	15,70	18,60	16,81	16,34	17,56	12,32	12,94		25,00	22,71		27,45		34,49	60,20	38,06	10,05	9,41	10,98	25,59	11,57
Tapachula	9,48			17,72	11,00		24,92		33,05	5,39							10,80		19,27		11,11	21,27	27,31	14,53
Tuxtla Gutiérrez	25,78			13,63	9,47	17,14	13,96		13,78	16,80		58,14			70,07		9,53	64,16	53,32		12,82	14,53	26,13	
Azcapotzalco				10,38	21,36	18,63	20,22		15,92	29,39	24,92	21,18			19,77		71,20	85,53	40,31		9,88	23,59	4,84	
Coyoacán				31,06	19,33	21,32	27,93	130,89	23,55	19,93		43,60			118,95		33,76	84,90	73,81	34,26	24,29	28,86	19,38	20,25
Cuajimalpa de Morelos	11,08			23,03	15,25	27,91	34,59		28,49	20,77				46,51			13,12	86,75		19,32	24,39	31,51	14,97	20,47
Gustavo A. Madero	24,22			21,60	35,47	13,02	47,17	16,74	30,92	31,07	23,28		39,87		586,98		19,84	60,49	49,60	16,27	22,81	20,93	19,12	14,50
Iztacalco				23,55	9,42	22,05	24,11	27,13	19,21	18,73		6,23		17,72			10,13	81,40	50,05	28,48	38,79	20,52	25,73	
Iztapalapa	9,31		25,54	25,93	16,08	16,28	34,89	22,99	22,18	16,09	22,15	35,74			56,42		19,40	66,71	26,16	76,92	19,99	18,92	33,96	18,78
La Magdalena Contreras		14,77		22,59	30,62		49,84		22,21	8,31		27,91		26,99			14,95	8,27	11,63		16,23	28,90	28,81	
Milpa Alta																								
Álvaro Obregón	8,54			25,65	33,86	18,09	235,01	34,88	16,25	6,64	15,50		63,95		69,45		21,45	89,86	22,25	32,74	34,72	25,25	81,43	45,08
Tláhuac	4,09			21,72	13,02	21,73	21,85	14,95	20,44	14,64					32,83		6,59		20,77	99,67	17,22	23,85	22,24	
Tlalpan	20,51			30,29	15,88	32,89	14,72	28,66	45,33	27,15		17,44	26,18	151,16	186,21	23,26	21,97	79,45	31,00	32,05	19,04	24,95	68,74	12,10
Xochimilco	12,36	0,00	32,56	22,31	13,62	13,74	15,53	75,90	19,86	39,93		17,44	23,26	99,67	35,75		17,41	33,47	98,02	237,47	16,62	17,94	40,59	18,32
Benito Juárez				54,89	0,00	149,50	77,52		32,34	205,75		18,41	184,99	13,91	140,09		17,55	92,64	94,42	81,62	18,09	24,74	228,46	68,91
Cuauhtémoc			17,44	26,92	14,31	58,24	26,07	25,62	61,76	25,80		587,87	82,68	13,02	72,69		44,61	67,55	42,63	41,76	26,70	35,61	38,95	0,00
Miguel Hidalgo				41,57	16,07	26,61	5,54	23,26	22,63	98,09		148,84	33,91	121,22	49,86		15,54	11,63	0,00	88,60	15,22	32,69	55,57	
Venustiano Carranza	12,41			52,53	16,40	20,70	17,41	27,39	22,63	63,18		67,29	30,43	62,45	103,44		20,71	50,02	129,74		17,49	19,70	29,50	
Guadalajara				27,57	20,29	15,50	23,27		16,32						40,18		49,84	70,46	56,08		6,62	23,32	106,66	
Othón P. Blanco	7,28			29,88	18,13	11,34	20,69	15,34	19,33	21,27	28,75		59,80		25,26		22,80	49,84	28,70	7,75	19,08	24,22	33,83	51,44
Benito Juárez	18,11		21,32	36,43	35,01	28,10	42,80	23,39	35,05	25,21	34,88	41,08	27,21	38,84	59,88		22,12	50,53	73,90	34,14	26,62	28,50	31,24	20,68
Solidaridad	12,60		26,22	52,18	27,75		37,02	27,66	28,92	55,15	16,61	34,45		44,41	83,68		47,89	55,90	24,37	23,82	20,28	22,90	23,70	25,25
Cárdenas	44,30	69,18						28,48	29,33	8,30					149,50			58,49			11,03	32,50	19,40	
Centro	12,46	89,27		21,63	16,78		22,51	11,90	14,93	42,55				25,95	42,99		19,62	55,40			18,29	16,65	31,34	119,13
Mérida	20,58	20,66	50,63	23,59	16,37	22,60	19,49	26,45	18,33	20,47	12,48	27,62	36,24	74,71	38,85		16,15	33,94	37,51	185,13	18,92	22,73	23,91	21,60
Tizimín	9,76	11,99	19,74	20,63	13,84	15,05	18,93	11,80	13,67	13,99		8,86	8,93		16,61		11,37	52,23	32,43	5,54	12,82	14,16	16,16	
Valladolid	3,12	11,18	25,84	15,69	13,78	24,39	17,52	15,92	15,04	17,69	16,61	5,37	20,24		36,77		16,11	62,40	31,75	56,45	19,83	15,53	28,00	

Cálculos propios. Fuente: INEGI, Censo de Población de 2010.

Cuadro V - 14. Índices de Discriminación Salarial hacia la población indígena en Ciudad de México, Guadalajara y sureste de México, según clasificación de actividades SCIAN, 2010

Ciudades/Municipios	Clasificación Industrial de América del Norte, SCIAN																							
	11	21	22	23	31	32	33	43	46	48	49	51	52	53	54	55	56	61	62	71	72	81	93	99
Campeche	-0,35		0,13	-0,17	-0,26	-1,77	-1,32	0,41	-0,23	-0,10			-0,26		0,37		0,37	-1,76	-0,81	1,00	-0,13	0,25	-0,34	0,65
Carmen	-3,04	0,21		-0,09	0,68	0,16	-0,19		0,59	0,64					0,34		-0,84	-0,52			-0,04	-0,42	0,37	
San Cristóbal de las Casas	-3,78	0,52	-0,06	0,18	-0,02	-0,14	0,35	0,31	0,02	0,17		-0,20	-0,48		-0,15		0,25	0,05	0,14	-0,55	-0,38	-0,10	-0,15	-0,55
Tapachula	0,17			-1,04	0,52		0,22		0,18	0,41							0,03		-0,69		-0,17	-0,19	-0,02	-0,71
Tuxtla Gutiérrez	-0,76			-0,48	0,19	-0,24	-0,88		-0,06	0,15		0,21			0,04		-0,12	0,10	-0,04		-0,43	-0,18	-0,41	
Azcapotzalco				-0,62	0,05	-0,79	0,25		0,31	-0,08	-0,01	-0,56			0,52		0,91	0,38	-0,15		-0,55	0,41	-6,33	
Coyoacán				0,18	-0,62	-1,03	0,25	0,69	0,00	-0,11		-0,03			0,44		0,14	0,22	-1,14	-1,60	0,04	0,15	-1,34	0,01
Cuajimalpa de Morelos	0,37			-0,27	-0,30	0,13	-0,56		0,06	-0,15				0,81			-0,14	0,30		-0,58	0,65	0,17	-3,80	-0,10
Gustavo A. Madero	-0,54			0,14	0,31	-0,74	0,09	-0,19	0,25	-0,08	0,57		0,48		0,94		0,19	0,01	-0,01	-1,18	0,07	0,11	0,29	-0,09
Iztacalco				0,04	-3,05	0,55	0,04	-0,05	-0,05	-0,81		-6,86		0,18			-2,14	0,26	-0,17	-0,84	0,42	0,30	-0,26	
Iztapalapa	-0,76		-0,80	0,29	-0,13	0,15	0,53	0,06	-0,17	0,14	0,14	-0,22			0,00		-0,30	0,35	-0,14	-0,06	0,08	0,05	-0,37	-0,39
La Magdalena Contreras		-3,13		0,01	0,40		0,42		-0,49	-2,53		-2,35		-2,21			-1,07	-2,77	-3,13		-0,26	0,12	-0,72	
Milpa Alta																								
Álvaro Obregón	-1,15			-0,53	0,27	-2,23	0,33	-0,29	-0,57	-8,38	0,25		-0,34		0,09		-0,04	-0,05	-1,55	-1,20	0,43	0,08	0,22	0,14
Tláhuac	0,08			0,07	-0,24	-0,20	0,33	0,03	0,20	-0,16					0,37		-2,52		-0,17	0,77	0,04	0,29	-0,56	
Tlalpan	0,22			-0,11	-0,92	-0,36	-0,74	-0,67	0,53	0,28		-2,43	-1,57	0,18	0,27	-1,30	-0,11	-0,04	0,04	-0,32	-0,23	0,19	-0,21	-3,13
Xochimilco	0,08		-1,06	0,22	-0,09	-0,72	-0,03	-1,57	0,12	0,53		1,00	-1,96	-2,14	-0,39		-0,44	0,09	0,27	0,73	-0,07	-0,02	-0,34	0,01
Benito Juárez				0,24		-1,04	-0,14		-1,21	0,65		-2,96	0,38	-0,41	0,36		-0,32	0,00	0,17	-0,23	-0,45	0,08	0,55	0,11
Cuauhtémoc			-0,90	0,17	-0,87	0,26	-0,12	-0,08	0,17	-0,23		0,84	0,06	-1,57	-0,01		0,23	-0,07	-0,16	-1,51	0,08	0,17	-0,76	-14,46
Miguel Hidalgo				-0,07	-1,86	-1,43	-11,66	-2,23	-0,53	0,70		0,35	-2,32	-0,25	-1,29		-1,41	-25,32		0,08	0,30	-0,29	-0,17	
Venustiano Carranza	-0,12			-0,02	-0,04	-0,35	-0,45	0,32	0,12	0,20		0,40	-1,02	0,40	-0,31		-0,34	-0,49	0,64		0,03	0,26	0,40	
Guadalajara				0,21	-0,03	-0,73	-0,09		-0,18						-0,70		0,70	-0,11	0,16		-0,08	-0,26	0,44	
Othón P. Blanco	0,21			0,35	0,18	-0,84	-0,26	-0,57	-0,08	-0,33	0,13		0,34		-1,04		0,23	0,03	-0,04	-2,74	0,25	0,53	-0,30	0,10
Benito Juárez	-0,10		-0,60	0,17	0,26	-0,06	-0,16	-0,30	0,37	-0,20	-0,27	0,11	-0,39	-0,43	-1,01		-0,18	-0,07	0,31	-0,31	-0,07	0,37	-0,22	-9,93
Solidaridad	-1,22		0,74	0,17	0,08		0,06	-0,13	0,11	-0,23	-0,54	-1,11		-0,06	0,30		0,26	0,29	0,56	-0,96	-0,21	-0,03	-1,45	0,42
Cárdenas	0,67	0,09						0,28	0,67	1,00					0,52			0,07			-2,19	0,56	-0,04	
Centro	-0,73	0,01		-0,22	-0,74		0,34	-0,16	-0,38	-0,68				0,16	0,05		-0,27	0,10			-0,27	-0,01	-0,20	0,34
Mérida	0,54	-0,52	0,08	0,18	0,04	-0,02	-0,20	0,04	0,00	-0,44	-0,04	-0,06	0,06	0,60	-0,29		-0,06	-0,32	-0,31	0,51	0,13	0,39	-0,29	-0,11
Tizimín	0,11	0,39	-0,95	0,38	0,55	0,02	0,80	-0,02	0,11	0,31			-0,83		0,77		0,67	0,07	-0,29	-9,35	0,38	0,24	0,16	
Valladolid	-1,11	-1,68	1,00	-0,98	0,20	-0,19	-0,25	-0,39	-0,21	0,02		-1,17	-0,05		0,29		0,00	0,08	-0,76	-0,76	0,22	0,09	0,11	

Cálculos propios. Fuente: INEGI, Censo de Población de 2010.

Tanto en ciudades como en delegaciones de la Ciudad de México no existe urbe que se escape del fenómeno, por lo cual la diferenciación se encuentra en la intensidad y profundidad del mismo. Por recurrencia de índices negativos de discriminación salarial en las actividades económicas lo encabezaría Cancún con casi 73 por ciento, seguida de las delegaciones Miguel Hidalgo y Magdalena Contreras con 71 por ciento, Guadalajara, Tuxtla Gutiérrez con 66.7 por ciento de frecuencia discriminatoria salarial, Campeche y Villahermosa con entre 62 y 63 por ciento, Valladolid y San Cristóbal con 57 por ciento y Mérida con 52 por ciento. Las demás ciudades y delegaciones tienen frecuencias en índices de discriminación salarial sectorial que van del 20 al 50 por ciento.

La magnitud de las brechas salariales en los índices de discriminación salarial en las ciudades ratifica de manera relativa los hallazgos de las frecuencias antes mencionadas.

Los valores más altos de las brechas salariales se encuentran en delegaciones de la Ciudad de México, donde el índice alcanza valores negativos de 279 por ciento en la delegación Miguel Hidalgo y 127 por ciento en la Magdalena Contreras, 94 por ciento en la delegación Cuauhtémoc, 78 por ciento en Iztacalco, 76 por ciento en Álvaro Obregón y 50 por ciento en Tlalpan. Por fuera de la Ciudad de México, las ciudades con mayor brecha salarial entre indígenas y no indígenas es Cancún con 58 por ciento, seguida de Tizimín con 34 por ciento, Valladolid con 28 por ciento, Campeche y San Cristóbal de las Casas con 23 y 22 por ciento respectivamente.

Complementaremos el análisis con la revisión de la discriminación educativa que refleja la fuerza de trabajo al incorporarse en los diversos sectores productivos de las ciudades y delegaciones en estudio. Para ello nuevamente contrastaremos los resultados del Cuadro V-15 que muestra en promedio los años acumulados de escolaridad de los indígenas en trabajan, en contraste con las magnitudes de las brechas educativas entre indígenas y no indígenas expuestas en el Cuadro V-16.

Si el escenario encontrado en materia de discriminación salarial hacia los indígenas ha sido alarmante, lo que se aprecia en los resultados sobre discriminación educativa, son aún mayores. En México el derecho a la educación establece un estándar de educación básica cumplida correspondiente a doce años aprobados (tres de preescolar, seis de primaria y tres de secundaria). Con ese parámetro, al revisar los promedios del Cuadro V-15, en casi todas las ciudades y delegaciones de la Ciudad de México estudiadas la población indígena ocupada en actividades productivas tiene en promedio nueve años de educación, eso es solamente la primaria completa, lo que significa una brecha educativa de casi tres años de educación básica sin cumplir.

En los sectores productivos, la brecha educativa sin cumplir del sector agrícola alcanza a ser de casi siete años, representando solamente tres años de primaria cumplida; algo similar a la brecha tanto de seis años de los otros servicios y como de cinco años del sector de la construcción, las actividades de alojamiento temporal, preparación de alimentos y bebidas, así como la industria alimentaria, textil y cuero y el comercio al por menor. Los sectores con menor brecha educativa corresponden a las actividades legislativas, gubernamentales y de impartición de justicia, así como en organismos internacionales y extraterritoriales con un poco más de once años de escolaridad promedio de los trabajadores indígenas. La brecha educativa favorable a los indígenas se encuentra en actividades de información en medios masivos, servicios de esparcimiento tanto culturales, recreativos y deportivos y en servicios financieros y de seguros.

Esta franja educativa es mayor en las actividades profesionales, científicas y técnicas, así como también en los servicios educativos, en los cuales por su exigencia en formación es cercana a tres años adicionales por encima de la educación básica, es decir casi la educación media superior. La mayor brecha educativa se registra en Tapachula con una escolaridad media de menos de seis años cursados, un poco menor a la mitad de la primaria, seguida de Tizimín con cerca de siete años y una brecha escolar de cinco años, similar a lo que acontece en las delegaciones de Tláhuac y Cuajimalpa en la Ciudad de México.

Después se encuentra San Cristóbal de las Casas con una brecha educativa de cuatro años, y las ciudades de Cancún, Playa del Carmen y Valladolid con brechas que bordean los tres años y medio. Las demás ciudades presentan promedios de escolaridad de la fuerza de trabajo indígena en sus actividades productivas con brechas educativas el las que el mínimo de educación básica oscila entre 0,8 y 3,5 años. Solamente se distingue entre todas las ciudades y delegaciones el caso de la delegación Benito Juárez en la Ciudad de México cuya brecha es positiva, aunque solamente por poco más de un mes de escolaridad.

Al contrastar esta situación con la que registra la fuerza de trabajo no indígena en las ciudades de estudio, se aprecia en el Cuadro V-16 que en el 78,6 por ciento de los sectores existen diferencias de escolaridad desfavorables hacia los indígenas. En el sector de generación y transmisión de energía así como en el comercio al por mayor, en las actividades de servicios profesionales, científicas y técnicas y en actividades agrícolas de todas las ciudades se registraron desigualdades educativas entre trabajadores indígenas y no indígenas, siendo la ciudad de Mérida la que mostró en todas sus actividades productivas índices de discriminación educativa no favorables para los indígenas, seguida por las ciudades de Valladolid, Cancún y Chetumal con más del 95 por ciento de actividades con valores negativos en los índices.

Cuadro V - 15. Escolaridad acumulada promedio de la población indígena en Ciudad de México, Guadalajara y sureste de México, según clasificación de actividades SCIAN, 2010 (medida en años).

Ciudades/Municipios	Clasificación Industrial de América del Norte, SCIAN																							
	11	21	22	23	31	32	33	43	46	48	49	51	52	53	54	55	56	61	62	71	72	81	93	99
Campeche	4,79		12,00	6,26	8,92	14,55	17,00	1,21	6,99	7,61			17,00		16,28		5,66	14,25	13,88	0,00	4,65	5,60	11,33	5,67
Carmen	6,48	15,03		10,76	5,32	17,47	9,00		5,43	13,95					14,54		8,89	13,00			9,06	8,16	17,00	
San Cristóbal de las Casas	4,09	5,30	6,94	4,48	5,53	6,01	4,72	6,84	5,67	6,96		10,86	15,89		13,59		6,75	15,07	13,21	6,00	5,95	5,34	11,77	6,21
Tapachula	2,84			9,00	3,00		9,00		5,56	1,00							6,00		9,87		3,80	5,19	10,57	5,51
Tuxtla Gutiérrez	10,52			5,17	4,31	6,53	6,07		5,63	6,27		17,00			15,98		6,19	16,01	14,88		6,46	5,32	12,62	6,00
Azcapotzalco				5,03	8,27	10,18	6,20		3,66	16,34	9,00	9,00			3,00		3,00	15,27	12,49		6,00	5,03	12,00	12,23
Coyoacán				5,67	7,31	9,00	3,19	9,80	7,42	9,00		14,00			18,06		11,07	16,96	17,35	15,33	6,88	5,75	8,00	5,13
Cuajimalpa de Morelos	3,00			5,93	7,07	6,50	10,67		7,04	9,00				4,50	19,00		3,77	16,63		5,58	5,80	6,34	9,00	3,00
Gustavo A. Madero	14,00			5,71	6,38	7,44	8,35	6,65	6,23	9,23	4,41		6,00	12,00	12,00		6,33	14,08	13,86	15,00	6,51	6,37	6,17	8,44
Iztacalco				5,44	8,58	3,32	8,00	5,45	7,79	12,00		16,00		4,00			11,40	16,00	12,88	4,29	7,43	5,44	9,00	6,00
Iztapalapa	5,61		11,42	5,69	7,27	4,59	6,24	7,27	6,26	5,58	8,20	12,72			15,35		8,10	14,54	12,89	8,21	6,47	5,04	11,76	8,41
La Magdalena Contreras	4,00	6,00		5,53	5,47		9,00		7,94	9,79		15,00		9,00			8,00	9,00	12,00		6,52	4,81	12,00	
Milpa Alta																								
Álvaro Obregón	2,00			8,75	7,09	7,41	7,62	9,00	7,73	9,00	6,00	16,00	16,00		13,34		7,57	12,33	13,64	16,00	7,89	6,53	14,23	10,64
Tláhuac	2,43			4,87	7,73	10,64	6,02	6,00	5,74	6,71					9,00		7,04		9,00	6,00	5,71	6,56	11,88	16,00
Tlalpan	5,77			6,89	7,30	7,06	6,91	12,58	5,52	6,81		12,00	9,41	16,00	18,17	9,00	7,34	17,31	10,23	9,06	5,57	5,44	10,85	13,00
Xochimilco	5,36	18,00	9,00	4,88	5,96	7,28	5,75	11,42	6,71	7,65		0,00	12,00	12,57	12,78		9,82	9,06	12,62	15,14	5,51	5,31	12,46	6,55
Benito Juárez				6,94	6,00	7,91	16,00	16,00	11,24	12,63	16,00	12,00	17,00	3,56	15,66		5,76	16,36	16,51	13,46	8,19	5,88	18,53	16,96
Cuauhtémoc			6,00	6,89	6,36	12,18	6,92	5,59	7,87	8,91		13,66	16,90	8,05	16,13		8,44	15,99	12,80	14,55	6,39	7,84	13,22	13,16
Miguel Hidalgo				5,72	5,98	12,13	17,00	12,00	7,37	4,10		16,00	16,00	11,22	14,78		10,35	18,05	16,00	13,87	3,19	6,13	14,17	7,50
Venustiano Carranza	5,63			7,90	6,48	7,60	7,29	5,13	7,67	10,32		13,71	15,67	9,82	15,04		8,61	16,54	17,87		6,22	6,40	8,62	
Guadalajara				9,00	6,38	9,00	8,11		6,85				12,00		16,80		6,00	17,17	16,15		3,46	8,14	15,37	3,00
Othón P. Blanco	4,54			5,76	6,80	4,60	8,16	7,85	7,07	9,62	7,66		12,00		15,45		6,27	13,53	10,09	8,51	5,81	3,71	11,93	14,16
Benito Juárez	4,64		6,32	5,64	6,76	6,71	7,74	8,22	7,53	8,00	12,00	8,00	10,32	9,53	10,61		6,46	12,98	12,16	9,74	7,87	5,73	8,61	12,41
Solidaridad	3,83		4,69	6,46	7,07		7,05	9,31	8,39	7,28	9,00	15,00		10,50	13,62		8,61	13,36	4,03	10,53	8,33	7,24	8,39	7,06
Cárdenas	4,89	14,18						10,00	2,82	0,00					20,00			18,00	19,00		10,64	3,82	8,71	
Centro	5,21	15,76		6,26	10,49		2,83	4,00	6,99	11,24				6,00	11,95		9,32	15,11			9,78	7,26	11,19	11,52
Mérida	4,59	7,34	13,75	5,83	6,23	7,68	7,63	8,37	6,83	8,97	5,71	11,98	13,24	7,60	15,43		7,34	11,76	11,62	7,88	6,61	5,45	10,32	6,83
Tizimín	3,51	3,62	6,50	4,56	4,45	5,34	3,67	6,93	6,20	6,27		12,00	13,50	12,00	16,00		1,89	14,71	9,00	9,00	3,85	4,17	7,19	1,00
Valladolid	3,93	5,00	0,00	6,16	5,64	8,75	8,91	9,20	7,26	7,74	9,00	6,00	12,00		13,60		7,37	14,49	13,29	7,67	6,89	5,85	9,16	6,64

Cálculos propios. Fuente: INEGI, Censo de Población de 2010.

Cuadro V - 16. Índices de Discriminación Educativa hacia la población indígena en Ciudad de México, Guadalajara y sureste de México, según clasificación de actividades SCIAN, 2010

Ciudades/Municipios	Clasificación Industrial de América del Norte, SCIAN																							
	11	21	22	23	31	32	33	43	46	48	49	51	52	53	54	55	56	61	62	71	72	81	93	99
Campeche	-0,71		0,00	-0,53	-0,15	0,55	0,42	-12,41	-0,74	-0,73			-0,33		-0,31		-1,11	-0,13	-0,14		-1,59	-0,50	-0,31	-1,72
Carmen	0,17	-0,01		0,15	0,00	0,16	-0,44		-1,29	0,39					0,05		-0,59	-0,52			0,17	0,18	0,06	
San Cristóbal de las Casas	-0,88	-0,96	-1,91	-0,48	-0,52	-0,08	-0,39	-1,00	-0,59	-0,35		-0,12	0,22		0,14		-0,66	0,04	-0,06	-0,40	-0,19	-0,37	-0,17	-1,25
Tapachula	-1,08			0,22	-0,55		0,32		-0,31	-10,60							-1,01		-0,55		-0,02	0,20	0,25	-2,20
Tuxtla Gutiérrez	0,16			-0,46	-1,28	-0,09	-0,89		-0,46	-0,13		0,15			-0,11		-0,48	-0,01	-0,14		-0,16	0,00	0,09	-0,14
Azcapotzalco				-0,87	-0,69	-0,21	-0,86		-1,79	0,37	-0,08	-1,36			-6,31		-3,19	-0,12	-0,50		-0,05	-1,08	-0,07	0,06
Coyoacán				-0,55	0,01	-0,06	-2,26	-0,90	-0,10	-0,55		0,21			0,18		-0,13	0,04	0,33	-0,08	-0,08	-0,46	-0,66	-4,68
Cuajimalpa de Morelos	-3,12			-0,30	-0,74	-1,62	0,26		-0,46	0,03				-1,96	0,39		-1,22	-0,20		-1,13	-1,32	0,00	0,20	-2,92
Gustavo A. Madero	0,54			-0,49	-0,19	-0,88	-0,11	-1,20	-0,66	0,09	-2,86		-1,79	0,02	-0,31		-0,68	0,10	0,11	0,46	-0,21	-0,25	-1,37	-0,71
Iztacalco				-0,81	0,35	-2,16	0,19	-1,01	-0,15	0,40		0,47		-3,68			0,08	0,45	0,18	-3,70	-0,49	-0,44	-0,29	-2,35
Iztapalapa	-0,01		-0,11	-0,49	-0,20	-1,34	-0,51	-0,42	-0,41	-0,85	-0,07	0,28			0,24		-0,46	0,03	-0,07	-0,27	-0,21	-0,60	0,00	-0,48
La Magdalena Contreras	-1,24	-2,07		-0,39	-0,30		0,18		-0,17	-0,85		-0,04		-0,77			0,47	-0,86	-0,16		-0,14	-0,58	-0,40	
Milpa Alta																								
Álvaro Obregón	-4,80			0,06	-0,09	-0,65	-0,40	-0,33	-0,26	-1,35	-0,83	-0,10	0,37		-0,13		-0,45	-0,18	-0,17	0,24	-0,19	-0,04	-0,07	-0,31
Tláhuac	-1,50			-1,11	0,20	-0,01	-0,27	-1,53	-0,82	-0,76					-0,07		-0,67		-1,48	-0,77	-0,72	-0,33	0,13	-0,19
Tlalpan	-0,16			-0,31	-0,17	-0,88	-0,81	-0,14	-1,23	-0,49		0,04	-0,40	-0,10	0,24	-1,04	-0,47	0,02	-0,98	-0,31	-0,56	-0,40	-0,25	0,14
Xochimilco	-0,76	-0,17	-0,12	-0,94	-0,50	-0,34	-0,53	-0,22	-0,49	-0,36			0,15	0,45	0,22		-0,14	-0,18	-0,17	0,10	-0,50	-0,87	-0,21	-0,66
Benito Juárez				-1,73	-2,54	-1,67	0,12	-0,16	-0,23	-0,42	0,33	0,24	-0,39	-3,11	-0,02		-1,15	0,20	0,31	0,18	-0,10	-0,45	0,07	0,26
Cuauhtémoc			-2,57	-0,83	-1,28	0,07	-0,94	-2,83	-0,12	-0,34		-0,13	0,24	-0,58	-0,13		-0,33	-0,20	-0,42	0,11	-0,74	-0,10	0,05	-0,05
Miguel Hidalgo				-1,28	-1,02	0,04	0,22	0,02	-0,22	-0,85		-0,78	-0,16	-1,07	0,19		-0,16	0,17	0,06	-0,06	-3,90	-0,33	-0,05	-0,12
Venustiano Carranza	-0,79			-0,50	-0,25	-0,30	-0,15	-2,19	-0,40	-0,02		0,01	0,25	-0,74	0,24		-0,59	0,23	0,07		-0,62	0,03	-0,45	
Guadalajara				-0,22	-0,68	0,00	-0,37		-0,25				-0,89		-0,10		0,03	0,27	0,15		-3,55	0,14	0,13	-3,01
Othón P. Blanco	-0,33			-0,71	-0,45	-1,03	-0,01	-0,90	-0,55	-0,01	-0,11		-0,13		-0,24		-0,88	-0,30	-0,35	-2,00	-1,03	-1,70	-0,35	0,29
Benito Juárez	-0,42		-1,43	-0,63	-0,52	-0,70	-0,29	-0,37	-0,56	-0,42	0,17	-1,04	-0,18	-0,44	-0,46		-0,72	-0,16	-0,42	-0,58	-0,46	-1,05	-0,64	-0,04
Solidaridad	-0,96		-1,92	-0,35	-0,27		-0,66	0,07	-0,03	-0,24	0,14	0,35		-0,37	-0,23		-0,27	-0,32	-3,72	-0,30	-0,22	0,04	-0,61	-0,16
Cárdenas	-1,01	0,07						-0,32	-2,14						0,24			-0,11	0,00		0,41	-1,95	-0,69	
Centro	-0,40	0,03		-0,65	0,37		-2,23	-1,25	-0,34	0,45				-0,82	-0,64		0,02	-0,05			0,26	0,12	-0,23	-0,44
Mérida	-1,72	-0,79	-0,14	-0,88	-0,90	-0,50	-0,50	-0,72	-0,91	-0,28	-1,30	0,00	-0,01	-0,83	-0,06		-0,86	-0,58	-0,41	-1,09	-0,77	-0,89	-0,40	-0,98
Tizimín	-2,01	-2,35	-1,06	-0,84	-1,28	-0,80	-1,86	-0,90	-0,81	-0,73			-0,22	0,02	0,17		-7,17	-0,10	-0,59	0,41	-1,68	-1,10	-0,82	
Valladolid	-3,35	-2,72		-0,36	-0,90	-0,58	-0,09	-0,02	-0,54	-0,06		-0,45	0,05		-0,24		-1,21	-0,09	-0,10	-1,10	-0,40	-0,70	-0,33	-1,57

Cálculos propios. Fuente: INEGI, Censo de Población de 2010.

Casi todas las restantes ciudades y delegaciones de la Ciudad de México mostraron índices negativos en más del 60 por ciento de las actividades productivas, con valores superiores al 85 por ciento en Campeche, San Cristóbal de las Casas, Tizimín y en delegaciones como Azcapotzalco, Iztapalapa, Magdalena Contreras, Álvaro Obregón y Tláhuac.

Los valores de los índices de discriminación educativa son negativos y bastante altos, especialmente en actividades agrícolas, de generación de energía y minero, así como en el comercio al por mayor, los servicios inmobiliarios y de alquiler de bienes muebles y servicios corporativos, donde se tendría que duplicar la escolaridad acumulada de la fuerza de trabajo indígena para apenas igualar la registrada por la población no indígena.

Los sectores productivos de las ciudades en estudio donde se registraron los menores valores negativos son los servicios de información en medios masivos, los servicios financieros y de seguros, así como también en los servicios educativos y en el sector de justicia con proporciones del 1 al 25 por ciento del valor del índice.

Las ciudades que registraron los mayores niveles de discriminación educativa hacia los indígenas son Tapachula, Tizimín, Campeche y la delegación Azcapotzalco en la Ciudad de México, con valores superiores al 100 por ciento. De igual manera, Valladolid, Mérida, Guadalajara y las delegaciones de Cuajimalpa, Iztacalco y Tláhuac, registraron índices entre el 60 y el 90 por ciento, mientras que las ciudades con menor índice de discriminación educativa hacia la fuerza de trabajo indígena fueron Ciudad del Carmen con 11 por ciento y la ciudad de Tuxtla Gutiérrez en el estado de Chiapas con un índice del 25 por ciento.

Conclusiones

Los resultados del análisis estadístico de los determinantes del ingreso mostraron una alta correlación con las variables asociadas a la migración entre la población indígena, así como también aquellas relacionadas con carencias por cubrir como la escolaridad y la experiencia laboral, además de los entornos desfavorables por marginación y pobreza como causas de la migración a la ciudad. De igual forma las ecuaciones mincerianas evidenciaron las diferencias de la tasa de retorno a la educación entre la población indígena y la no indígena en los diferentes grupos analizados dentro del conjunto de ciudades estudiadas. Estos resultados se reforzaron con el análisis de la segregación espacial que mostraron los espacios y grados de ocupación de la población indígena en las ciudades en lugares marginales y periféricos en buena parte de los casos.

Los resultados de segregación ocupacional mostraron las franjas a las que la población indígena logra insertarse en los mercados de trabajo urbanos en las ciudades del estudio, que son aquellos sectores con alta demanda de mano de obra no calificada principalmente y con vinculaciones laborales de alta flexibilidad. De igual manera, los índices de discriminación salarial evidenciaron las brechas de la desigualdad por ingresos con respecto a los mínimos de la línea de pobreza y los ingresos de la fuerza de trabajo no indígena, desigualdad que sufren los indígenas en los diferentes sectores de actividad económica, mostrando una problemática severa en sectores claves que no se esperaba fueran tan altamente discriminatorios, contrarios a lo que representan, como en el sector de justicia, entre otros.

Estas brechas salariales fueron ratificadas por la amplia magnitud de las diferencias educativas de la fuerza de trabajo indígena en las ciudades, tanto en materia del estándar del derecho a la educación en México referido a doce años de escolaridad acumulada como también respecto a la escolaridad de la población no indígena.

En las ciudades y delegaciones de la Ciudad de México estas diferencias son especialmente elevadas, aunque no guardan una correspondencia en magnitud entre los índices de discriminación salarial y educativa, lo cual refleja pautas discriminatorias no vinculadas con los enfoques tradicionales de capital humano.

Los resultados muestran una lógica muy fuerte del fenómeno discriminatorio respecto al contraste entre segregación espacial y discriminación laboral. La primera discriminación se realiza por segregación espacial y pretende impedir que la población indígena se integre en los diversos espacios de la ciudad, llevándola hacia las afueras, excluyéndola y casi expulsándola. Si la población indígena se logra mantener, el siguiente proceso discriminatorio corresponde a su explotación como fuerza de trabajo que adquiere mayor intensidad que los niveles permitidos por el marco normativo y supera la explotación de los pobres urbanos no indígenas.

Capítulo 6

Desigualdad y discriminación laboral hacia los indígenas: una revisión desde las brechas de ingreso y de educación en México

Uno de los problemas sociales de mayor relevancia en México es la condición social y laboral de las y los indígenas, reflejado así los procesos de desigualdad y discriminación de la que siguen siendo víctimas. Los estudios sobre estos aspectos se han concentrado principalmente en las condiciones de vida y pobreza, pero pocos se han adentrado a las cifras del mundo laboral para visibilizar la segregación y discriminación laboral, debido a las limitadas fuentes de información que permiten análisis robustos, confiables y con posibilidad de observación de la tendencia del fenómeno en el tiempo. Pese a haberse tratado el tema desde perspectivas cualitativas, el trabajo con las bases de Censos y Encuestas no había trabajado y son pocos los estudios que lo tocan. Desde los estudios con estimaciones de índices de segregación ocupacional, discriminación educativa y salarial (Horbath, 2008; Horbath & Gracia, 2012), con base en los Censos de población de 2000 y 2010, a los trabajos de cálculos de índices de desigualdad horizontal y discriminación étnica (Puyana, 2015), mostraron una ruta analítica para cuidar con qué información sobre atributos indígenas se analiza la evolución de esta problemática social. Esto es altamente relevante, porque en la actualidad se han dado esfuerzos para producir mayor información sobre condiciones de la población indígena, al incluirse módulos de atributos de los censos en las encuestas de hogares (Encuesta de Dinámica Demográfica ENADID, 2006, 2009 y 2014, Encuesta Nacional sobre la Dinámica de las Relaciones en los Hogares ENDIREH 2003, 2006, 2011, Encuesta de Ingresos y Gastos de los Hogares ENIGH 2008, 2010, 2012, 2014 y la Encuesta Intercensal 2015). Los resultados de trabajar esta información pensando que por la sola condición de atraer las preguntas básicas de los censos (que también suelen cambiar), dan lugar a estimaciones tanto de la base poblacional indígena con saltos no explicados y a cálculos de índices no comparables. Es por esta razón que el presente trabajo pretende abordar esta problemática al comparar los resultados de las estimaciones de condiciones laborales de los indígenas, sus brechas educativas y de ingreso producto de los procesamientos del Censo de 2010 y de la Encuesta Intercensal 2015, presentando inicialmente las estimaciones de población indígena con los dos atributos de habla lengua y autoadscripción y luego mostrando resultados relativos para dar evidencia de las diferencias de las fuentes.

Enfoques teóricos sobre discriminación laboral

La discriminación en el mercado de trabajo se produce cuando los empleadores y trabajadores tienen un trato diferencial para individuos de ciertos grupos sociales en el proceso de reclutamiento, desempeño y promoción, lo cual se funda en criterios diferentes a las calificaciones y méritos requeridos para desempeñar una actividad productiva. La mayoría de prácticas discriminatorias surgen de preconcepciones y prejuicios atribuidos a miembros de grupos sociales, lo cual induce a la discriminación estadística en los resultados en el mercado laboral.

Según el informe de la OIT (2003:7) "Las ideas y estereotipos subyacentes de esta conducta obedecen en gran medida a condicionantes de orden histórico, económico y social, a los regímenes políticos y al contexto cultural de cada país". En la mayoría de los casos, la discriminación podría verse representada en los siguientes indicadores en el mercado de trabajo:

- el acceso a la educación, la orientación y la formación profesionales
- el acceso al empleo y la ocupación (es decir, al trabajo ya sea por cuenta propia, asalariado o en la administración pública)
- el acceso a los servicios de colocación
- el acceso a las organizaciones de trabajadores y empleadores
- la promoción profesional
- la seguridad del empleo
- la negociación colectiva
- la igualdad de remuneración por trabajos de igual valor.
- el acceso a la seguridad social, los servicios y prestaciones sociales y relacionadas con el empleo, y otras condiciones laborales, incluidas la seguridad y la salud en el trabajo, las horas de trabajo, los períodos de descanso y las vacaciones.

La perspectiva neoclásica de la discriminación laboral surge en los Estados Unidos en la década de los cincuenta y hace énfasis en la explicación de la brecha salarial y estatus ocupacional entre minorías étnicas y genero debido a la existencia de un "gusto por la discriminación", el cual es inducido por un "prejuicio" de empleadores y trabajadores (ver, Becker, 1971; Anker 1998, García de Fanellí, 1989). En este sentido, los mayores costos de estar asociados con mujeres o minorías étnicas, dado el prejuicio, deben ser cubiertos por salarios más altos y puestos mayor estatus para los hombres y trabajadores blancos respectivamente; además, esta teoría postula la existencia de mercados de trabajo competitivos y la igualación de las diferencias entre grupos a través del tiempo (Sahota, 1978: 11-13). No obstante, la importancia continua de los grupos en el mercado de trabajo no es ni explicada, ni predicha por la teoría ortodoxa (Reich, 1973: 359). Las diferencias entre los grupos y el carácter monopólico de la producción son elementos integrantes en la dinámica del capitalismo y que ha conducido a las mujeres, campesinos, inmigrantes, minorías étnicas a puestos de trabajo precarios, y en lo últimos años a vivir procesos de exclusión social por la presencia de una gran cantidad de desempleados y ocupados en empleos de bajo status.

La teoría del "status attainment" de Blau y Duncan (1967) enfatiza en el análisis de trayectorias en el curso de vida de un individuo; el curso de vida puede concebirse como diferentes transiciones que están estrechamente ligadas unas a otras. El logro ocupacional y movilidad ocupacional es un proceso que depende tanto de los orígenes sociales y factores de adscripción, como del logro educativo en las sociedades modernas. La teoría postula el declinamiento de la importancia de los orígenes sociales y variables de adscripción y la mayor significancia del logro educativo en el logro ocupacional como resultado del mayor universalismo de las políticas públicas. Las variables adscriptivas van a influir en el logro educativo, siendo este último importante para el logro ocupacional en el primer empleo y a su vez para su posterior movilidad ascendente en la estructura ocupacional.

Piore (1983: 194-195) identifica dos segmentos en el mercado laboral: un segmento primario y uno secundario. La distinción fundamental entre los segmentos del mercado laboral es la estabilidad de los puestos de trabajo en los dos sectores. Mientras que en los mercados primarios, las características de los puestos de trabajo requieren estabilidad en los hábitos de trabajo, concomitante con habilidades obtenidas en el puesto de trabajo, salarios altos y alta movilidad; en los mercados secundarios la mayor inestabilidad de los puestos de trabajo no requieren habilidades formadas en el puesto de trabajo, los salarios son bajos, rotación alta, poca movilidad y fundamentalmente están ocupados por mujeres, negros, niños y minorías étnicas (Reich et. al., op. cit: 359).

De la teoría de la segmentación y del concepto de "subcultura" surge la teoría de la discriminación estadística que postula que un grupo se ve desfavorecido en el mercado laboral por las características que se le atribuyen al grupo en general. La segregación por sexo en el mercado de trabajo es considerada cuando hombres o mujeres tienen una alta participación en una única categoría ocupacional o trabajo (Reskin y Hartmann, 1986).

Población indígena en México

La importancia de las categorías y conceptos como etnicidad y raza residen en que a través de la historia y hasta nuestros días, los rasgos biológicos tales como el color de la piel presupone inequidad, discriminación y dominación de un grupo que se autodefine superior con mejores y más legítimos derechos que aquellos a los que se desvaloriza y excluye, (Hopenhayn y Bello, 2001: 7).

Actualmente pertenecer a la población indígena significa estar claramente asociado a la pobreza. Los indígenas disponen en promedio de menos de 1 dólar por día; con ello su esperanza de vida es muy inferior a la de la media de la población; y la mortalidad infantil es muy alta. Es por eso que el INEGI clasifica *como extremadamente pobres* a todos aquellos municipios en los cuales el 90% o más de la población son indígenas. También cerca de 300 municipios están clasificados en el rubro de *extrema marginación.*

Las condiciones de analfabetismo, nivel de instrucción, salud, nutrición y otros factores más, inciden de manera muy desfavorable cuando la población indígena se incorpora al mercado laboral. En nuestro país las regiones con mayor población indígena intensifican el analfabetismo y en muchos de los casos triplica al del resto de la población, (Hopenhayn y Bello, 2001: 19).

El Banco Interamericano de Desarrollo BID entiende a la educación como un factor indispensable para conseguir mejorar las condiciones de vida. El nivel inmediato de brechas de ingresos se explica primordialmente por diferencias de educación (BID, 1998: 35). Así mismo, la CEPAL instiga a los países latinoamericanos a tomar medidas en la esfera de la educación y la enseñanza, para prevenir las formas de discriminación, (Bengoa, 2003). Datos de CONAPO según el Panorama Nacional de Política Laboral 2001- 2006 registran que casi la mitad de los indígenas son analfabetas, y alrededor de la mitad de los municipios indígenas carecen de servicios como: electricidad y agua potable. Un conjunto de factores sistémicos margina a los indígenas migrantes desde el punto de vista laboral. Su situación desventajosa en el mercado de trabajo suele asociarse con niveles educativos mucho más bajos frente al resto de la población urbana, (Pombo, 2003: 157; Hopenhayn y Bello, 2001).

Las características de exclusión y discriminación laboral para hombres y mujeres indígenas, son los principales causantes de salarios que oscilan entre muy bajos y bajos, además de características de explotación laboral con jornadas largas, sin prestaciones sociales, muy poca o nula seguridad, manteniendo en el extremo de esta subordinación a las mujeres. Debido a que los indígenas sufren una situación de discriminación tanto en la educación y la salud, como en el trabajo, la vivienda, los servicios, la participación política, etc., puede hablarse de "discriminación institucional"[1], es decir, la población indígena está sujeta aún trato diferenciado en todas las áreas de la vida social y en todas ellas padece un proceso de interiorización, (Pombo, 2003: 158).

La población indígena en el Censo de 2010 y la Encuesta Intercensal 2015

Un aspecto fundamental para identificar a la población indígena y lograr un seguimiento en su tendencia a través de las diversas fuentes de información corresponde a la manera en que se diseña el cuestionario con las preguntas que se incorporan en materia de atributos étnico-raciales y de indígenas. En el caso de las dos fuentes de información del Censo de 2010 y de la Encuesta intercensal de 2015, si bien ambas tienen preguntas similares en sus cuestionarios, en el primer caso las preguntas no cuentan con módulos preliminares de identificación étnico-racial como sí se tienen en la Encuesta Intercensal, por lo que en esta última, después de aplicarse ese módulo vienen las preguntas de atributos indígenas tanto de reconocimiento de habla lengua indígena como también la referida a la autoadscripción. Este sencillo detalle muestra el salto en respuestas que para 2015 se tienen respecto a 2010, al considerar la población indígena tanto a aquellos que hablan lengua indígena como también los que se autoadscriben como indígenas (ver Cuadro VI-1).

Para 2010 la población que hablaba lengua o se autoadscribía como indígena era de 16 136 058 personas, mientras que en 2015 esta cifra alcanzaría a ser de 25 087 897 de personas, por lo cual aumentaría a 55,4 por ciento respecto a 2010. Ese incremento se destacaría principalmente entre la población urbana que aumentaría en 85,7 por ciento respecto a la población rural de 40,1 por ciento. De esta forma, no es posible establecer una tendencia de crecimiento real de la población indígena entre un año y otro porque ambas fuentes resultan ser diferentes en cuanto a la manera en que se diseñó el cuestionario y las cifras obtenidas así lo muestran.

Por lo anterior, en este documento no se pretende contrastar crecimientos nominales de la población sino valorar los contrastes relativos que podrían

1 Según Wieviorka: "La discriminación se vuelve institucional cuando se enraíza en todas las practicas rutinarias de las organizaciones (en el ejercicio de todas las formas de poder)" (Wieviorka, 1991).

aportar mucho más en cuanto a las diferencias entre la población indígena y no indígena para exponer su desigualdad y comprender el resultado de la discriminación reiterada de la que son objeto incluso en las estadísticas oficiales.

De esta manera, el Cuadro VI-1 nos ofrece las diferencias en las distribuciones porcentuales de los grupos poblacionales de 3 años y más identificadas como indígenas y no indígenas por sexo y zonas, donde se las estructuras son cercanas en ambas fuentes de información, con leves diferencias.

Cuadro VI - 1. Distribución porcentual de la población de 3 años y más indígena y no indígena por sexo, según zonas y grupos de edad, 2010 y 2015

Zonas y grupos de edad		CENSO DE 2010				ENCUESTA INTERCENSAL 2015			
	Hombre		Mujer		Hombre		Mujer		
	No Indígena	Indígena	No Indígena	Indígena	No Indígena	Indígena	No Indígena	Indígena	
Rural	Niños	21,6	22,3	20,2	20,9	20,4	20,6	19,0	19,3
	Jóvenes	35,0	34,8	35,3	35,1	34,0	33,8	33,6	33,7
	Adultos	33,0	31,6	34,3	32,9	34,7	33,9	36,4	35,3
	Adultos mayores	10,4	11,2	10,1	11,1	10,9	11,7	10,9	11,7
	Total	14 170 948	5 234 527	14 702 039	5 467 449	13 547 905	7 318 612	14 126 182	7 675 505
Urbana	Niños	18,6	15,6	16,8	14,1	17,3	14,8	15,5	13,7
	Jóvenes	34,5	32,4	33,2	32,4	33,9	31,4	32,0	30,5
	Adultos	38,1	41,4	39,8	42,3	38,9	42,2	40,9	43,2
	Adultos mayores	8,8	10,7	10,2	11,2	9,9	11,7	11,6	12,6
	Total	29 297 893	2 614 808	31 354 426	2 819 274	29 183 217	4 883 559	31 435 908	5 210 221

Fuente: Cálculos propios con base en microdatos del Cuestionario Ampliado del Censo de Población de 2010 y de la Encuesta Intercensal de 2015 del Instituto Nacional de Estadística y Geografía, INEGI.

De ellas se destacan la mayor proporción de población adulta y de adultos mayores en zonas urbanas para la población indígena respecto a la población rural. Se aclara que el concepto de zona rural corresponde a localidades con menos de 15 mil habitantes.

Esta característica de aumento proporcional, aunque se comparte con la población rural, corresponde mucho más al resultado del aumento poblacional indígena que capta la Encuesta Intercensal de 2015. Los resultados por sexo parecen estar acordes a las distribuciones iniciales en 2010, siendo igualmente cercanas entre hombres y mujeres en ambos grupos poblacionales.

Cuadro VI - 2. Distribución porcentual de la población en edad de trabajar indígena y no indígena por sexo, según zonas y condición de actividad, 2010 y 2015

Zonas y condición de actividad		CENSO DE 2010				ENCUESTA INTERCENSAL 2015			
		Hombre		Mujer		Hombre		Mujer	
		No Indígena	Indígena	No Indígena	Indígena	No Indígena	Indígena	No Indígena	Indígena
Rural	Ocupados	72,6	74,2	25,8	23,6	68,5	68,2	25,4	21,6
	Desocupados	4,6	3,5	0,6	0,4	3,7	3,5	0,6	0,4
	Inactivos	22,8	22,3	73,6	76,0	27,8	28,2	73,9	77,9
	Total	10 008 329	3 636 012	10 680 547	3 918 905	9 779 043	5 273 354	10 443 457	5 654 205
Urbana	Ocupados	73,1	77,5	41,8	44,1	71,2	74,9	40,9	42,1
	Desocupados	4,4	3,7	1,3	0,9	3,5	3,1	1,2	0,9
	Inactivos	22,5	18,7	56,9	55,0	25,3	22,0	57,9	57,0
	Total	21 934 558	2 065 454	24 218 564	2 281 263	22 353 144	3 905 032	24 785 510	4 240 332
Total	Ocupados	72,9	75,4	36,9	31,2	70,4	71,1	36,3	30,4
	Desocupados	4,5	3,6	1,1	0,5	3,6	3,3	1,0	0,6
	Inactivos	22,6	21,0	62,0	68,3	26,1	25,6	62,6	69,0
	Total	31 942 887	5 701 466	34 899 111	6 200 168	32 132 187	9 178 386	35 228 967	9 894 537

Fuente: Cálculos propios con base en microdatos del Cuestionario Ampliado del Censo de Población de 2010 y de la Encuesta Intercensal de 2015 del Instituto Nacional de Estadística y Geografía, INEGI.

Condiciones de la fuerza de trabajo indígena (PET y PEA)

Para adentrarlos a la problemática laboral de las y los indígenas en México, podemos iniciar refiriendo al cambio que se estableció sobre la línea de edad mínima para considerar a la población en edad de trabajar, misma que en la actualidad se ubica en 15 años cumplidos. Con ese referente se calculan dichas poblaciones en ambas fuentes de información tanto para indígenas como para no indígenas y se establece la distribución según condición de actividad como se aprecia en el Cuadro VI-2.

Los resultados muestran que en ambos grupos poblacionales para el total de indígenas como de no indígenas, la proporción de ocupados de la población en edad de trabajar se encuentra entre 52 y 54 por ciento para 2010, y de 50 y 52 por ciento para 2015 respectivamente; resaltando las diferencias por sexo que muestra la mayor proporción de hombres ocupados, tanto indígenas como no indígenas respecto a las mujeres llegando a ser cercana al doble.

De la misma manera se aprecia que la desocupación es levemente mayor entre la fuerza de trabajo no indígena respecto a la indígena, siendo más elevada entre los hombres que entre las mujeres, mientras que la población inactiva es mayor entre las mujeres, y mucho más entre las indígenas en zonas rurales. Si bien en 2010 las tasas de desocupación urbana y rural eran más altas para los hombres no indígenas, se observa que para 2015 disminuyen y se acercan más a las de la población masculina indígena.

Discriminación educativa y de capacidades

Uno de los aspectos de mayor trascendencia en los procesos de discriminación hacia los indígenas en el ámbito laboral corresponde a la discriminación educativa y de capacidades, de la que es visible y permanentemente ejercida hacia la fuerza de trabajo cuando tratan de acceder a empleos y que los lleva a aceptar ocupaciones marginales, precariamente pagadas y con alta explotación. Esta desigualdad educativa se puede ver en la Gráfica 1 donde se presenta la distribución por niveles educativos de la población en edad de trabajar indígena y no indígena en ambas fuentes de información.

En la Gráfica se puede ver que la mayor proporción de población indígena se concentra en el nivel de educación primaria con 38.4 por ciento para 2010 y 33 por ciento en 2015, mientras que para la población no indígena esta participación es más grande en el nivel subsiguiente de educación secundaria con 27.5 por ciento en 2010 y 28 por ciento en 2015. Si bien estas diferencias pareciera que se acortan en las zonas rurales donde tanto indígenas como no indígenas tienen una mayor proporción de población en edad de trabajar con estudios en el nivel primaria, esta participación sigue siendo mayor entre la población indígena y se refleja en menores participaciones poblacionales en los siguientes niveles de educación empezando por la secundaria.

Gráfica VI - 1. Distribución porcentual de la población en edad de trabajar indígena y no indígena, según niveles de escolaridad, 2010 y 2015

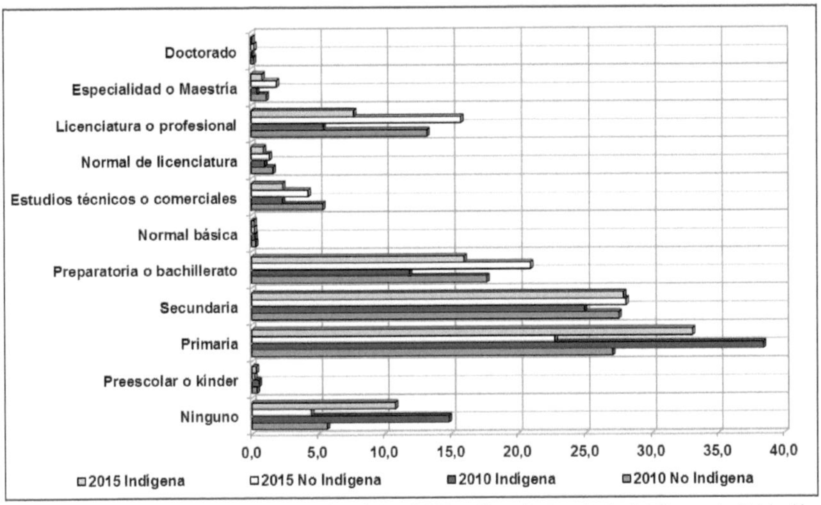

Fuente: Cálculos propios con base en microdatos del Cuestionario Ampliado del Censo de Población de 2010 y de la Encuesta Intercensal de 2015 del Instituto Nacional de Estadística y Geografía, INEGI.

Tales diferencias se amplían cuando se contrastan las participaciones de indígenas y no indígenas en los niveles de bachillerato. En las zonas urbanas las diferencias se tienden a reducir en los primeros niveles de educación hasta primaria e incluso secundaria, pero nuevamente en bachillerato vuelven a ampliarse las proporciones poblacionales en ese nivel. La Gráfica muestra las amplias distancias que se forman entre indígenas y no indígenas que van desde los estudios técnicos y comerciales donde la diferencia porcentual entre ambos grupos poblacionales es de dos puntos porcentuales y se acrecienta a casi ocho puntos porcentuales en los niveles de licenciatura, reflejando una desventaja en el acceso a la educación superior donde la participación en ese nivel educativo de población no indígena duplica a la indígena.

En esa misma dirección, un aspecto en materia educativa corresponde al nivel básico de saber leer y escribir, lo que refleja el nivel de analfabetismo de cada grupo poblacional expuesto en el Cuadro VI-3.

Este indicador es fundamental para ver las brechas educativas entre indígenas y no indígenas en las zonas urbanas y rurales, además permite ver si

Cuadro VI - 3. Distribución porcentual de la población en edad de trabajar indígena y no indígena por sexo, según zonas y condición de analfabetismo, 2010 y 2015

Zona y condición de analfabetismo		CENSO DE 2010				ENCUESTA INTERCENSAL 2015			
		Hombre		Mujer		Hombre		Mujer	
		No Indígena	Indígena	No Indígena	Indígena	No Indígena	Indígena	No Indígena	Indígena
Rural	Sabe leer y escribir	91,0	83,8	88,7	73,7	93,0	87,7	91,2	80,4
	No sabe leer ni escribir	9,0	16,2	11,3	26,3	7,0	12,3	8,8	19,6
	Total	10 059 781	3 656 096	10 684 738	3 920 473	9 723 889	5 243 509	10 384 572	5 619 139
Urbana	Sabe leer y escribir	97,9	95,3	96,6	90,8	98,3	96,6	97,4	93,8
	No sabe leer ni escribir	2,1	4,7	3,4	9,2	1,7	3,4	2,6	6,2
	Total	21 917 918	2 065 538	24 171 680	2 276 118	22 253 237	3 883 309	24 650 931	4 208 726
Total	Sabe leer y escribir	95,7	87,9	94,1	80,0	96,7	91,5	95,5	86,1
	No sabe leer ni escribir	4,3	12,1	5,9	20,0	3,3	8,5	4,5	13,9
	Total	31 977 699	5 721 634	34 856 418	6 196 591	31 977 126	9 126 818	35 035 503	9 827 865

Fuente: Cálculos propios con base en microdatos del Cuestionario Ampliado del Censo de Población de 2010 y de la Encuesta Intercensal de 2015 del Instituto Nacional de Estadística y Geografía, INEGI.

la condición de analfabetismo puede afectar más a hombres o mujeres. Los resultados muestran que, mientras el 5,1 por ciento de la población en edad de trabajar no indígena presenta un nivel de analfabetismo en 2010, para la población indígena esta proporción es de 16,2 por ciento y en 2015 estas distancias disminuyen levemente a 3,9 y 11,3 por ciento respectivamente.

Por sexo se aprecia también que la población femenina es la más afectada por el analfabetismo, siendo más severo en las zonas rurales y mucho mayor entre las mujeres indígenas con proporciones que abarcaban a más de la cuarta parte de la población femenina indígena en edad de trabajar en 2010 y en 2015 afectaba a la quinta parte de esta población en espacios rurales.

Segregación ocupacional hacia los indígenas

Una de las expresiones de la discriminación laboral hacia los indígenas es la segregación sectorial, manifestada en la concentración de su fuerza de trabajo en actividades de poco eslabonamiento productivo, baja remuneración y fragilidad en la estabilidad de vinculación laboral. Esto se puede ver en la Gráfica 2 donde se presenta la distribución de la población ocupada indígena y no indígena por sexo, según ramas de actividad económica considerándose la clasificación de actividades del INEGI a dos dígitos tanto para el Censo de 2010 como para la Encuesta Intercensal de 2015.

Dicha gráfica nos muestra con claridad, la altísima concentración de fuerza de trabajo en las actividades primarias de la economía, caracterizadas por localizarse en zonas rurales. En estas actividades casi el 30 por ciento de la población ocupada indígena se encontraba trabajando en este sector en 2010, y en 2015 el registro es de 21,2 por ciento, en tanto que la ocupación no indígena participaba en 10,6 y 8,4 por ciento para 2010 y 2015 respectivamente en estas actividades.

Dentro de las actividades mineras en cambio la participación relativa de cada grupo poblacional de indígenas y no indígenas es similar, levemente mayor para este último grupo, siendo en ambos años de 0,5 y 0,4 por ciento para no indígenas e indígenas respectivamente, y algo semejante ocurre con las actividades de las industrias de energía eléctrica, agua y gas.

Estas proporciones se elevan si se comparan las regiones rurales y urbanas, alcanzando a ser de 47 y 38 por ciento en ambos años para la población indígena, incrementándose mucho más al considerarse la distribución por sexo, a proporciones del orden del 57.6 por ciento en 2010 y de 48 por ciento de la población indígena masculina en 2010 y 2015, en tanto que las proporciones de la población femenina son mucho menores de 19 y 11 por ciento en ambos años, pero duplicando la proporción de participación femenina no indígena en estas actividades productivas.

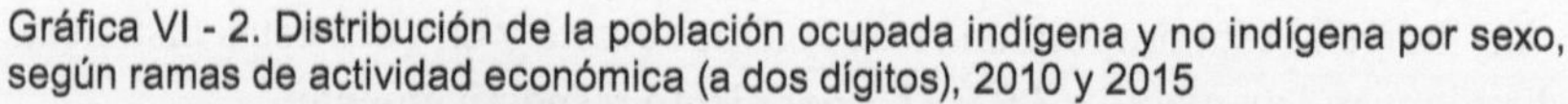

Gráfica VI - 2. Distribución de la población ocupada indígena y no indígena por sexo, según ramas de actividad económica (a dos dígitos), 2010 y 2015

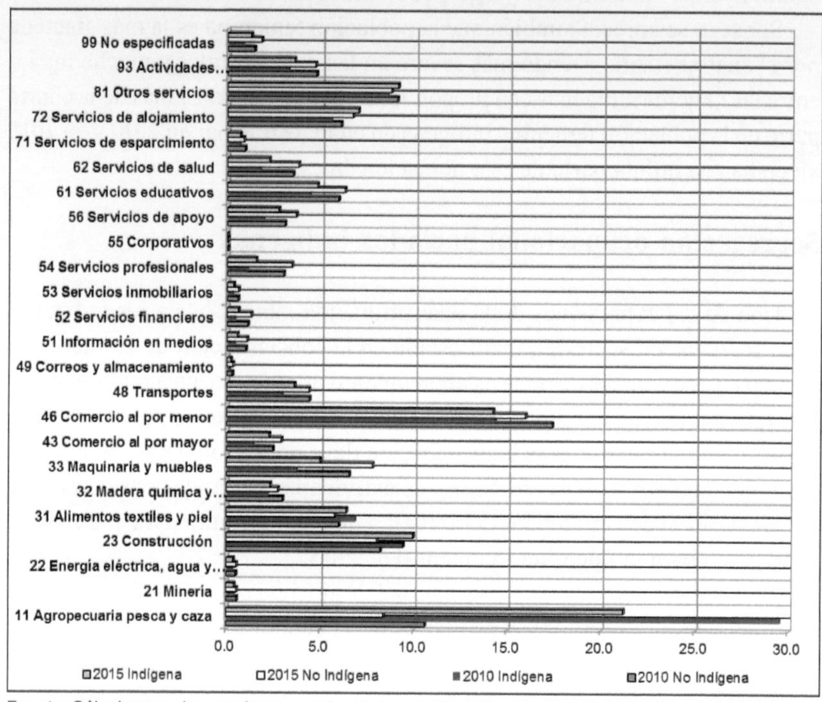

Fuente: Cálculos propios con base en microdatos del Cuestionario Ampliado del Censo de Población de 2010 y de la Encuesta Intercensal de 2015 del Instituto Nacional de Estadística y Geografía, INEGI.

En las actividades sobresalen la industria de la construcción como uno de los sectores productivos al que se vincula más mano de obra indígena. Las cifras de la gráfica muestran que casi diez por ciento de la ocupación indígena total se ubica en este rubro, siendo levemente mayor en un punto porcentual a la proporción de la ocupación no indígena. Estas actividades productivas en ámbitos urbanos incorporan mayor población indígena, principalmente masculina, lo que les representa al catorce por ciento de la ocupación indígena masculina un nicho laboral importante que demanda fuerza de trabajo en edades productivas de entre 15 y 65 años y con baja escolaridad y calificación.

Otra de las actividades productivas donde las y los indígenas encuentran trabajo corresponde al comercio al por menor, que de manera similar aunque con menor exposición física a la anterior, le permite abrir también a la población indígena femenina un espacio de trabajo, al punto que es este uno de los sectores en actividades urbanas donde la mujeres indígenas encuentran oportunidad para trabajar, especialmente como vendedoras en espacio público, ejerciendo el ambulantaje en las calles de las ciudades. En efecto, la proporción de ocupación indígena en estas actividades es de poco más del catorce por ciento, mientras que en ámbitos urbanos se incrementa al 20 por ciento en 2010 y 18 por ciento en 2015; en tanto que si se considera la ocupación por sexo en estas zonas urbanas, las proporciones de la ocupación indígena se elevan a 26 y 23 por ciento en los dos años.

De igual forma se encuentran las actividades denominadas en la Gráfica como otros servicios, donde se aglomeran actividades productivas de servicios en casas y departamentos, así como las actividades de cuidados y en general del servicio doméstico y jardinería, aseo y otros, a los que se incorpora la fuerza de trabajo indígena. En esas actividades la ocupación indígena se incorpora en similar proporción que la no indígena, entre ocho y nueve por ciento. Sin embargo cuando se abre la información por zonas y sexo, es en espacios urbanos donde hay mayor incorporación indígena, entre 11 y 12 por ciento, aumentando a 18 y 19 por ciento para el caso de la población indígena femenina.

Una revisión más detallada de la distribución laboral de la población indígena y no indígena en la estructura productiva con una clasificación de cuatro dígitos del INEGI en ambas fuentes de información, nos permite construir la dispersión ocupacional de contraste entre ambas poblaciones, expresadas en la Gráfica 3.

En ella podemos ver que para ambas fuentes de 2010 y 2015, existen dos valores que podrían considerarse atípicos, pero que se comprende su distanciamiento en la dispersión de las demás participaciones, al corresponder a las actividades agrícolas de 26,1 y 18,2 por ciento para la población indígena y de 8,5 y 6,5 por ciento para la no indígena en 2010 y 2015 respectivamente.

Si se excluyen estos dos puntos y se amplía la gráfica de dispersión, como se expresa en la gráfica auxiliar interna, puede apreciar que la relación de las distribuciones de en esta gráfica, marcada por la mayoría de los puntos en ambos años se encuentra por debajo de la línea que es la diagonal de la gráfica. Dicha diagonal marca la equi-distribución que debería tenerse entre la población indígena y no indígena para que no exista segregación ocupacional. Al quedar la mayoría de puntos de ambas fuentes de información por debajo de la recta nos habla de una evidente segregación ocupación hacia la población indígena.

Gráfica VI - 3. Participación porcentual de la población ocupada indígena y no indígena por sexo, según ramas de actividad económica (a cuatro dígitos), 2010 y 2015

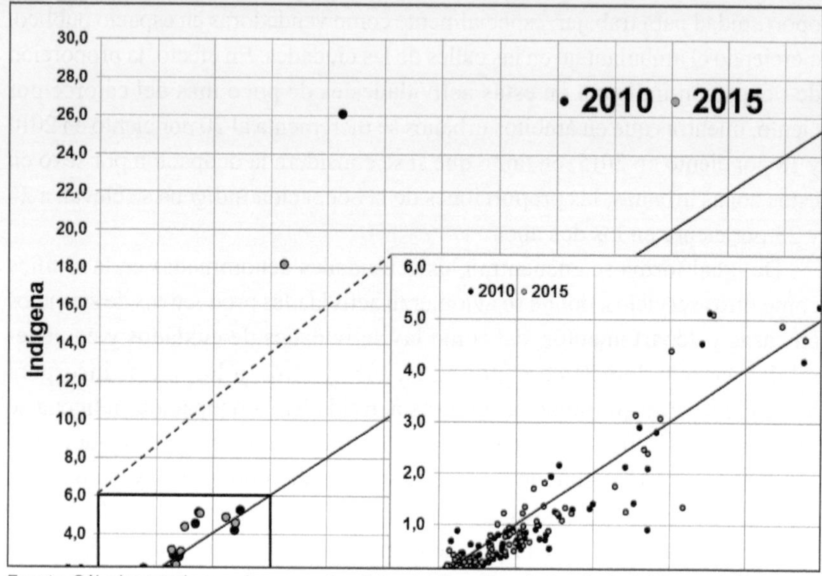

Fuente: Cálculos propios con base en microdatos del Cuestionario Ampliado del Censo de Población de 2010 y de la Encuesta Intercensal de 2015 del Instituto Nacional de Estadística y Geografía, INEGI.

Además que en las 178 ramas de actividad económica a cuatro dígitos de clasificación del INEGI, la participación de cada grupo poblacional no pasa del uno por ciento de su fuerza de trabajo, y poco más de una decena de ramas de actividad productiva pasan del dos por ciento. Solamente en 27 ramas de actividad en 2010 y 31 ramas en 2015 la participación indígena es mayor que la no indígena, representando el 15,1 y 17,4 por ciento del total de ramas de actividad económica. En el restante 84,9 y 82,6 por ciento de las ramas de actividad la población no indígena tiene más presencia relativa y hace evidente la alta segregación ocupacional hacia las y los indígenas.

Diferencias de remuneración y escolaridad entre la población ocupada indígena y no indígena

Uno de los análisis que mayor llaman la atención es el que permite establecer las relaciones entre la remuneración y la escolaridad entre la población ocupada. Este tipo de análisis se fundamenta en las teorías económicas de capital humano y muestran las tasas de retorno a la educación que recibe la fuerza de trabajo, expresada en el ingreso monetario adicional, por cada año adicional de educación que adquieren. Para este caso se realiza una gráfica de dispersión entre el logaritmo natural del ingreso mensual en relación con los años de escolaridad acumulados, que ambas fuentes de información presentan en las bases de los microdatos para los dos años, que desagrega a dos dígitos de clasificación de ramas de actividad económica de INEGI, lo que corresponde para cada año y grupo poblacional un par ordenado de ingreso y educación para 24 ramas. El resultado es la Gráfica 4, donde se presentan las dispersiones para cada grupo poblacional de indígenas y no indígenas correspondiente a cada año de las dos fuentes de información utilizadas.

Gráfica VI - 4. Relación entre Ingreso mensual y escolaridad para la población indígena y no indígena ocupada, según ramas de actividad (a dos dígitos), 2010 y 2015

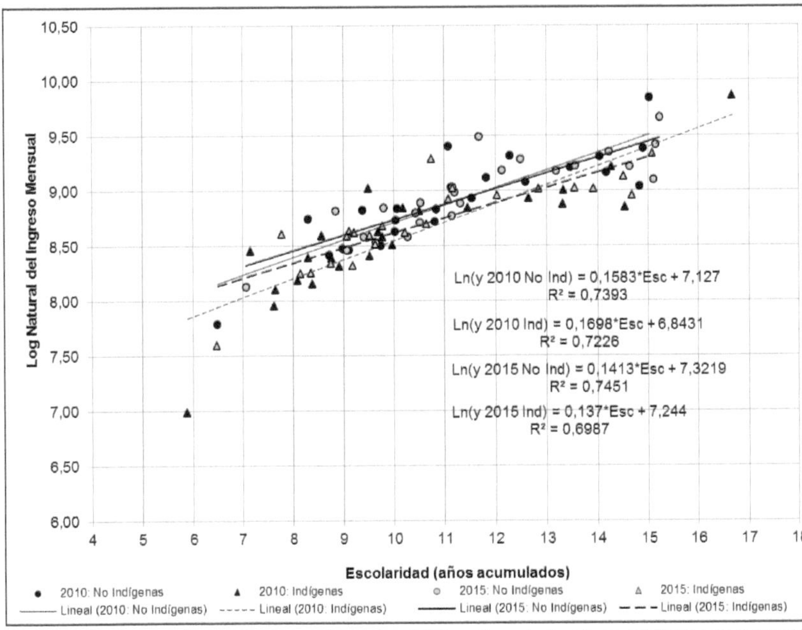

Fuente: Cálculos propios con base en microdatos del Cuestionario Ampliado del Censo de Población de 2010 y de la Encuesta Intercensal de 2015 del Instituto Nacional de Estadística y Geografía, INEGI.

La Gráfica muestra que las dispersiones marcan tendencias acordes a la teoría económica de capital humano, la cual refiere que la relación entre ingreso y educación es positiva, con una pendiente creciente tanto entre la población indígena como en la población no indígena en ambos años. Se destaca también que, para las cuatro nubes de puntos se adiciona la línea de tendencia y la ecuación cuya función refiere al logaritmo natural del ingreso en el eje de las ordenadas y los años de escolaridad en el eje de las abscisas. Estas cuatro funciones muestran una alta capacidad explicativa del 70 y el 75 por ciento las variaciones del ingreso por parte de las variaciones en la educación.

Los resultados de las funciones muestran tasas de retorno a la educación, que son cercanas tanto para indígenas como para no indígenas, siendo levemente mayores en 2010 que en 2015. En el primer año es finamente más alta la tasa de retorno a la educación de los indígenas, pero en el segundo año es tenuemente más elevada en la población no indígena. Las diferencias no son mayores como para llegar a conclusiones absolutas, pero nos lleva a reflexionar sobre las posibles brechas de ingreso mensual y de educación que se pueden estar registrando en las diferentes ramas de actividad económica entre indígenas y no indígenas. Pues si nos guiamos por las relaciones resultantes de la Gráfica 4, parecería que quedan ocultas las desigualdades que existen entre estos grupos poblacionales.

Por lo anterior se hace necesario calcular las brechas de ingresos y de educación, tratando de no entrar en la trampa interpretativa de los valores absolutos de la remuneración de los individuos, sino marcando las diferencias relativas que hay entre uno y otro grupo poblacional, tomando como base de referencia a la fuerza de trabajo indígena. De esta forma se presenta el Cuadro VI-4con las brechas porcentuales de ingresos y escolaridad, por sexo y ramas de actividad económica a dos dígitos de la clasificación de actividades del INEGI, las cuales expresan las distancias que se requiere incrementar tanto el ingreso como la educación de la población ocupada indígena para igualar la de la población no indígena.

Podemos iniciar el análisis del Cuadro partiendo de la referencia que en 2010 el promedio de ingresos mensuales de la población no indígena era de $6 016 pesos y de la población indígena es de $3 458 pesos, por lo cual la brecha correspondiente es de 74 por ciento que es lo que tendría que incrementarse el ingreso de las y los indígenas. Para el año 2015 con la información de la Encuesta Intercensal, el ingreso de la población no indígena estaba en $6 635 y el ingreso de la población indígena era de $4 609, con una brecha de 44 por ciento.

Si hubiese correspondencia, las brechas de ingreso serían cercanas a las brechas educativas, pero no es así pues el número de años de escolaridad promedio para indígenas y no indígenas fue de 8 y 10 años respectivamente, con una brecha de 23,7 por ciento en 2010 mientras que en 2015 el promedio de años de escolaridad para ambos grupos fue de 9 y 11 años con una brecha del 17,9 por ciento.

Cuadro VI - 4. Brechas porcentuales de ingreso y escolaridad de la población ocupada indígena y no indígena por sexo, según zonas y ramas de actividad, 2010 y 2015

Ramas de actividad	CENSO DE 2010				ENCUESTA INTERCENSAL 2015			
	Hombres		Mujeres		Hombres		Mujeres	
	Ingresos mensuales por trabajo	Escolaridad acumulada	Ingresos mensuales por trabajo	Escolaridad acumulada	Ingresos mensuales por trabajo	Escolaridad acumulada	Ingresos mensuales por trabajo	Escolaridad acumulada
11 Agropecuaria pesca y caza	119,1	9,6	163,1	17,7	70,7	8,1	73,4	19,7
21 Minería	47,1	15,6	20,4	10,6	22,6	8,4	13,4	4,7
22 Energía eléctrica, agua y gas	31,5	11,1	66,2	12,2	17,6	8,2	17,4	5,2
23 Construcción	32,9	14,5	40,8	21,0	22,7	12,5	37,1	16,3
31 Alimentos textiles y piel	45,0	13,6	85,8	21,3	29,1	10,1	48,5	15,1
32 Madera química y plásticos	51,5	18,9	78,9	26,3	27,5	12,9	47,4	16,3
33 Maquinaria y muebles	40,7	15,0	52,4	12,5	22,9	10,2	25,4	7,0
43 Comercio al por mayor	52,0	14,0	40,6	14,8	36,4	14,2	33,5	11,4
46 Comercio al por menor	39,5	16,2	42,0	15,7	29,2	12,3	29,7	11,1
48 Transportes	26,1	8,5	17,8	10,5	21,8	6,5	40,2	9,0
49 Correos y almacenamiento	18,4	7,4	57,4	11,6	7,5	3,7	8,7	5,1
51 Información en medios	34,7	7,5	25,1	4,9	22,4	5,5	23,7	5,4
52 Servicios financieros	47,3	5,6	20,3	4,6	45,1	5,4	27,4	4,1
53 Servicios inmobiliarios	71,3	25,4	42,2	10,0	41,8	13,5	48,4	8,9
54 Servicios profesionales	21,1	4,2	14,8	4,4	35,8	4,8	29,2	3,8
55 Corporativos	56,7	-3,9	-25,4	-14,5	25,9	-0,8	70,6	3,0
56 Servicios de apoyo	34,0	12,1	49,1	11,3	20,3	8,5	28,3	9,5
61 Servicios educativos	24,0	1,3	21,7	2,4	17,5	2,8	15,3	2,9
62 Servicios de salud	39,0	5,8	27,3	6,3	25,4	5,3	18,8	4,8
71 Servicios de esparcimiento	30,3	9,5	42,3	10,7	30,4	10,2	37,4	9,4
72 Servicios de alojamiento	31,6	11,4	29,3	13,0	19,1	9,0	21,4	10,8
81 Otros servicios	30,9	9,4	22,7	12,4	18,5	8,6	17,6	10,6
93 Actividades gubernamentales	32,7	10,6	13,4	4,9	25,1	10,4	26,6	6,2
99 No especificadas	81,1	25,6	53,1	13,4	60,2	22,5	44,9	22,0
Total	81,7	24,0	61,0	21,1	46,8	18,3	40,6	15,8

Fuente: Cálculos propios con base en microdatos del Cuestionario Ampliado del Censo de Población de 2010 y de la Encuesta Intercensal de 2015 del Instituto Nacional de Estadística y Geografía, INEGI.

Las brechas sectoriales por sexo del Cuadro VI-4 muestran que en casi todas las ramas de actividad económica a dos dígitos de la clasificación de actividades del INEGI son amplias y desfavorables para las y los indígenas. Entre ellas sobresalen las actividades agrícolas, caza y pesca como el principal sector con mayor brecha salarial entre indígenas y no indígenas, siendo entre los hombres del 119 por ciento y entre las mujeres del 163 por ciento en 2010 y para 2015 fue de 70 y 73 por ciento respectivamente. Otras ramas de actividad económica donde las brechas de ingreso entre los hombres son más desfavorables son los servicios inmobiliarios, los corporativos, el comercio al por mayor y las actividades industriales de madera, química y plásticos, donde las brechas de ingreso superan el 50 por ciento. Entre la fuerza de trabajo femenina, también destacan las brechas de ingreso que rebasan el 50 por ciento en las actividades industriales de alimentos, textiles y piel, además de la industria de madera, química y plásticos, la industria de energía, gas y agua, las actividades de almacenamiento y correos y las actividades industriales de maquinaria y muebles. Sobresale que es solamente entre la ocupación femenina de las actividades corporativas donde se registraron las únicas brechas salariales a favor de las indígenas del orden del 25 por ciento en 2010 pero en 2015 la brecha vuelve a ser desfavorable.

Brechas de ingreso y educación por situación en el trabajo.

La condición laboral entre indígenas y no indígenas diferenciada por la situación en el trabajo se puede ver en el Cuadro VI-5, donde se muestra la distribución porcentual por sexo y zonas rural y urbana. En el Cuadro se observa que las dos situaciones en el trabajo de que predominan tanto entre hombres como mujeres es ser empleado u obrero y ser trabajador cuenta propia. En contextos rurales ser empleado u obrero es la situación principal en el trabajo para los hombres y las mujeres no indígenas, representando cerca del 40 por ciento y 56 por ciento en 2010 para cada uno de ellos respectivamente y ascendiendo a 50 y 67 por ciento en 2015, mientras que entre las y los indígenas esto no es así pues su participación más importante es como trabajadores cuenta propia en 2010, aunque para el 2015 tiende a converger con la situación laboral de los no indígenas.

Otro aspecto para destacar es la situación de las y los indígenas como trabajadores familiares sin pago que alcanza a superar el 11 por ciento de la ocupación entre hombres y mujeres en 2010, mientras que las y los no indígenas tenían una proporción de poco más del cinco por ciento en ese mismo año. Esta situación laboral se elevaría a cerca del catorce por ciento entre los hombres indígenas y se reduciría en a 5,5 por ciento entre las mujeres indígenas, al igual que entre las mujeres no indígenas cuya proporción sería de 2,3 por ciento en 2010. Este comportamiento difiere de lo que se observa en el ámbito urbano, donde las distribuciones son similares y cercanas entre la ocupación indígena y no indígena, donde se consolida la condición de empleado u obrero entre 62 y 75 por ciento, seguido de la situación laborar como trabajador por cuenta propia que va del 18 al 28 por ciento entre los grupos poblaciones por sexo en los dos años.

Cuadro VI - 5. Distribución porcentual de la población ocupada indígena y no indígena por sexo, según zonas y situación en el trabajo, 2010 y 2015

Situación en el trabajo		CENSO DE 2010				ENCUESTA INTERCENSAL 2015			
		Hombre		Mujer		Hombre		Mujer	
		No Indígena	Indígena	No Indígena	Indígena	No Indígena	Indígena	No Indígena	Indígena
Rural	Empleada(o) u obrera(o)	39,8	24,6	55,9	38,1	50,3	36,8	67,1	55,4
	Jornalera(o) o peón	17,8	17,0	3,2	4,3	16,2	17,1	3,1	4,6
	Ayudante	6,8	7,2	5,7	6,2	5,2	6,5	4,6	5,7
	Patrón(a) o empleador(a)	2,6	1,3	1,8	1,1	3,1	2,0	2,8	2,0
	Trabajador(a) por cuenta propia	27,3	38,8	27,9	38,8	19,7	24,0	20,1	26,8
	Trabajador(a) familiar sin pago	5,6	11,1	5,4	11,4	5,5	13,7	2,3	5,5
	Total	7 123 687	2 644 166	2 695 385	905 655	6 636 370	3 572 650	2 597 709	1 197 635
Urbana	Empleada(o) u obrera(o)	67,4	62,3	70,6	62,5	71,1	68,7	75,4	70,0
	Jornalera(o) o peón	1,9	3,3	0,3	0,5	1,5	2,7	0,2	0,5
	Ayudante	4,4	6,2	2,9	4,3	3,3	4,3	2,6	3,3
	Patrón(a) o empleador(a)	4,2	3,0	2,3	1,7	4,2	3,2	2,7	2,5
	Trabajador(a) por cuenta propia	21,4	24,1	22,2	28,3	19,4	20,3	18,0	22,1
	Trabajador(a) familiar sin pago	0,7	1,2	1,7	2,6	0,6	0,9	1,0	1,6
	Total	15 691 074	1 576 444	9 868 546	991 108	15 750 051	2 903 421	9 976 044	1 761 632

Fuente: Cálculos propios con base en microdatos del Cuestionario Ampliado del Censo de Población de 2010 y de la Encuesta Intercensal de 2015 del Instituto Nacional de Estadística y Geografía, INEGI.

Cuadro VI - 6. Brechas porcentuales de ingreso y escolaridad de la población ocupada indígena y no indígena por sexo, según zonas y situación en el trabajo, 2010 y 2015

Situación en el trabajo		CENSO DE 2010				ENCUESTA INTERCENSAL 2015			
		Hombre		Mujer		Hombre		Mujer	
		Ingresos mensuales por trabajo	Escolaridad acumulada	Ingresos mensuales por trabajo	Escolaridad acumulada	Ingresos mensuales por trabajo	Escolaridad acumulada	Ingresos mensuales por trabajo	Escolaridad acumulada
Rural	Empleada(o) u obrera(o)	17,8	2,4	18,0	3,7	16,3	5,5	18,5	6,2
	Jornalera(o) o peón	20,7	3,1	16,7	7,7	14,3	1,9	13,3	5,2
	Ayudante	10,5	4,4	18,6	6,1	13,8	5,5	20,2	6,2
	Patrón(a) o empleador(a)	60,5	14,6	37,4	18,0	38,6	10,9	22,3	14,7
	Trabajador(a) por cuenta propia	120,3	13,8	73,7	17,8	43,3	13,5	44,0	17,3
	Trabajador(a) familiar sin pago	0,0	7,4	0,0	18,8	0,0	4,9	0,0	19,6
	Total	69,1	11,8	55,7	14,6	40,7	11,0	32,8	11,7
Urbana	Empleada(o) u obrera(o)	26,9	10,9	25,5	11,9	19,3	9,0	24,8	10,3
	Jornalera(o) o peón	7,3	7,1	43,8	25,2	12,0	4,9	23,0	13,5
	Ayudante	-3,5	9,9	22,6	13,8	6,5	9,2	18,0	9,6
	Patrón(a) o empleador(a)	43,9	19,2	24,5	15,6	39,1	15,7	39,9	17,2
	Trabajador(a) por cuenta propia	43,6	20,4	46,2	21,6	30,9	15,8	39,9	17,6
	Trabajador(a) familiar sin pago	0,0	12,4	0,0	11,4	0,0	15,4	0,0	16,4
	Total	34,4	14,5	35,4	15,8	24,7	11,3	30,3	12,8
Total	Empleada(o) u obrera(o)	31,0	11,5	30,7	11,7	23,9	10,7	28,9	11,1
	Jornalera(o) o peón	22,5	4,3	27,7	13,0	16,5	2,5	17,4	6,9
	Ayudante	8,8	9,6	30,1	13,2	15,1	10,0	26,5	10,5
	Patrón(a) o empleador(a)	64,7	24,8	39,9	20,7	53,1	20,3	44,0	19,5
	Trabajador(a) por cuenta propia	141,6	31,8	80,9	27,7	51,7	23,9	53,5	21,9
	Trabajador(a) familiar sin pago	0,0	16,1	0,0	26,4	0,0	14,0	0,0	26,9
	Total	80,4	23,8	60,1	20,9	46,6	18,2	40,4	15,6

Fuente: Cálculos propios con base en microdatos del Cuestionario Ampliado del Censo de Población de 2010 y de la Encuesta Intercensal de 2015 del Instituto Nacional de Estadística y Geografía, INEGI.

De acuerdo a estas categorías de situación en el trabajo para indígenas y no indígenas, las brechas de ingreso y de escolaridad expresadas en el Cuadro VI-6 también nos indican las desigualdades laborales tanto para hombres como para mujeres en zonas urbanas y rurales.

En pocas situaciones la brecha educativa supera a la brecha de ingresos, por lo que vuelve a reiterarse la alta desigualdad de ingresos y que desfavorece a las y los indígenas. La mayor brecha relativa se encuentra entre los hombres en zona rural que se vinculan como trabajadores por cuenta propia siendo de 120 por ciento para la brecha de ingresos y de casi 15 por ciento en la brecha educativa m mientras que entre las mujeres estas brechas eran de cerca de 74 y 18 por ciento respectivamente en 2010. Otro hallazgo es que en general las brechas de ingresos son persistentemente más altas entre las mujeres indígenas que entre los hombres indígenas en aquellas situaciones de mayor subordinación como son empleado u obrero, jornalero, peón y ayudante tanto en zonas urbanas como rurales.

Diferencias de percepción de prestaciones sociales entre indígenas y no indígenas

Siguiendo el análisis comparativo entre indígenas y no indígenas, un aspecto complementario corresponde a las diferencias registradas de acuerdo al tipo de prestaciones sociales que perciben cuando reportan recibirlas. Estas diferencias entre las proporciones de poblaciones que reciben prestaciones respecto al sexo y zona son presentadas en el Cuadro VI-7.

En el Cuadro se pueden ver que las proporciones registradas en entre zonas urbanas y rurales son mayores en las primeras en ambos años, donde solamente en el rubro de aguinaldos, 54 por ciento de la población no indígena en 2015 reportó contar con esa prestación en la zona rural. En las zonas urbanas en cambio estas proporciones se elevan y superan la mitad de la población no indígena. De igual manera se aprecia que las diferencias en las proporciones entre indígenas y no indígenas tanto en las zonas urbanas como rurales es nuevamente desfavorable para los primeros, debido a que es la población ocupada no indígena la que más accede a alguna de las cinco categorías de prestaciones sociales, especialmente en las zonas urbanas.

Asimismo, estas diferencias de proporciones de ocupados con prestaciones es persistentemente mayor entre las mujeres indígenas y no indígenas que entre los hombres, situándose en los márgenes más bajos entre 3,7 puntos porcentuales entre la población femenina ocupada que reportó acceder a la prestación de ahorro para el retiro (SAR o AFORE) y ascendiendo a 14,6 puntos porcentuales

Cuadro VI - 7. Distribución porcentual de la población ocupada indígena y no indígena por sexo, según zonas y prestaciones sociales que reciben, 2010 y 2015

Tipo de prestaciones		CENSO DE 2010				ENCUESTA INTERCENSAL 2015			
		Hombre		Mujer		Hombre		Mujer	
		No Indígena	Indígena	No Indígena	Indígena	No Indígena	Indígena	No Indígena	Indígena
Rural	Servicio médico (IMSS, ISSSTE u otro)	32,4	23,2	41,2	31,0	35,7	25,1	44,5	33,0
	Aguinaldo	33,2	24,6	46,8	36,7	40,4	29,6	54,3	43,6
	Vacaciones con goce de sueldo	25,5	17,7	38,8	28,1	31,6	21,1	44,7	32,5
	Reparto de utilidades o prima vacacional	18,3	12,6	26,3	18,9	19,7	12,1	24,3	15,5
	Ahorro para el retiro (SAR o AFORE)	21,3	13,5	28,7	19,4	27,8	17,7	34,6	22,8
	Otras prestaciones	9,1	6,4	13,6	9,8	24,6	14,8	31,9	20,3
Urbana	Servicio médico (IMSS, ISSSTE u otro)	62,8	54,8	65,3	51,6	64,8	56,5	66,6	55,1
	Aguinaldo	63,5	57,4	69,3	60,5	68,9	62,1	73,6	65,5
	Vacaciones con goce de sueldo	57,6	48,8	64,6	52,9	62,9	53,5	68,4	56,9
	Reparto de utilidades o prima vacacional	43,6	33,9	46,4	35,2	43,1	34,3	42,2	32,1
	Ahorro para el retiro (SAR o AFORE)	52,4	41,5	54,8	40,1	58,7	49,4	59,8	47,0
	Otras prestaciones	21,8	17,9	23,7	18,8	56,1	46,0	57,9	44,9

Fuente: Cálculos propios con base en microdatos del Cuestionario Ampliado del Censo de Población de 2010 y de la Encuesta Intercensal de 2015 del Instituto Nacional de Estadística y Geografía, INEGI.

en la prestación de reparto de utilidades o prima vacacional. Estos resultados dan cuenta del escenario reiteradamente desfavorable no solamente hacia la población indígena si en especial a uno de los grupos de mayor vulnerabilidad social como lo es la mujer indígena.

Brechas de ingresos y educación entre indígenas y no indígenas por regiones y localidades en México

Introducir el análisis territorial en la discriminación laboral hacia las y los indígenas de manera descriptiva, hace que tengamos en cuenta los tamaños geográficos con los cuales se trabaja. Hasta aquí el trabajo se ha centrado en esbozar los resultados de manera general solamente desagregando por zonas urbanas y rurales. Sin embargo la parte ampliada también es importante de abordarla y obliga a incorporar el concepto de región geográfica. Para este se utiliza la clasificación de regionalización efectuada por Bassols-Batalla (1999), en la que se organizan tres grandes regiones y en ella se desagregan otras tres regiones donde se ubican las entidades federativas.

Los primeros resultados que son relevantes de exponer, corresponden a las proporciones de población indígena resultantes en las grandes regiones y subregiones, presentadas en el Cuadro VI-8. En ella se toma a la población de 3 años y más y de acuerdo a los dos atributos de identificación como indígena (habla lengua y autoadscripción) se muestran los porcentajes de población indígena resultantes del Censo de 2010 y de la Encuesta Intercensal 2015.

En ella se muestran la proporción total nacional resultante donde se vuelve a destacar la diferencia de las dos fuentes de información y la imposibilidad de hacerlas comparables. En el Censo de 2010 la proporción es de 15,3 por ciento mientras que en la Encuesta Intercensal de 2015 esta proporción asciende a 22,1 por ciento. En lo que respecta a las proporciones por entidades federativas y regiones, en el Cuadro VI-8 se aprecia que hay una mayor proporción en la región sur del país, correspondientes a las regiones sur, este y la península de Yucatán que integran la gran región sur, en las que se encuentran las entidades federativas de Yucatán y Oaxaca con guarismos relativos superiores al 65 por ciento de la población de 3 años y más identificada como indígena, seguidas por las entidades federativas como Quintana Roo, Chiapas y Campeche con proporciones que van desde 32 por ciento de población indígena, hace de esta región sur la de mayor población indígena.

Cuadro VI - 8. Porcentaje de población indígena 3 años y más por sexo, según regiones y entidades federativas, 2010 y 2015

Regiones y Entidades Federativas Hombre		CENSO DE 2010			ENCUESTA INTERCENSAL 2015		
		Mujer	Mujer	Total	Hombre	Mujer	Total
TOTAL NACIONAL		15,3	15,2	15,3	22,2	22,0	22,1
Noroeste	Baja California	6,2	5,7	6,0	9,2	8,7	9,0
	Baja California Sur	8,2	6,8	7,5	15,8	14,2	15,0
	Sinaloa	4,9	4,6	4,7	13,5	12,7	13,1
	Sonora	12,6	11,6	12,1	18,7	17,9	18,3
Norte	Chihuahua	8,7	8,6	8,7	11,7	11,6	11,6
	Coahuila	2,0	1,9	2,0	7,3	7,0	7,1
	Durango	4,0	3,9	3,9	8,3	7,8	8,1
Noreste	Nuevo León	2,1	2,2	2,2	7,7	7,1	7,4
	Tamaulipas	4,1	4,1	4,1	6,8	6,6	6,7
Centro-Norte	Aguascalientes	4,2	4,3	4,3	12,3	11,5	11,9
	San Luis Potosí	19,7	19,0	19,4	24,3	23,5	23,9
	Zacatecas	3,0	2,9	2,9	8,0	7,6	7,8
Centro-Occidente	Colima	13,7	13,3	13,5	21,0	20,4	20,7
	Guanajuato	4,4	4,4	4,4	9,3	9,2	9,3
	Jalisco	5,0	4,9	4,9	11,6	11,2	11,4
	Michoacán	14,7	14,7	14,7	27,9	28,0	27,9
	Nayarit	10,6	10,2	10,4	22,5	22,2	22,3
Centro-Este	Distrito Federal	5,6	5,6	5,6	9,6	9,4	9,5
	Hidalgo	30,7	30,7	30,7	37,4	37,0	37,2
	México	11,7	11,6	11,7	17,8	17,6	17,7
	Morelos	16,2	15,9	16,0	28,8	28,4	28,6
	Puebla	25,9	25,9	25,9	36,4	36,4	36,4
	Querétaro	15,1	15,3	15,2	19,7	19,3	19,5
	Tlaxcala	17,8	17,6	17,7	26,5	25,6	26,0
Sur	Chiapas	33,5	33,0	33,3	37,5	36,9	37,2
	Guerrero	22,7	23,3	23,0	34,4	34,8	34,6
	Oaxaca	59,0	59,4	59,2	67,3	67,5	67,4
Este	Tabasco	11,0	10,9	11,0	26,3	26,2	26,2
	Veracruz	20,3	20,3	20,3	30,1	29,9	30,0
Península de Yucatán	Campeche	32,9	32,6	32,7	46,3	45,5	45,9
	Quintana Roo	37,0	34,7	35,9	47,9	46,8	47,3
	Yucatán	65,0	64,6	64,8	69,0	68,2	68,6

Fuente: Cálculos propios con base en microdatos del Cuestionario Ampliado del Censo de Población de 2010 y de la Encuesta Intercensal de 2015 del Instituto Nacional de Estadística y Geografía, INEGI. Para la regionalización se hizo uso de la clasificación de Bassols-Batalla, 1999.

La gran región centro integrada por las regiones centro-norte, centro-occidente y centro-este, incorporan entidades federativas con menor proporción de población indígena respecto a las regiones del sur del país. Entre ellas se encuentras las entidades federativas de Hidalgo y Puebla con proporciones de población indígena de 30 a 37 por ciento y de 25 a 36 por ciento en los dos años respectivamente, adicionándose el resto de entidades federativas de esa región que, con excepción de Guanajuato Jalisco y la Ciudad de México que tienen proporciones entre 4 y 9 por ciento, las demás alcanzan proporciones de población indígena de entre 10 y 27 por ciento. En cuanto a la gran región norte, solamente la región noroeste con el Estado de Sonora con proporciones de entre 12 y 18 por ciento en los dos años, y los Estados de Baja california Sur y Sinaloa con proporciones de 13 a 15 por ciento y el Estado de Chihuahua en la región norte con poco más de 11 por ciento en el 2015, son las entidades federativas que sobresalen en población indígena. El resto de entidades federativas incluyendo la región noreste de Tamaulipas y Nuevo León, tienen proporciones de población indígena entre 2 y 9 por ciento.

Con esta regionalización podríamos suponer que en aquellas regiones con alta presencia indígena la fuerza de trabajo sería foco de la discriminación laboral manifestada en mayores brechas de ingreso así como también significativas brechas educativas, mientras que en las que hay baja proporción de indígenas este grupo poblacional podría tender a converger en los niveles educativos de la población no indígena y tener una menor intensidad a la discriminación laboral con brechas de ingreso menores. Para ver si esta hipótesis se cumple, nos vamos a valer del Cuadro VI-9 donde se presentan estas brechas por entidades federativas según la clasificación de regionalización utilizada para delinear las tres grandes regiones del norte, centro y sur y luego haremos uso de gráficas de dispersión para ver las asociaciones entre las brechas y la proporción de población indígena.

En este cuadro se puede apreciar que las brechas más fuertes se registran en las regiones con mayor presencia indígena y son las entidades federativas caracterizadas con mayor pobreza, por lo cual la desigualdad es la expresión de la discriminación más visible.

La entidad federativa con mayor brecha de ingresos en hombres y mujeres es Chiapas en la región sur, donde los estados restantes de Oaxaca y Guerrero también registran brechas muy altas, al igual que en Yucatán; también en el Estado de Campeche hay brechas de ingresos elevadas entre la fuerza de trabajo masculina similar ocurre en el Estado de Veracruz. Ya en la gran región centro se empiezan a moderar las brechas, destacando los valores del Estado de San Luís en la región centro-norte nuevamente entre la ocupación masculina, lo mismo que en los Estados de Hidalgo y Puebla en la región centro-este. Además se hace visible en esta región las brechas negativas en las entidades federativas de Zacatecas para la ocupación masculina y Aguascalientes en la ocupación femenina, ambos en 2010 en la región centro-norte.

En la región norte las brechas no son tan bajas, pero se aprecia mucho más el efecto diferencias de las fuentes de información con la alta sensibilidad de captación de atributos indígenas que entre los años 2010 y 2015 en Estados como Durango en la región norte y Tamaulipas en la región noreste las brechas se contraen, o como se muestra en Tamaulipas que la brecha de ingresos en 2010 entre las mujeres indígenas y no indígenas era negativa, es decir que eran favorables para las mujeres indígenas, y para el 2015 la brecha ya es positiva y alta, lo que cambia drásticamente.

Cuadro VI - 9. Brechas porcentuales de ingreso y escolaridad de la población ocupada indígena y no indígena por sexo, según regiones y entidades federativas, 2010 y 2015

Regiones y Entidades Federativas		CENSO DE 2010				ENCUESTA INTERCENSAL 2015			
		Hombre		Mujer		Hombre		Mujer	
		Ingresos mensuales por trabajo	Escolaridad acumulada	Ingresos mensuales por trabajo	Escolaridad acumulada	Ingresos mensuales por trabajo	Escolaridad acumulada	Ingresos mensuales por trabajo	Escolaridad acumulada
TOTAL NACIONAL		81,7	24,0	61,0	21,1	46,8	18,3	40,6	15,8
Noroeste	Baja California	49,3	23,4	29,8	20,5	24,0	15,2	25,4	18,1
	Baja California Sur	44,6	23,7	53,9	24,9	15,7	13,9	19,5	14,2
	Sinaloa	43,4	23,1	42,7	18,5	31,1	18,2	27,4	18,3
	Sonora	63,7	16,7	49,2	12,9	41,7	14,9	33,6	11,7
Norte	Chihuahua	49,3	25,2	37,7	21,1	29,7	18,6	35,5	14,9
	Coahuila	1,7	12,9	42,5	11,3	7,9	3,4	10,7	4,7
	Durango	40,8	23,8	39,0	13,0	1,9	4,4	11,9	10,4
Noreste	Nuevo León	34,0	15,7	24,9	17,6	19,5	9,3	26,7	13,6
	Tamaulipas	12,4	4,6	-0,7	14,5	4,3	5,0	18,4	10,8
Centro-Norte	Aguascalientes	1,2	5,8	-7,0	0,9	9,7	5,7	19,1	8,1
	San Luis Potosí	128,6	23,8	40,8	14,1	55,8	17,5	32,9	9,7
	Zacatecas	-1,0	-3,4	18,6	5,3	2,1	2,5	12,8	4,6
Centro-Occidente	Colima	25,8	18,0	32,4	18,1	17,7	12,9	24,9	13,4
	Guanajuato	15,6	9,9	32,0	10,9	4,6	3,1	11,9	4,4
	Jalisco	41,8	13,4	22,1	13,0	15,0	10,9	17,9	10,3
	Michoacán	25,9	8,6	38,8	14,0	17,1	10,7	26,8	14,2
	Nayarit	61,1	18,2	68,1	24,5	16,8	12,3	20,7	11,7
Centro-Este	Distrito Federal	32,0	20,9	36,0	25,9	36,4	15,2	32,1	17,9
	Hidalgo	72,2	16,7	44,0	14,0	51,1	17,0	36,1	12,7
	México	45,1	23,1	49,1	22,7	27,9	18,0	32,9	18,5
	Morelos	44,6	17,1	49,3	16,9	23,0	15,8	28,5	17,0
	Puebla	77,5	30,4	67,6	29,1	46,1	22,4	41,4	21,8
	Querétaro	26,5	9,4	35,3	10,1	33,3	15,4	32,4	12,7
	Tlaxcala	18,6	9,9	32,4	13,6	9,9	9,9	15,9	12,1
Sur	Chiapas	241,8	30,8	194,9	35,5	132,8	27,6	76,0	25,9
	Guerrero	66,2	20,9	87,5	19,3	37,4	16,5	43,0	16,2
	Oaxaca	74,6	22,9	63,3	20,1	51,1	23,0	36,4	17,4
Este	Tabasco	34,2	7,5	31,5	10,0	23,1	6,7	25,2	7,7
	Veracruz	73,7	19,6	39,8	15,6	32,7	13,0	25,5	11,7
Península de Yucatán	Campeche	100,1	11,1	25,2	10,4	49,0	15,1	41,7	11,0
	Quintana Roo	54,5	18,6	59,0	20,0	42,2	18,5	44,5	18,7
	Yucatán	81,1	38,7	71,2	32,5	76,1	35,7	61,6	27,2

Fuente: Cálculos propios con base en microdatos del Cuestionario Ampliado del Censo de Población de 2010 y de la Encuesta Intercensal de 2015 del Instituto Nacional de Estadística y Geografía, INEGI. Para la regionalización se hizo uso de la clasificación de Bassols-Batalla, 1999.

Con estos resultados construimos las Gráficas 5 y 6 para relacionar las brechas de ingresos y las brechas educativas por entidades federativas con las proporciones de población indígena y analizar su dispersión. En la primera Gráfica 5 se obtuvo una amplitud de la dispersión de la brecha educativa, que se encuentra entre -4 y 40 por ciento, mientras que la amplitud de la proporción de población indígena está entre 2 y 70 por ciento. La dispersión por sexo para cada año muestra una relación positiva entre la brecha educativa y la proporción de población indígena en las entidades federativas, con pendientes semejantes entre la ocupación masculina cuyo ángulo de inclinación mayor respecto a la dispersión entre la población femenina muestra que la brecha educativa aumenta mucho más entre los hombres que entre las mujeres indígenas a medida que se incrementa la proporción de población indígena.

Este resultado parece acentuarse más de un año a otro debido a que las pendientes de las líneas de tendencia para los hombres se elevan en inclinación hacia la derecha debido a que la pendiente de 2015 es mayor a la de 2010, en tanto que la inclinación de las líneas de tendencia de las mujeres van hacia la derecha por la menor pendiente en el segundo año respecto al primero.

Gráfica VI - 5. Relación entre Brecha Educativa y Proporción de Población Indígena por sexo, según entidades federativas, 2010 y 2015

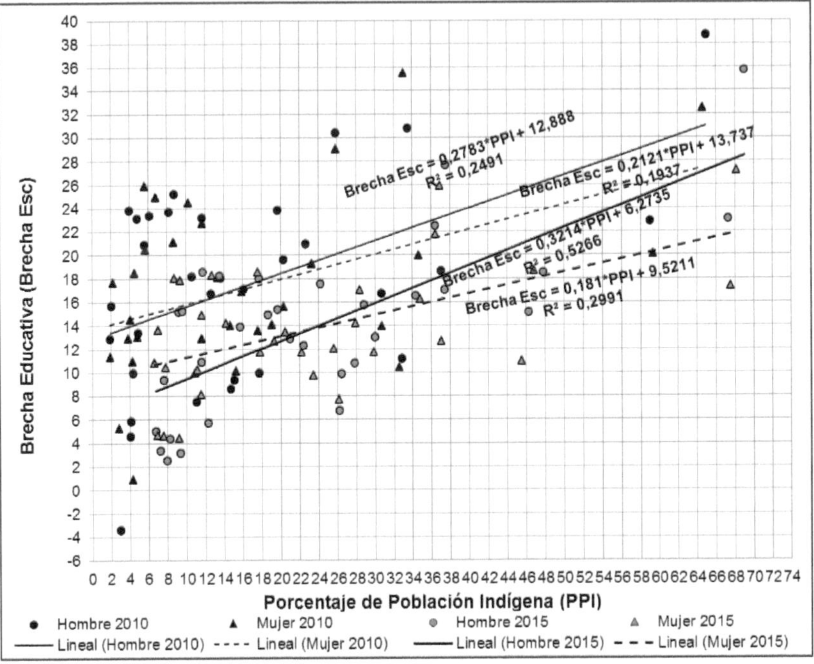

Fuente: Cálculos propios con base en microdatos del Cuestionario Ampliado del Censo de Población de 2010 y de la Encuesta Intercensal de 2015 del Instituto Nacional de Estadística y Geografía, INEGI.

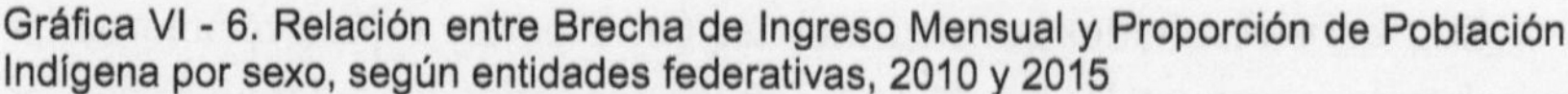
Gráfica VI - 6. Relación entre Brecha de Ingreso Mensual y Proporción de Población Indígena por sexo, según entidades federativas, 2010 y 2015

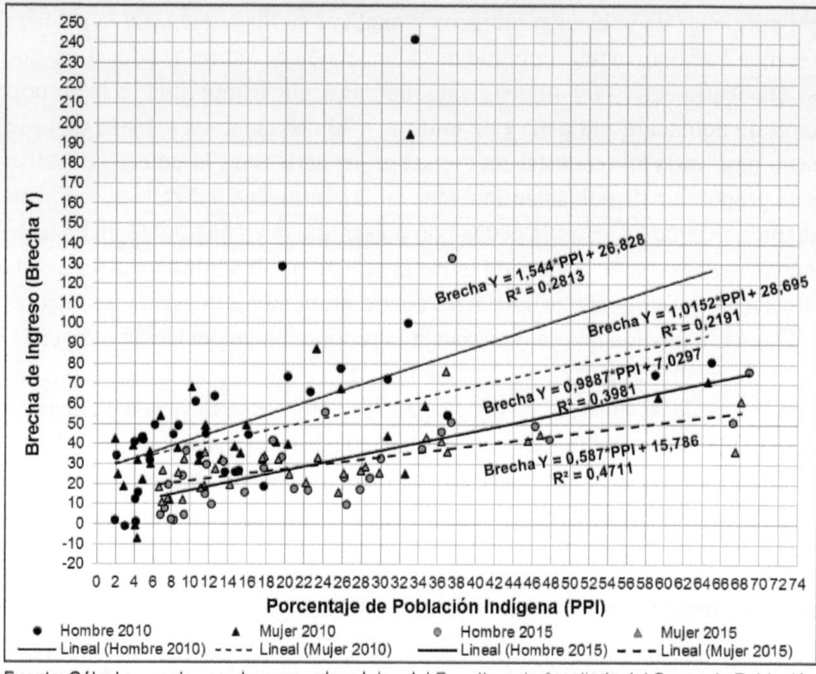

Fuente: Cálculos propios con base en microdatos del Cuestionario Ampliado del Censo de Población de 2010 y de la Encuesta Intercensal de 2015 del Instituto Nacional de Estadística y Geografía, INEGI.

En cuanto a la dispersión de las brechas de ingreso y la proporción de población indígena que se presenta en la Gráfica 6, la relación es positiva y directa tanto en hombres como en mujeres, lo significa que a medida que aumenta la proporción de población indígena, se incrementa la brecha de ingresos.

Pese a que, de manera similar a la Gráfica 5 las diferencias de pendientes muestran que es mayor el efecto entre hombres que entre mujeres, sin embargo las pendientes de las líneas de tendencia de los hombres van declinando entre un año y otro lo mismo que ocurre entre la ocupación femenina, por lo que estaríamos en presencia de una convergencia de las brechas de ingresos por sexo que podría estar asociado probablemente a dos factor, el primero a la mayor participación de la fuerza de trabajo femenina indígena en el mercado laboral para captar ingresos y en segundo lugar al efecto diferencial de la información de la Encuesta Intercensal.

Estos factores son completamente diferentes el uno del otro, pues el primero se encuentra vinculado con cambios en las pautas de comportamiento de los grupos poblacionales indígenas, mientras que el segundo corresponde a un problema de las fuentes de información que no son comparables.

Dispersión de población indígena y población ocupada por líneas de bienestar

Otro aspecto del análisis relacionado con el aspecto territorial es el concerniente a la concentración y dispersión de la población indígena. Tomando la metodología de delimitación de localidades indígenas que realiza la Comisión para el Desarrollo de los Pueblos Indígenas (CDI), que identifica a tres categorías de localidades según la proporción de población indígena y el tamaño poblacional de las localidades, se elaboró el Cuadro VI-10 donde se muestra la distribución de localidades de cada fuente de información. Considerando que las fuentes de información se hizo un esfuerzo por la homologación de localidades resultando un total de 2 660 localidades para ambas bases de datos.

Cuadro VI - 10. Número y distribución porcentual de localidades (población de 3 y más años), según habla lengua indígena y agregación con autoadscripción, 2010 y 2015

Tipos de localidades	Habla lengua indígena		Habla y auto-adscripción	
	Censo 2010	Encuesta 2015	Censo 2010	Encuesta 2015
Localidades con 40% y más de población indígena	505	498	902	1124
(%) del total de localidades (2660)	19,0	18,7	33,9	42,3
Localidades con menos de 40% de población indígena y más de 5 mil Hbtes.	133	155	357	528
(%) del total de localidades (2660)	5,0	5,8	13,4	19,8
Localidades con menos de 40% de población indígena y menos de 5 mil Hbtes.	1936	1956	1383	994
(%) del total de localidades (2660)	72,8	73,5	52,0	37,4

Fuente: Cálculos propios con base en microdatos del Cuestionario Ampliado del Censo de Población de 2010 y de la Encuesta Intercensal de 2015 del Instituto Nacional de Estadística y Geografía, INEGI.

Tomando en cuenta el atributo de habla lengua indígena, para el Censo de 2010 en el Cuadro se muestra que del total de localidades 19 por ciento de ellas fueron identificadas con 40 por ciento y más de población que habla lengua indígena, 5 por ciento de las localidades tenían menos de 40 por ciento de población indígena y contaban con una población de más de 5 mil habitantes y en la tercera categoría de mayor dispersión poblacional, estaba el 72,8 por ciento de las localidades con menos de 40 por ciento de población indígena y menos de 5 mil habitantes. En la Encuesta Intercensal de 2015 las localidades en la primera categoría representaron una proporción cercana a la del Censo de 18,7 por ciento, al igual que las otras dos categorías correspondientes a 5,8 y 73,5 por ciento respectivamente.

Si se utilizan los dos atributos de habla lengua indígena y autoadscripción, la proporción de localidades en la primera categoría pasa a 33,9 por ciento en el Censo de 2010 y a 42,3 por ciento en la Encuesta Intercensal del 2015. Lo mismo ocurre con la segunda categoría cuyo salto en cada proporción es de 13,4 y 19,8 por ciento en cada fuente de información, mientras que en la tercera categoría es donde se registra la disminución al ser de 52 y 37,4 por ciento de las localidades en cada año. Con los dos atributos ha menor población indígena en lugares apartados por efecto de la auto-adscripción que inicialmente mostraba una fuerte concentración de población indígena por su atributo de hablar lengua indígena en pequeñas localidades.

Utilizando las definiciones de líneas de bienestar que elabora permanentemente el Consejo Nacional de Evaluación de la Política de Desarrollo Social (CONEVAL), se conforman tres categorías poblacionales. La primera categoría de pobreza alimentaria es definida por la línea de bienestar mínimo de la canasta alimentaria estimado a julio de 2010 en $680 pesos para zonas rurales y $973 pesos para zonas urbanas. A su vez para marzo de 2015 esta línea era de $903 pesos para zonas rurales y de $1 271 pesos para zonas urbanas, correspondientes a los momentos en que se hizo el levantamiento del Censo y de la Encuesta Intercensal. Para la segunda categoría de pobreza alimentaria y no alimentaria también se define por el costo de los respectivos momentos por lo que para julio de 2010 equivalía a $1 324 pesos para las zonas rurales y de $2 110 pesos para zonas urbanas; en tanto que para marzo de 2015 esta línea era de $1 679 para zonas rurales y $2 615 para zonas urbanas.

Con ellas se establece la distribución de la población ocupada por sexo y zonas urbanas y rurales cuyos resultados se muestran en el Cuadro VI-11. En ella se puede ver que en las dos primeras franjas de pobreza, demarcadas por las líneas de bienestar mínimo y de bienestar ampliado (alimentaria y no alimentaria) del CONEVAL, la población indígena ocupada tiene una mayor proporción en ambos años tanto por sexo como por zonas urbanas y rurales que los ocupados no indígenas.

Por sexo los hombres indígenas padecen más la pobreza alimentaria en las zonas rurales, mientras que las mujeres sufren más la pobreza alimentaria y no alimentaria en suma. Esta composición de la incidencia de la pobreza cambia en las zonas urbanas, donde se observa que la pobreza alimentaria así como también la combinación entre pobreza alimentaria y no alimentaria es recurrentemente mayor entre las mujeres indígenas que entre los hombres. Parece que este resultado no es exclusivamente de la población indígena, pues entre la población no indígena la pobreza alimentaria y la combinada con la no alimentaria, también afecta más a la ocupación femenina que a la masculina.

Cuadro VI - 11. Distribución porcentual de la población ocupada indígena y no indígena por sexo, según zonas y líneas de bienestar, 2010 y 2015

Zonas y líneas de bienestar del CONEVAL		CENSO DE 2010				ENCUESTA INTERCENSAL 2015			
		Hombre		Mujer		Hombre		Mujer	
		No Indígena	Indígena	No Indígena	Indígena	No Indígena	Indígena	No Indígena	Indígena
Rural	Pobreza alimentaria	18,7	38,0	16,1	33,9	8,8	20,8	8,2	17,6
	Pobreza alimentaria y no alimentaria	6,2	9,1	11,7	14,8	4,0	7,1	7,6	11,1
	No pobreza	75,1	52,9	72,2	51,3	87,2	72,2	84,2	71,2
	Total	6 701 704	2 519 090	2 538 670	860 826	6 006 591	3 171 067	2 399 845	1 108 307
Urbana	Pobreza alimentaria	3,6	5,8	8,2	13,5	2,1	3,0	4,5	7,5
	Pobreza alimentaria y no alimentaria	4,5	7,3	9,8	15,2	8,6	12,2	16,0	23,4
	No pobreza	91,9	87,0	82,0	71,3	89,3	84,8	79,5	69,1
	Total	14 335 072	1 484 436	9 056 305	932 752	14 278 558	2 706 377	9 051 935	1 644 833

Fuente: Cálculos propios con base en microdatos del Cuestionario Ampliado del Censo de Población de 2010 y de la Encuesta Intercensal de 2015 del Instituto Nacional de Estadística y Geografía, INEGI.

Participación de la fuerza de trabajo desde los hogares y su aporte al ingreso familiar

Un último aspecto a revisar es la participación que realizan los miembros de los hogares en el mercado de trabajo, como estrategia familiar de aglomerar el mayor volumen de recursos monetarios al ingreso familiar. Esto se puede observar si se considera el parentesco de los que reportan estar ocupados en ambas fuentes de información, el cual se pregunta con base en el jefe del hogar que es identificado por parte de los miembros de éste y cuyos resultados se condensan en el Cuadro VI-12 por sexo y zonas.

Tanto para el Censo de 2010 como para la Encuesta de 2015, el Cuadro muestra que en la ocupación masculina hay un predominio de los jefes de hogar en el mercado de trabajo que va del 60 al 68 por ciento, seguidos por los hijos con entre 18 y 25 por ciento, mientras que entre la ocupación femenina la participación como jefas de hogar es mucho más reducida en el mercado de trabajo, predominando más como esposas o compañeras entre 33 y 40 por ciento, y como hijas entre un 20 y 31 por ciento. Estos resultados van acordes a lo que se esperaba encontrar en la disponibilidad de la fuerza de trabajo de las familias, como base de su estrategias de contribuir al ingreso familiar.

Cuadro VI - 12. Distribución porcentual de la población ocupada indígena y no indígena por sexo, según zonas y parentesco en el hogar, 2010 y 2015

Parentesco		CENSO DE 2010				ENCUESTA INTERCENSAL 2015			
		Hombre		Mujer		Hombre		Mujer	
		No Indígena	Indígena	No Indígena	Indígena	No Indígena	Indígena	No Indígena	Indígena
Rural	Jefa(e)	65,6	67,7	20,7	21,6	62,9	64,7	25,5	27,2
	Esposa(o) o compañera(o)	2,1	1,7	39,8	40,7	5,2	4,6	35,4	33,8
	Hija(o)	25,6	24,8	31,5	28,8	24,4	24,1	30,2	29,7
	Nieta(o)	1,3	1,1	1,4	1,2	1,3	1,2	1,3	1,2
	Nuera o yerno	2,8	2,1	2,6	3,1	3,1	2,6	2,7	3,1
	Madre o padre	0,2	0,3	0,5	0,8	0,2	0,3	0,6	0,7
	Suegra(o)	0,1	0,1	0,2	0,3	0,1	0,1	0,2	0,3
	Otro parentesco	2,0	1,9	2,9	2,9	2,3	2,1	3,4	3,4
	Sin parentesco	0,3	0,2	0,5	0,6	0,5	0,4	0,7	0,5
	Total	6 675 466	2 511 392	2 531 294	858 282	5 986 077	3 162 616	2 392 241	1 105 250
Urbana	Jefa(e)	64,5	68,5	24,1	27,5	60,2	65,0	27,4	32,3
	Esposa(o) o compañera(o)	3,5	4,0	39,5	39,2	6,3	6,5	35,1	34,5
	Hija(o)	23,1	18,1	27,1	20,4	23,4	18,9	27,2	21,9
	Nieta(o)	1,2	0,9	1,1	0,9	1,4	1,0	1,3	0,9
	Nuera o yerno	3,4	2,9	2,1	2,1	3,7	3,2	2,2	2,1
	Madre o padre	0,2	0,3	0,6	0,8	0,2	0,3	0,6	0,8
	Suegra(o)	0,1	0,1	0,3	0,3	0,1	0,1	0,3	0,3
	Otro parentesco	3,3	4,2	3,9	4,8	3,7	4,0	4,4	4,8
	Sin parentesco	0,7	1,1	1,4	3,9	1,0	1,0	1,6	2,5
	Total	14 275 611	1 478 202	9 021 541	927 877	14 221 705	2 698 036	9 020 207	1 640 640

Fuente: Cálculos propios con base en microdatos del Cuestionario Ampliado del Censo de Población de 2010 y de la Encuesta Intercensal de 2015 del Instituto Nacional de Estadística y Geografía, INEGI.

Adoptando esta misma desagregación por parentesco, podemos ver de manera efectiva la equivalencia de estas contribuciones desde el ingreso individual de los miembros del hogar y su representación en el ingreso familiar. En el Cuadro VI-13 se presentan los promedios de la proporción del ingreso individual respecto al ingreso familias de las y los indígenas y no indígenas por zonas para los dos años.

Los resultados arrojan que son los jefes y las jefas de los hogares quienes tienden a aportar la mayor proporción de ingresos familiares, con diferencias por sexo y zonas. En efecto, entre la ocupación masculina indígena en 2010 los jefes de hogares en zonas rurales su ingreso individual representa menos del 43 por ciento del ingreso familiar, siendo menor al que representa para las mujeres indígenas que son jefas de hogar cuya proporción es de 62 por ciento, mientras que en las zonas urbanas estas diferencias se uniforman con la tendencia del resto de grupos, lo mismo que el registrado en 2015 al ser mayor el aporte masculino que el femenino.

Cuadro VI - 13. Aportaciones porcentuales al ingreso familiar de la población ocupada indígena y no indígena por sexo, según zonas y parentesco en el hogar, 2010 y 2015

Parentesco		CENSO DE 2010				ENCUESTA INTERCENSAL 2015			
		Hombre		Mujer		Hombre		Mujer	
		No Indígena	Indígena	No Indígena	Indígena	No Indígena	Indígena	No Indígena	Indígena
Rural	Jefa(e)	68,67	52,92	69,88	62,37	80,58	78,78	72,80	71,54
	Esposa(o) o compañera(o)	62,45	53,82	39,75	34,78	73,02	72,13	46,27	45,52
	Hija(o)	40,25	34,24	44,29	41,63	49,69	49,13	48,62	48,25
	Nieta(o)	47,43	41,78	47,24	42,98	55,60	55,24	52,54	51,36
	Nuera o yerno	49,79	46,64	31,35	24,13	53,20	52,95	35,42	34,88
	Madre o padre	30,50	18,71	36,71	26,17	41,93	37,71	40,72	38,09
	Suegra(o)	34,92	25,00	32,83	27,45	43,12	41,67	38,39	34,46
	Otro parentesco	41,90	36,82	41,62	36,72	50,92	49,00	45,11	43,94
	Sin parentesco	40,00	43,20	36,67	34,20	41,34	39,93	43,95	42,51
	Total	59,72	47,56	47,30	42,46	70,43	69,24	53,39	52,90
Urbana	Jefa(e)	75,20	74,01	71,59	69,06	75,70	74,78	70,77	68,57
	Esposa(o) o compañera(o)	62,16	60,73	41,73	39,17	65,95	65,93	44,71	43,15
	Hija(o)	43,54	41,80	43,16	39,92	46,70	45,41	46,44	44,08
	Nieta(o)	45,69	44,11	42,83	37,92	46,61	46,55	44,69	44,88
	Nuera o yerno	46,84	44,71	30,12	29,36	47,41	46,24	32,79	31,75
	Madre o padre	41,23	33,93	39,57	32,46	42,95	41,45	41,36	37,52
	Suegra(o)	39,76	34,19	31,58	26,81	40,80	40,19	33,89	31,95
	Otro parentesco	43,40	39,44	40,86	36,64	45,32	43,30	42,94	40,14
	Sin parentesco	41,89	39,44	39,48	38,17	42,44	39,55	43,44	40,85
	Total	64,73	64,56	48,97	47,09	65,28	65,71	51,88	51,06

Fuente: Cálculos propios con base en microdatos del Cuestionario Ampliado del Censo de Población de 2010 y de la Encuesta Intercensal de 2015 del Instituto Nacional de Estadística y Geografía, INEGI.

Los segundos aportantes al ingreso familiar son los esposos y esposas, con proporciones que van de 53 a 72 por ciento entre los hombres, siendo menor en zonas urbanas que en zonas rurales, caso contrario a lo que ocurre entre las mujeres en esa relación de parentesco cuyo aporte es mayor en zonas urbanas. Otra diferencia es que la tercera categoría aportante se encuentra compartida entre hijas e hijos, nietas y nietos, nueras y yernos, con proporciones cercanas en los aportes al ingreso familiar que van entre 39 y 50 por ciento, seguidas de las aportaciones de padres y madres así como del resto de integrantes del hogar. En todas ellas el aporte al ingreso familiar fue mayor entre los no indígenas que entre los indígenas.

Conclusiones

El análisis que se ha realizado utilizando los microdatos del cuestionario ampliado del Censo de 2010 y la base de datos de la Encuesta Intercensal de 2015, dan como resultado que ambas fuentes de información no cuentan con el mismo diseño metodológico para considerar una comparación entre una y otra, por lo cual no se pueden establecer tendencias entre 2010 y 2015. Este es un serio problema que no contribuye a la visibilización de la población indígena en México y por el contrario introduce interrogantes sobre el volumen real de población que son necesarios para considerarse en el diseño de la política social, así como también para la asignación presupuestal de los programas sociales.

En cada uno de los componentes analizados hemos visto que las y los indígenas se encuentran en condiciones desfavorables en los mercados de trabajo, tanto urbanos como rurales. En estos últimos las categorías que suelen reconocerse como de actividades terciarias y de subsistencia en los espacios urbanos, resultan ser espacios de mayor estatus laboral en las localidades con predominio de trabajo con alta vocación agrícola. Estas categorías parece que sirven de construcción de expectativas y formación de puentes para la población indígena cuando migran a las ciudades, pues en estos espacios son a estos trabajos a los que logran acceder.

La discriminación laboral se concentra inicialmente en las condiciones limitadas para que la población indígena acceda a la educación. Sin posibilidades de acceder a recursos para su subsistencia, la estrategia de colocar el mayor número de miembros posibles como fuerza de trabajo disponible en actividades productivas, hace que se fomente la deserción escolar en edades tempranas y que la poca educación diferenciada a la que pueden acceder en contextos rurales, no les reditúe en ingresos adicionales, en momentos en que las actividades productivas agrícolas presentan remuneraciones precarias. Cuando migran del campo a la ciudad, las limitantes se hacen mucho más visibles y les impide acceder a mejores ocupaciones por su baja escolaridad, lo que los ubica en franjas de trabajos marginales con poca estabilidad, bajos ingresos y pocas prestaciones sociales. En estos nuevos espacios el acceso a la educación para las y los hijos de los indígenas se hace más difícil, lo que nuevamente los lleva a que entren en círculos de reproducción de la pobreza.

Así, las brechas de ingreso y de educación son altas y permanentemente desfavorables hacia la población indígena, donde se destaca a las mujeres indígenas y sus condiciones laborales más rezagadas que las de los hombres. Las regiones del centro y en especial del sur de México por su mayor proporción de población indígena son las que registran mayores brechas educativas y de ingresos, siendo las necesidades básicas alimentarias su mayor requerimiento que no logra ser cubierto para una franja importante de población indígena en las zonas rurales. Este fenómeno no desaparece en zonas urbanas y al contrario se amplía a la pobreza no alimentaria donde son las mujeres indígenas las que más expuestas.

Capítulo 7

Condiciones de vida y percepción de la discriminación en los casos de estudio

Introducción

En este capítulo analizamos las condiciones de vida de las y los indígena que habitan las ciudades seleccionadas. Observamos cómo perciben su proceso de migración, la concreción de sus expectativas y las proyecciones que los llevaron a dejar sus lugares de origen; indagamos en las oportunidades y limitaciones en los ámbitos de vivienda, trabajo, educación y salud, en las estrategias que desarrollan para encarar la vida en los distintos espacios en los que se mueven y si las identifican como parte de un discurso de derechos o solo de sobrevivencia.

Entendemos como "discurso de derecho" a la existencia de una conciencia sobre la importancia de garantías en tanto ciudadanos que les otorguen acceso a servicios y que este acceso esté facilitado por las instituciones públicas. Este tipo de discurso se constituye cuando se proclama la existencia de movilidad social (aunque no necesariamente para los actores mismos sino para sus descendientes), aun cuando se perciban oportunidades diferenciales según el lugar ocupado en la estructura socio-productiva. Por otro lado, hacemos referencia al discurso de la sobrevivencia cuando los anhelos y las proyecciones quedan reducidos al ámbito de la resolución de las necesidades básicas. Un ejemplo de ello es el trabajo considerado como medio para la resolución de las necesidades sin considerar sus condiciones de precariedad.

Como se plantea en el segundo capítulo, pensamos a la vulnerabilidad social dentro de un proceso –que involucra un espectro que va desde la inclusión social hasta la marginalidad profunda y desafiliación– en el que la vulnerabilidad se encuentra a mitad del recorrido y se caracteriza por el acoplamiento de la pérdida de trabajo y el aislamiento relacional y el que ser excluido no es solo un problema económico sino que implica el quiebre de las redes relacionales familiares, barriales, comunitarias. A partir de ahí buscamos establecer las posiciones de los sujetos entrevistados en una franja de vulnerabilidad social que va desde la inclusión –definida por un óptimo acceso a ciertos servicios y ámbitos como son la educación, la vivienda y el trabajo, siendo un área social signada por la estabilidad en las garantías sociales– a la exclusión social regida por la inestabilidad en el acceso a los distintos ámbitos, la precariedad de las condiciones materiales y, por tanto, la existencia de profundas restricciones en relación a las garantías sociales.

Una vez establecidas las posiciones de los sujetos nos preguntamos por los factores que han incidido para que se ubicaran próximos o alejados del extremo de la inclusión. Es decir, buscamos entender qué condiciones materiales y simbólicas potencian sus capacidades para sortear la adversidad y conseguir condiciones de vida favorables.

Ciudad del Carmen, Campeche

El municipio de Carmen, cuya cabecera es Ciudad del Carmen (ubicada en el oeste de la Isla del Carmen), se ha convertido en el segundo municipio con mayor cantidad de habitantes en el estado de Campeche (junto con la capital, San Francisco de Campeche, concentran el 59% de la población) y en el principal bastión económico de la zona. Hasta 1971, año en que se descubrieron grandes yacimientos de petróleo, la economía carmelita se desarrolló a partir de la actividad pesquera pero el petróleo marcó el comienzo de una nueva etapa en la vida de la ciudad –al tiempo que un hito trascendente en la historia del país– que dio un sello característico a Ciudad del Carmen.

Desde entonces, la actividad petrolera ha generado cerca de once mil empleos, en su mayoría cubiertos por personas llegadas de otras regiones, dando lugar a un fenómeno de inmigración que triplicó la población. Obviamente, gran parte de esa masa de inmigrantes no obtuvo un puesto de trabajo en la actividad petrolera (que requiere mano de obra calificada) sino que se vio obligada a incorporarse a la economía informal.

El proceso migratorio

De acuerdo con la tipología de municipios creada por la Comisión Nacional para el Desarrollo de los Pueblos Indígenas (CDI), el municipio de Carmen se clasificaría como un "municipio con presencia indígena baja" y Ciudad del Carmen está catalogada de la misma manera ya que de sus 169,466 habitantes solo el 3% corresponde a la población indígena (puede hacerse la comparación con el 23% de la Ciudad de Mérida). Aun si el número es bajo, la presencia indígena imprime a la ciudad un rasgo característico: se ve a los migrantes circulando por las calles o en el mercado vendiendo sus productos, volviéndose así parte de la fisonomía urbana.

Una característica frecuente de los trabajadores indígenas en Ciudad del Carmen es que continúan sintiéndose miembros de su comunidad –formando parte de las mayordomías de las fiestas patronales o cumpliendo el rol de servicios que deben prestar– de tal manera que el año en que les toca asumir algún cargo, ya sea religioso o en la escuela, dejan el trabajo que realizan en la ciudad para seguir siendo parte del tejido comunitario. Los hombres indígenas tienen un vínculo muy fuerte con la tierra y echan de menos su vida campesina. Son muchos los que en la época de siembra –que va de mayo a julio– vuelven a sus comunidades para sembrar el maíz, que dejan luego a cargo de la familia, y regresan en octubre y noviembre para ayudar en la cosecha.

Del trabajo de campo se desprende que la gran mayoría de los indígenas en Ciudad del Carmen no se siente parte de la sociedad ni siente al lugar como su espacio: vienen buscando únicamente una oportunidad económica que les permita mejorar las condiciones de vida existentes en su lugar de origen. Los que llegan a la ciudad con intención de quedarse y no regresar a la comunidad de donde partieron tienden a buscar lazos de amistad con personas que, como ellos, vienen de algún otro lugar, de manera que no hay integración real a la ciudad. Una característica de la migración indígena es que convergen grupos diversos provenientes de Oaxaca, Chiapas, Tabasco, Yucatán y algunos de Guatemala.

En los últimos años, las personas que llegan a Ciudad del Carmen han sido empujadas, entre otras cosas, por el deterioro sufrido en el sistema milpero y las escasas oportunidades de empleo en sus comunidades de origen. Especialmente los jóvenes ven la migración como la posibilidad de generar recursos y satisfacer sus necesidades pero el lugar receptor no ofrece un trabajo formal a los recién llegados ni tampoco les brinda oportunidades de educación, vivienda o salud. En la ciudad, los migrantes enfrentan diversos retos: además de la escasez de oportunidades laborales y dificultad para acceder a servicios básicos, los estereotipos que la cultura urbana les atribuye y con los que tienen que convivir de manera cotidiana los obliga a confinar su lengua y prácticas culturales al espacio del hogar.

Condiciones laborales

El aspecto más importante a considerar en este ámbito es el hecho de que la mayoría de los migrantes –no solo los indígenas– tienen un grado de escolaridad escaso o nulo. Sin duda, una de las ilusiones de los migrantes a Ciudad del Carmen es conseguir trabajo en Petróleos Mexicanos, pero es muy bajo el porcentaje que logra "subir a plataforma" u obtener algún lugar en las oficinas de la paraestatal.

Alejandro Amado, oriundo de la ciudad de México y residente en Ciudad del Carmen desde hace seis años, trabaja como visitador de la Comisión de Derechos Humanos de Campeche con sede regional en la isla. Desde su cargo trasmite una visión crítica de la migración indígena y de la desventaja de no poseer un grado de escolaridad que les permita desarrollarse en un trabajo formal:

> "[Ciudad del Carmen] *es una zona económicamente productiva, pero requiere cierta especialización en la rama petrolera, las personas generalmente, no todas pero la mayor parte de los migrantes que llegan aquí a la ciudad, la mayoría de los casos no tiene ningún tipo de estudio esto dificulta mucho que puedan conseguir un trabajo formal, lo que hacen generalmente es auto emplearse en la venta ambulante...Pues la mayor parte de la gente sí, hay cierto grupo de personas que llegan con otras expectativas no de emplearse en petróleos sino de emplearse en otro tipo de empleo formal pero bueno, también ese tipo de empleos es muy reducido porque aquí converge muchísima gente.*"

El nivel de escolaridad se refleja también en la posibilidad de acceso a la información: hay una clara diferencia entre quienes buscan un espacio laboral en la industria petrolera y tienen conocimiento sobre la manera de hacer el trámite burocrático (desde saber dónde están las oficinas hasta cómo sacar la libreta de mar y hacer el papeleo) y quienes llegan solos, sin la menor idea de lugares o trámites, yendo de puesto en puesto preguntando si alguien sabe dónde están pidiendo trabajadores.

> "*...la mayoría son abusados en el sentido de que no les pagan y entonces como no les pagan bajando ¿no? cuando ellos terminan su catorcena en plataforma, les pagan cuando la compañía quiere entonces ellos se ven forzados a seguir trabajando para la compañía para no perder ya ese salario que tienen ganado [...] porque quieran o no los días que están arriba por lo menos tienen comida segura, eso sí...* (Greysi Morales, indígena chontal que llegó a Ciudad del Carmen a los tres años)

La mayoría de los indígenas se emplean en trabajos poco calificados como limpieza en casas de familia o jardinería. Aun las personas que llegan con una profesión y tienen mejores posibilidades de inserción en el mercado laboral son objeto de discriminación por su vestimenta o una forma de hablar diferente.

"*Lo que sucede aquí en Carmen es que llega muchísima gente en busca de trabajo, la mayoría llega buscando trabajo en plataforma o en una compañía en plataforma y entre esas personas que vienen hay indígenas y de esta llegada ya hay un cerco de discriminación, que tú llegas a Ciudad del Carmen y como indígena hablas en una lengua o te ves como que no eres de aquí o tienes algún apellido en maya por ejemplo [...] hay la idea de que por ser indígena tú no puedes saber, no puedes ser especialista en algo...*" (Raciel Pacheco Medina, maya hablante oriundo de Sinochac, Champoton, maestro de primaria).

Buena parte de los indígenas migrantes se ocupa de la venta ambulante; es habitual caminar por las calles o el centro de Ciudad del Carmen y encontrarse con pequeños grupos de personas hablando en su lengua indígena mientras descansan de su trabajo en las calles. De manera cotidiana se puede observar a los "dulceritos", que ofrecen en una cajita de madera diversidad de dulces y cigarros. Los que viven de la venta ambulante sufren los efectos de una discriminación de gran magnitud pues el ayuntamiento de la ciudad no los deja trabajar en el centro y los aparta hacia la zona del mercado, lugar donde, de acuerdo con la versión de los vendedores, no hay mucha venta. La mayoría de los vendedores ambulantes que se encuentran en las calles de Ciudad del Carmen cuentan una historia de desilusión, pues lo que esperaban de la isla era bastante más de lo que han obtenido, aunque muchos están agradecidos de tener un trabajo que les genera un ingreso para vivir e incluso mantener a la familia que han dejado en su pueblo y se quedan allí con la esperanza de mejorar su situación económica.

Vivienda

Por tratarse de un espacio insular reducido –la Isla del Carmen tiene una superficie de poco más de 150 km3– existe una dificultad predeterminada para el crecimiento de la mancha urbana y un obstáculo natural para la construcción de viviendas. Sin embargo, con la constante llegada de inmigrantes aumenta la necesidad de vivienda sin que haya una estrategia estatal que dé una respuesta sustentable a este problema.

> "*...en la isla ya no hay suficiente espacio para todos pero como sigue habiendo una ilusión de trabajo mucha gente sigue llegando, entonces las familias que ya existen se van reproduciendo y se van formando más familias y estas familias no tienen un hogar y aquí sucedió que unos líderes priístas en busca de anexar votos y demás para sus candidatos empezaron*

a repartir terrenos en el área del manglar pues entonces el 80 % de las personas que iban ahí eran de comunidades indígenas o de otra ciudad pero había gente indígena que ya estaban buscando lugar donde asentarse aquí..." (Raciel Pacheco Medina).

Hoteles, hospedajes, cuarterías, casas de renta, predios ocupados de modo irregular, forman parte del paisaje habitual de Ciudad del Carmen. Hay colonias donde las cuarterías son un panorama constante, como es el caso de la colonia Manigua, con alrededor de cien cuarterías donde viven indígenas migrantes. Por ser una colonia popular los precios de las rentas son relativamente bajos.

Algunos grupos de familias –principalmente los tzotziles– rentan juntos, originando cuarterías ocupadas en su totalidad por el mismo grupo. Estas cuarterías les servirán como 'base' donde pueden hospedarse nuevas familias del mismo pueblo que llegan a la ciudad.

Es importante tomar en cuenta que algunos de los que arriban a Ciudad del Carmen no tienen la intención de asentarse en la isla pues el objetivo es reunir dinero para enviar a su familia y en un no muy largo plazo regresar a su comunidad. Por esta razón no se plantean como meta la adquisición de una vivienda; si su propósito tarda en cumplirse, se alojan en cuarterías durante mucho tiempo y en ellas mantienen su lengua y sus tradiciones, por lo que la renta de cuartos se ha convertido en un negocio popular en la ciudad. Sin embargo, hay quienes tienen la intención de quedarse y otros que, conforme pasa el tiempo, reconstruyen su vida y se integran a la ciudad, ya sea porque consiguen un empleo estable, se casan o simplemente se adaptan a la vida citadina. Es entonces cuando se torna necesario construir un patrimonio pero no existe en Ciudad del Carmen un programa, plan o proyecto dirigido a los indígenas migrantes para viabilizar la obtención de una vivienda.

Los que pueden aspirar a una vivienda a través de programas gubernamentales son quienes tienen la posibilidad de acceder al Instituto Mexicano del Seguro Social (IMSS), pero los indígenas migrantes en general no cuentan con trabajos ni las prestaciones determinadas por ley que les permitan este acceso por lo que esta vía se torna inalcanzable, situación que posibilita a líderes de colonia organizar grupos para la ocupación de terrenos vacíos que venden luego a precios relativamente accesibles. Este tipo de prácticas desemboca muchas veces en problemas pues los indígenas son acusados de despojo de bien inmueble, allanamiento de morada o destrucción de un área natural protegida y puede ocurrir que resulten detenidos o consignados a algún penal.

Educación

La Secretaria de Educación del Estado de Campeche no tiene como tal un programa dirigido a los hijos de los indígenas migrantes, ni mucho menos un programa interno que facilite a los niños indígenas la integración a los procesos de enseñanza aprendizaje, a pesar de que el fenómeno social de la migración está absolutamente presente en el día a día de la isla.

Por el lado de los indígenas, la situación es compleja: por una parte, resulta imperiosa la necesidad de que sus hijos tengan una educación que les permita acceder a mejores posibilidades laborales pero por otro la exigencia de obtener ingresos económicos para la supervivencia otorga prioridad al trabajo y deja en segundo término a la educación. De ahí que muchos no inscriban a sus hijos en la escuela durante el tiempo de su estadía en la ciudad esperando el regreso a su comunidad para hacerlo o que los inscriban y luego los desatiendan totalmente, dejando toda la responsabilidad de la educación de los niños a sus docentes y usando la escuela como una guardería.

Si bien la adaptación a la ciudad es más fácil para los más jóvenes, resulta todo lo contrario en el caso de los niños indígenas. Las burlas de los otros niños y la exclusión ejercida por los maestros pueden llegar a ocasionarles cambios de conducta y aun depresión. Se convierte en paradójico el hecho de que la Secretaría de Educación Pública tenga un programa de inclusión –que surge de la necesidad de evitar la deserción escolar– que dentro de sus parámetros no contemple al indígena migrante. La causa principal de esta exclusión parte de la incomprensión de que estos niños llegan con una cosmovisión diferente y que el no hablar español resulta un obstáculo insalvable que produce desinterés y frustración. Los maestros y maestras no están capacitados para atenderlos psicológicamente y dan por sentado que sus conductas –además del hecho de que los niños indígenas se aíslan del resto– son atribuibles a su procedencia, lo que demuestra que no logran traspasar la barrera de los prejuicios, convirtiéndolos en una forma sistemática de discriminación.

Raciel Pacheco, maestro en la escuela Juan de la Cabada Vera, ubicada en la colonia manigua de Ciudad del Carmen, relata que cada ciclo se reciben por lo menos diez niños indígenas migrantes.

> *"...siempre les piden que manejen cierto nivel de español lo que hace que muchos, por ejemplo los tzotziles que vienen a vender aquí y que vienen con sus hijos, muchos de esos niños no estudian porque no dominan el español, en las escuelas primarias les dicen que no pueden ser atendidos... inscriben a su hijo en la primaria, el niño no domina el español, estamos hablando de que un niño de 6 años que no domina el español y no fue al*

jardín de niños, el maestro, en vez de tratar de buscarle algo, empieza a solicitar a la dirección que se le canalice a otra escuela o algo así porque para él representa una dificultad enseñar...pareciera que porque no domina el español, porque habla una lengua indígena, está representando un problema...".

La discriminación se extiende más allá del nivel primario: la máxima casa de estudios, la Universidad Autónoma del Carmen (UNACAR), alberga alrededor de 2500 estudiantes de diversas licenciaturas. En ella estudian indígenas –que en sus comunidades tienen condiciones económicas favorables que les permiten emigrar tan sólo para estudiar– pero reciben apodos como *"chapita", "oaxaco", "pipope", "ranchero", "mayita"* por parte de los estudiantes citadinos.

Salud

Ciudad del Carmen alberga a un poco más de 149,000 habitantes y su infraestructura en materia de salud no es suficiente para atender a esa población. Obviamente, los indígenas migrantes sufren esta realidad en la que, además, resultan con frecuencia víctimas de discriminación. La mayoría de las veces se excluyen a sí mismos de las instituciones de salud y tratan de solucionar por su cuenta sus enfermedades pues, desde su experiencia, asistir a estos espacios es pérdida de tiempo ya que representa un día desaprovechado solo para que finalmente les digan que no hay medicamentos.

Si bien puede atribuirse una parte de responsabilidad a los indígenas, lo cierto es que el estado carece de un programa de salud dirigido a este segmento de la población, que queda en una situación de total fragilidad y desprotección respecto de las distintas formas de discriminación que sufren en centros y hospitales.

> *"...cuando he ido y me ha tocado ir en lo que es el hospital general, a cualquier individuo, a menos que tengas influencias, a cualquier individuo lo tratan mal, o más que mal, lo tratan como si no importara, como si el paciente que tiene ahí no importara. Cuando eres indígena, todavía peor, porque a veces el indígena no sabe hablar español y como no sabe hablar español lo que hacen es simplemente olvidarse, no le importa de qué manera se pueden comunicar con ellos, de qué manera le pueden transmitir lo que está"* (Greysi Morales).

Existen en Ciudad del Carmen alrededor de treinta hospitales, sanatorios y clínicas, entre las que se cuentan clínicas particulares y hospitales, consultorios y casas de salud propios del sistema de salud del estado mexicano. Hay también cerca de un centenar de consultorios médicos en las farmacias de la ciudad, que han ido surgiendo con la intención de combatir la automedicación, algunas de atención gratuita y otras con un arancel bajo. Allí concurren regularmente los indígenas por la practicidad que permiten estos consultorios.

De las entrevistas se puede concluir que las enfermedades más comunes son los resfriados y la diarrea, atribuibles al cambio de clima y a la condimentación de las comidas que, por lo general, deben consumir en la calle ya que el tipo de trabajo que hacen no les deja tiempo para preparar sus alimentos o seleccionar mejor lo que comen.

Es importante resaltar que Ciudad del Carmen se encuentra siempre en los primeros lugares de las tragedias epidemiológicas del estado. El dengue, la salmonelosis, la influenza, son enfermedades comunes en la isla y los indígenas migrantes están más expuestos a ellas debido a que comparten espacios comunes, por lo general reducidos.

En la conciencia popular y general está la idea de que los indígenas sólo acuden con los "xamanes" o "curanderos" y no van a un hospital; por su parte, el estado no tiene proyectos, programas o estrategias para amortiguar las necesidades de servicios médicos de los indígenas migrantes. En el plan municipal de desarrollo 2012-2015 en Ciudad del Carmen, en el apartado de salud, se reconoce la importancia de la salud de los habitantes para crear una fuerza laboral y productiva capaz pero no se menciona a los indígenas. Quizás al no pertenecer al sector de producción formal y no constituir una fuerza productiva que genere recursos para el estado no resulta prioritario atenderlos.

Aparte de las ya nombradas epidemias, otro gran flagelo lo constituyen el alcohol y las drogas, causantes de que Ciudad del Carmen haya registrado en los dos últimos años el primer lugar en suicidios en el Estado de Campeche y los indígenas son un número en la estadística. En este aspecto, tampoco tiene el estado una estrategia de intervención; en su lugar usa las adicciones para discriminar de manera sistémica a los indígenas migrantes –el blanco perfecto por su vulnerabilidad e indefensión– para culparlos de los problemas de la ciudad. Aun los trabajadores del hospital se refieren a ellos como *"indígenas descuidados que no saben cuidar su salud"* con lo que confirman que no hay una reflexión ni comprensión profundas de la realidad que enfrentan.

San Francisco de Campeche, Campeche

Capital del Estado de Campeche y cabecera del municipio del mismo nombre, la ciudad de San Francisco de Campeche se ha convertido en un destino migratorio para diversos grupos étnicos: mayas peninsulares, tzotziles, choles, mixtecos, zapotecos y nahuas. El Instituto Nacional de Estadística, Geografía e Informática (INEGI, 2010) registra que en San Francisco de Campeche existen 8,582 habitantes de 5 años y más que hablan alguna lengua indígena, sin embargo, no especifica su lugar de procedencia[1].

El proceso migratorio

En San Francisco de Campeche, el centro histórico de la ciudad está delimitado por fortificaciones construidas por los españoles para proteger a la población de los ataques de piratas, aunque barrios aledaños como San Román, Santa Ana, Guadalupe y San Francisco también son considerados zona centro. En esta área se concentran los principales servicios de la ciudad y allí es donde la mayoría de los integrantes de los diversos grupos étnicos se incorporan a la economía informal –ambulantaje, servicio doméstico o albañilería.

Sin importar el grupo al que pertenecen, las y los indígenas migrantes trabajan arduamente: se les observa activos desde hora temprana (5 o 6 a.m.) hasta altas horas de la noche (9 o 10 p.m.), todos los días de la semana. Las y los vendedores ambulantes se ubican en diferentes lugares de la ciudad según su etnia y ofrecen su mercadería: las indígenas mayas mayores en su atuendo tradicional, las más jóvenes y los hombres con ropa común; todas las indígenas tsotzil usan su vestimenta tradicional al igual que las nahuas, lo que da a la ciudad el colorido de la diversidad. Sin embargo, es esa misma vestimenta junto con la lengua indígena, las costumbres tradicionales, el color de la piel y la apariencia física lo que hace a los migrantes objeto de una discriminación que puede observarse en las instituciones de gobierno, en las escuelas, en la vía pública, en los restaurantes, en los bancos.

> *"La discriminación es un tema de dificultad; es un tema presente en la sociedad, en el gobierno, en la calle, en el trabajo. Es un tema que urge que tanto la autoridad como la sociedad, a través de sus formas de organización, diseñen e implementen acciones para irla combatiendo. [...] vemos cotidianamente que existen informes de discriminación que muchos sectores de la población están padeciendo [...] por ejemplo, la negativa de algunos registros civiles por registrar a los niños con los nombres que los padres les quieren dar, sobre todo nombres indígenas. Pero también la iglesia misma [...] una negativa de aceptar que la gente de las comunidades indígenas le pongan nombres originarios a sus hijos..."* (Víctor Alfonso

---

1 http://www.inegi.org.mx/sistemas/consulta_resultados/iter2010.aspx?c=27329&s=est

Uc Hernández, licenciado en ingeniería agrícola, de Pomuch, Campeche, director de atención a la marginación en la Secretaría de Desarrollo Social y Regional, SEDESORE).

Al llegar a la urbe la población indígena se suma a los cinturones de pobreza pues se asienta en colonias irregulares y se incorpora a trabajos precarios y estacionales; al mimetizarse con los sectores más pobres de la población citadina se invisibiliza en su condición de indígena. A pesar de que las condiciones laborales en la ciudad no son favorables, consideran que esta situación es ventajosa respecto de lo que vivían en su comunidad dado que la ciudad brinda la oportunidad de obtener un ingreso más alto que les permite atender algunas necesidades que no logran cubrir en sus comunidades de origen. Sin embargo, el elevado costo de alimentación, renta y salud hace que no lleguen superar las condiciones de pobreza.

Condiciones laborales

Al llegar a la ciudad, algunos migrantes indígenas logran incorporase a ciertos trabajos: las mujeres de origen maya, por ejemplo, al trabajo doméstico no declarado y los hombres a la construcción; otros consiguen un empleo asalariado gracias a la ayuda de algún familiar o aprenden nuevas labores con el propósito de adaptarse a la oferta laboral de la ciudad. Los migrantes de origen tzotzil se auto emplean en la economía informal –las mujeres comercian indumentaria tradicional de su lugar de origen y los varones frituras, raspados y artesanías– al igual que los mixtecos que venden artesanías típicas de sus comunidades de origen. Numerosas indígenas choles tienen una carrera universitaria y han logrado conseguir un trabajo afín a su profesión pero siguen realizando algunas actividades relacionadas con el campo y con el comercio informal. Con frecuencia tanto las indígenas choles como las tzotziles llevan a vivir con ellas a sus hermanas menores y absorben los gastos de manutención y educación.

Gran parte de la población indígena busca empleo en aquellos lugares que han sido tradicionalmente empleadores de mano de obra indígena barata: los ranchos. La asociación civil Colectivo Pro Derechos Humanos el Caracol A.C., dedicada a la defensa y promoción de los derechos humanos, tras seis años de funcionamiento y dos desde su constitución legal, comenta por boca de su secretario, José Roberto Grajales Mendoza, el caso de Santa Genoveva, rancho próximo a la ciudad de Campeche. A dicho lugar arriban familias indígenas enteras en busca de empleo dadas las dificultades económicas y los duros términos de competitividad que deben enfrentar en sus lugares de origen cuando se dedican a la agricultura con fines comerciales.

Luis Antonio Che Cu, con 16 años de actividad como gestor social en la asociación civil Frente Campesino Indígena Emiliano Zapata[2], nacido y residente en la ciudad de Campeche, describe como tarea principal la de "crear conciencia en la gente de la organización para luchar por una vida más digna" y señala como uno de los principales problemas de los indígenas migrantes en la ciudad la situación de pobreza en que viven debido al tipo de empleos precarios y mal remunerados que realizan. Su reflexión apunta a señalar que, si la legislación se cumpliera y hubiera voluntad política, no sería acuciante la necesidad de migrar pues se aliviarían los problemas derivados de la carencia de tierras y el difícil acceso a apoyos para proyectos productivos.

El proceso de búsqueda de empleo se ve afectado por la discriminación, lo que conduce inevitablemente a que los indígenas oculten su identidad. Aun los jóvenes que logran estudiar (con la dificultad que envuelve ser hijo de indígenas) tienen luego problemas para encontrar un trabajo digno, acorde a su profesión.

María Sánchez relata que debido a la falta de empleo en su comunidad parte de su familia se vio obligada a migrar a la ciudad. Ella trabaja todos los días de la semana, de 9 de la mañana a 9 de la noche, y su situación de pobreza le impide apoyar a su familia, que se quedó en la comunidad. A pesar de ello ve una mejoría en su situación respecto a la de sus progenitores dado que cuenta con un trabajo que le permite cubrir, aunque de una manera limitada, las necesidades básicas de alimentación, vestido y vivienda *"Porque aquí hay más trabajo y ya puedes comprar ropa [...] allá en mi pueblo no hay"*. María preferiría trabajar en su lugar de origen porque así estaría más cerca de sus familiares, no obstante, las condiciones de pobreza extrema en las que viven sus paisanos la hacen sentir más tranquila viviendo en la ciudad.

> *"En mi tierra el campesino vive feliz cuando llueve, cuando tus cosechas se dan, pero cuando no llueve y se pierden, estás en la miseria, en la desesperación. Tanto como tus animalitos como tu modo de vivir, porque vives de lo que produce el campo, es muy difícil. Digamos que más o menos mejoró, un poquito na más. La diferencia ahora que pues ya tengo un trabajo estable"* (Juan López Santiago, 68 años, trabaja en el mantenimiento de las áreas verdes de la ciudad).

---

2 Esta Asociación civil trabaja fundamentalmente en la zona maya del Camino Real, en Candelaria, en la zona fronteriza con Guatemala y en diferentes comunidades cercanas a Calakmul. Se consideran, más bien, orientadores y canalizadores de las problemáticas que presentan las comunidades.

Vivienda

Por lo general, los indígenas migrantes llegan a Campeche con ayuda de sus redes familiares o de amistad. Los mayas y zapotecos viven en colonias irregulares ubicadas en la periferia de la ciudad, los tzotziles y mixtecos residen en los barrios aledaños al centro histórico y los choles en los poblados que han pasado a formar parte de la ciudad. Al llegar, los indígenas mayas pasan años rentando una vivienda; luego consiguen un terreno, que usualmente logran por invasión, y con mucho esfuerzo construyen una casa humilde; gran parte de ellos vive en condiciones de hacinamiento. Los indígenas tzotziles rentan cuarterías y los mixtecos, en general, han podido comprar una vivienda.

Un problema que enfrentan muchos de los migrantes es la residencia en zonas que consideran inseguras o directamente peligrosas –a diferencia de tiempos anteriores– y reclaman mayor vigilancia. Otro problema es la ineficacia del servicio de agua potable pues a ciertas zonas llega solo en algunas horas del día. La mayoría de los indígenas migrantes tenía una vivienda en sus comunidades de origen, pero relatan que las condiciones de pobreza y el deseo de dar una educación a sus hijos los lleva a dejar esos lugares.

> *"En lo personal siempre nos ha afectado la vivienda, no hemos tenido la oportunidad, la fluidez económica, la capacidad económica de salir adelante en lo que es la vivienda. Por lo mismo que, vamos a decir, nos ha preocupado la superación de los muchachos. Es que nosotros nos dedicamos a darles estudio a los muchachos, no nos pusimos a construirnos una casa, porque era una o era otra, porque no alcanzaba el dinero. O les damos estudios o nos ponemos a hacernos una casa y amueblarla, mejor preferimos que estudiaran ellos porque es mejor. Primero estudiaron mis tres hermanos, después estudiaron mis tres hijos y pues nosotros ahí estamos, vea que conseguimos".* (Romeo Santiago Camal Balan).

Isidra Pérez Ramírez habita con su familia en una casa. Al preguntarle si ha sido beneficiaria o conoce beneficiarios de planes o programas de vivienda comenta que a la mayoría de los habitantes que tienen casas, les han sido proporcionadas por el gobierno *("unas que son como muy famosas, blanquitas con rojo, de material, son pequeñitas, es un huevito, nada más un cuarto, una cocinita y ya")*, pero desconoce que haya un plan de vivienda dirigido a los indígenas migrantes.

Educación

Los centros educativos que atienden a la población indígena migrante se localizan en la periferia de la ciudad. Existen alrededor de veinte escuelas que atienen a la población indígena migrante entre las de nivel primario, secundario, técnicas, jardín de niños y centro de atención infantil, pero algunas colonias irregulares no cuentan con los servicios de educación básica, por lo que los niños deben caminar largas distancias para asistir a la escuela, la mayoría de las veces porque no tienen el dinero suficiente para pagar el transporte.

Gabriel Chan relata que la mayoría de sus hermanos completaron la educación básica y él y otro de sus hermanos concluyeron la universidad. Dice no haber tenido la oportunidad de hablar en lengua maya en la primaria. En cuanto a las dificultades con las que se enfrentó al cursar sus estudios menciona que la falta de solvencia económica de sus padres les impedía cubrir en su totalidad los gastos escolares. A partir del cuarto grado obtuvo una beca de OPORTUNIDADES, pero la ayuda era insuficiente debido a que su familia es numerosa y únicamente contaban con el ingreso económico de su padre. Considera que sus problemas en la primaria se pudieron haber resuelto si hubiese contado con una beca desde el primer grado. Las condiciones de pobreza en su familia también impidieron que sus hermanos mayores continuaran sus estudios:

En todos los niveles educativos existen casos de discriminación a causa de que los indígenas migrantes hablan lengua indígena y/o tienen facciones distintas al resto de sus compañeros. Los entrevistados consideran que los maestros deberían tener conocimiento del origen y la cultura de los estudiantes, tener en cuenta que algunos temas y actividades serán complicados para los alumnos de origen indígena, deberían ser más pacientes y brindar más atención a estos estudiantes, porque usualmente los migrantes indígenas son temerosos y no expresan sus necesidades, por lo que su proceso de adaptación a la escuela nueva es más lento.

Romeo Camal afirma que sus hijos fueron discriminados en la universidad por proceder de un poblado y no tener solvencia económica para acceder a la tecnología:

> *"Los discriminan por venir de pueblo, en este caso por no contar con lo económico. Fueron con mucha desventaja ¡eso es tener ganas de superarse! Por ejemplo, para estudiar medicina estudian los hijos de empresarios, de políticos [...] los junior llegan en carro, con su celular, su tablet, su computadora, llegan con todo el equipo [...] una pregunta sencillita que*

haga el profesor, por ejemplo, los junior buscaban la respuesta rapidito en google ¡no! Mientras que ellos tenían su cacahuatito ¡y cómo le buscan!

Salud

Los principales padecimientos entre los niños son, por regla general, la gripa y la gastroenteritis, pero en la ciudad pueden enfermarse de leucemia y/o desnutrición debido a que las familias carecen de los recursos económicos necesarios para cubrir sus necesidades básicas. Las personas entrevistadas comparan asimismo las dolencias de jóvenes y adultos (diabetes e hipertensión principalmente, SIDA, enfermedades del corazón y enfermedades respiratorias) con las que los afectaban en su comunidad, que podían ser tuberculosis, viruela y sarampión.

*"Desgraciadamente, es muy triste que los niños mueren de leucemia, mueren de poca alimentación. Todo es caro, tú no puedes dar una alimentación digna a tus hijos porque, te vuelvo a repetir, el salario no da. No es un salario digno para que tú digas yo le voy a comprar leche, queso, pan o frutas para nutrir a mis hijos, no da. Si comiste carne hoy, no lo vas a comer toda la semana [...] Yo creo que comía bien en el rancho, había gallina, pato, guajolotes, huevos, queso, leche [...] Comíamos, bebíamos, sembrábamos frijol, calabaza y camote. Fíjate que toda esa comida lo extraño porque era más nutritiva era más sabrosa, a veces tiraba mi papá un venado, un armadillo, comías bien ¡se vivía mejor! Pero la cosa, como la población ya creció, ya no hay animal, ya se acabó... Antes en el campo no conocíamos la enfermedad, la única enfermedad que se escuchaba mortalmente era tuberculosis y la viruela, el sarampión. Ahorita aquí todos, los jóvenes, los viejos padecemos de diabetes, de hipertensión, padecemos del corazón, padecemos del sistema respiratorio, de muchas enfermedades que antes no se veían, por ejemplo, de lo sexual pues ya sabes que es el SIDA, que de otras enfermedades que antes nunca había. Antes respirabas aire agradable, puro tu pulmón. Ahorita respiramos humo, respiramos quién sabe qué tantas cosas, ya la atmosfera está contaminada de todas pendejadas, entonces, de eso vienen las enfermedades respiratorias" (*Juan López Santiago).

Algunos indígenas están adscritos al Seguro Popular y se atienden en el Hospital de Especialidades, aunque hay quienes cuentan con Seguro Social y son atendidos en el IMSS de Campeche; otros son atendidos en las Farmacias del Ahorro pero a veces no pueden comprar los medicamentos que les prescriben.

Muchos aseguran que en las instituciones de salud los indígenas son discriminados ya sea por el uso de la vestimenta tradicional o por hablar la lengua indígena; aunque hay personal amable, otros abusan de su autoridad.

Un elemento que refuerza la discriminación es que en la mayoría de los lugares de salud el personal solo habla español y no hace esfuerzos por entender a los indígenas cuando explican sus dolencias.

Tuxtla Gutiérrez, Chiapas

Tuxtla Gutiérrez, ubicada al noroeste del Estado de Chiapas es la capital y núcleo urbano más grande de ese estado. Cuenta con una población de 553,374 habitantes de los cuales 11,074 de 5 años y más hablan alguna lengua indígena (INEGI, 2010). De ellos la mayoría es población migrante de la región de los Altos de Chiapas, hablantes de tsotsil, tseltal, zoque, ch'ol, tojolabal y mame (CELALI, 2010). Tuxtla tiene 108 localidades de las cuales 29 están caracterizadas como indígenas (Catálogo de Localidades Indígenas 2010).

El proceso migratorio

El señalamiento más fuerte que hacen los entrevistados se centra en las diferencias entre su lugar de origen y la ciudad a la que llegan: el paisaje, la alimentación, el transporte, el ritmo urbano, pero justifican la elección de la ciudad por las imposibilidades económicas en sus lugares de origen; algunos mencionan que la motivación para migrar es el deseo de continuar estudios.

> *"Pues claro horita pues tenemos la posibilidad de comprarnos, por ejemplo que se nos antoja un pollo, un refresco eso podemos, allí no teníamos esa posibilidad acá sí, pero tenemos que trabajar duro...Se podría decir que más que nada acá se mueve todo por dinero y allá se mueve todo por trabajo [...] acá si no tienes dinero pus no comes. Las cosas, lo que se produce allá, aquí en la ciudad no puedes tener, por ejemplo las verduras, frutas allá hay de todo lo que no hay es dinero, en la ciudad se trabaja de lo que sea pero trabajas en la ciudad en cambio en el pueblo no hay, no hay trabajo"* (Juan Carlos Gómez Sántiz).

Hugo Ruíz Ordóñez, Ingeniero Agrónomo Zootecnista y responsable del Programa para el Mejoramiento de la Producción y Productividad Indígena (PROIM) y trabajador de la Comisión para el Desarrollo de los Pueblos Indígenas (CDI) en la delegación de Tuxtla Gutiérrez, expresa así su visión de la migración indígena:

"Aquellos que tienen sus usos y costumbres muy arraigadas, al llegar acá es totalmente diferente. Acá lo que les afecta o les puede dificultar es el idioma, el español, porque generalmente se quedan las señoras y los esposos están yendo por la mercancía: yendo y viniendo. Es al principio, pero sí se les dificulta el idioma porque acá la gente habla puro español [...] sus condiciones de vida son muy precarias: en el mismo negocio que abren ahí viven, ahí duermen, ahí todo con sus familiares. No tienen acceso a una vivienda digna en donde puedan estar los niños desarrollando una actividad. [...] Aquí es una ciudad muy peligrosa, entonces no tienen espacios dignos para la familia porque ellos vienen a economizar y generar recursos, entonces rentan cuartos muy pequeños, ahí están".

Cabe señalar que algunas mujeres entrevistadas manifestaron como causa de su migración a la ciudad el hecho de que en sus comunidades están condicionadas al rol de esposas; de hecho, muchas abandonan sus estudios para casarse a temprana edad.

Al no tener acceso a trabajos que les otorguen los beneficios previstos por la ley en cuanto a seguridad médica o acceso a créditos para vivienda, entre otros, que son los que articulan la oportunidad de desarrollarse plenamente, los migrantes tienen pocas oportunidades de mejorar sus condiciones de vida respecto de lo que vivían en el campo y por añadidura observan que el trato que reciben en los distintos ámbitos por los que se mueven es notoriamente diferente del que recibe la población mestiza. Si bien la discriminación de la que son objeto es menos explícita en la actualidad, sigue presente en la mirada que señala al otro como inferior. De allí que la estrategia de resiliencia más frecuente sea la invisibilidad: los indígenas se despojan de su identidad originaria para mimetizarse con los sectores de pobreza urbana y de ese modo ser contemplados como sujetos de derechos.

Es necesario apuntar que la actitud de discriminación y menosprecio no es privativa de los mestizos sino que existen conflictos interétnicos que no contribuyen a reconciliar las relaciones entre indígenas y no indígenas.

Condiciones laborales

El desconocimiento del español y la estigmatización de la que es víctima la población indígena los coloca en desventaja laboral: reciben salarios por debajo del salario mínimo, son vistos como mano de obra barata al tiempo que la informalidad laboral les impide gozar de las prestaciones de seguridad social de los empleos formales.

"Al indígena se le sigue viendo como una fuerza de trabajo al cual podemos explotar y pagarle lo que se nos venga en gana –un ejemplo es el propio salario del magisterio [...] como hay necesidad a veces las personas se tienen que quedar y aguantar el maltrato. "Te contrato pero vas a trabajar de tal a tal hora" [...] A veces hay gente que no domina bien el español y no ejerce sus derechos por lo mismo que no los puede expresar" (José Alfredo López Díaz, indígena Tsotsil, Director de la escuela Jaime Sabines en la Colonia Flor de Mayo).

En el caso de los hombres los trabajos más usuales son los de la construcción, el ambulantaje y en el caso de las mujeres el servicio doméstico, con las características que se señalan más arriba. Si bien existen empleos "formales" a los que acceden indígenas con preparación académica, estos no ofrecen los servicios y garantías que tendrían que brindar (se les niega el derecho a sindicalizarse, entre otros beneficios que deberían ser cubiertos por ley).

Vivienda

La población indígena que llega a la ciudad se instala por lo general con familiares que migraron antes que ellos o rentan pequeños cuartos conforme a sus posibilidades, La inestable situación en la que se encuentran les impide muchas veces establecerse en colonias formales, por lo que recurren a actos de paracaidismo o hacinamiento que los llevan a situaciones perjudiciales: por un lado la falta de servicios básicos, como agua, luz o drenaje y por otro en los barrios pobres es común la delincuencia en las calles –que se suma a los riesgos sanitarios– lo cual vulnera aún más sus derechos. Estos barrios, localizados en la periferia en fragmentos territoriales degradados, refuerzan la estrategia de mimetización con la pobreza a la que se ha hecho referencia anteriormente.

"Nosotros estamos sufriendo horita es el agua como no tenemos ni este agua. No tenemos este, pozo estamos tomando este puro agua pluvial es un pozo, lo, lo hemos escarbado y de ahí cada vez cuando llueve, ya lo capta el agua, ya se llena el agua, el agua pluvial y de allí pero de eso, no, no se agarra, he solicitado agua de pipa de 10,000 litros, espero que me lo dé para poder bastecer, ayudar a la gente para qué es lo que pues hay, el agua es lo más principal" (Daniel Girón Guzmán, indígena tzeltal)

"La falta de vigilancia, aquí hay mucha delincuencia, venta de droga así en cualquiera, cualquier casa venden, hay prostitución, hay gente

que se violan a sus propias hijas" (Rosaura del Carmen Cruz Gutiérrez, indígena Ch'ol).

La idea de tener casa propia va tomando forma paulatinamente cuando la familia empieza a crecer y un cuarto ya no es suficiente. Las personas que tienen empleos –y por lo tanto cuentan con los requisitos necesarios– efectúan los trámites para la adquisición de una vivienda, trámites que resultan verdaderamente extenuantes.

Educación

La relación entre indígenas y educación es conflictiva: por un lado existen quienes ven a la educación como una forma de superación personal y modo de enfrentar con más éxito la vida en la ciudad. Por otro lado, todavía existe la creencia en muchos sectores indígenas de que la educación no es necesaria, en especial para las mujeres, que son criadas para realizar labores caseras (se señaló antes que este mandato llega a ser una de las causas de migración de las mujeres) o para los niños, que en sus comunidades rurales son mandados a trabajar en el campo a temprana edad.

Así como existe una estrecha relación entre las posibilidades laborales y la vivienda, el nivel educativo condiciona absolutamente las perspectivas de un trabajo mejor remunerado y de mayor estabilidad, pero también en este terreno se refleja la ausencia de políticas públicas y la consecuente exclusión. Puede observarse que los programas que existen a nivel estatal no tienen especificidad respecto de la problemática del indígena urbano, tal vez porque siempre se lo ubicó en la ruralidad equiparando indígena a campesino.

En cuanto a las condiciones en que se encuentran las escuelas a las que va la población indígena, se puede afirmar que replican las condiciones de los hogares pues se localizan en parajes que no cuentan con servicios básicos por lo que captar niños es la tarea más difícil.

Por otra parte el tema de la discriminación es muy fuerte en la escuela: los indígenas que acceden a escuelas "normales" (normales en el contexto de albergar población mestiza y no exclusiva para ellos) se enfrentan a situaciones de discriminación por parte no solo de sus compañeros sino también de sus profesores.

"[...] Podríamos decir, no sé es racismo o no sé cómo se le puede llamar, lo que pasa es que el director era itsmeño, era de Chenal, Oaxaca....Y había un, por decir algo la mitad de los alumnos itsmeños y el otro resto de las demás regiones de Mixteca,Valle, Zapotecas, Mixes ahí andaba...

Había preferencia por los itsmeños, así es" (Gerardo Cortés Ortega, indígena ayuc).

Florencio Chavarría Velasco, doctor en educación, jefe del departamento de supervisión escolar y responsable de educación indígena en la institución federal Dirección de Educación Indígena, un organismo con más de treinta años de vida, interrogado acerca de la discriminación que sufre la población indígena en la ciudad, se remite inmediatamente a la situación que se vive en dos escuelas de la institución ubicadas en las colonias Albania Alta y La Noria. Habla de discriminación interétnica en el ámbito escolar debido a la procedencia diversa de la población indígena asentada en la urbe y de problemas derivados del control político de los espacios que ocupan y en los que interaccionan, problemas que comienzan cuando, debido a las dificultades de la vida urbana, la población indígena se ve impelida a organizarse para conseguir mejores condiciones de vida. La discriminación entre grupos indígenas se da, principalmente entre diferentes grupos étnicos, mientras que entre los miembros de un mismo grupo se crean alianzas y redes.

Salud

Para la población indígena el acceso a los servicios de salud es limitado ya que la seguridad médica va de la mano de los ingresos y/o el tipo de empleo, por lo tanto en los trabajos informales no hay seguridad ni posibilidad de seguridad médica. Hay quienes tienen acceso a los servicios del Instituto de Servicios Sociales para los Trabajadores del Estado (ISSSTE), otros recurren al Seguro Popular y otros a la atención del Desarrollo Integral de la Familia (DIF) de manera más informal. Las entrevistas que se transcriben son elocuentes de las diferencias, las carencias y las fallas que los indígenas migrantes sufren en relación al trato y disposición de los trabajadores de la salud.

> *"Acá hay un DIF que los servicios que dan, por ejemplo odontología, servicio médico y todo eso... Allá dan pésimas, no tanto así de servicios sino que no cuentan con material. Pides tu cita y "la máquina no sirve hoy", que no sé qué. Y nos vamos a la Santa Cruz, que también ahí nos toca el centro de salud. La gran cola, desde las 5 de la mañana a hacer cola, para que pases por ahí las 9 o las 10. Y para que le digan: "sabes qué, no vino la doctora", "sabes qué, ahorita no hay máquina". Y así como que no te sacan de apuros"* (José Alfredo López Díaz).

"Pero el ISSTSE a mí en lo particular me ha atendido muy bien, en su momento cuando estuve enferma pues me atendió. Reconozco que no tiene todos los insumos o los medicamentos pero no es porque no quieran, sino porque no les surten muchos medicamentos. Los médicos sí son buenos, especialistas. Tengo un médico familiar que tiene su consultorio particular. La ventaja, lo que sí es que hay que pedir citas hay que perder un buen tiempo en la cola" (Irma Méndez Sánchez, tzeltal).

Tizimín, Yucatán

Tizimín está ubicada en la región noreste del Estado de Yucatán y es su municipio más extenso (11% de la superficie total del estado). La ciudad de Tizimín (*ti'tsimín*, 'lugar del tapir', en lengua maya), cabecera del municipio, es la tercera ciudad en importancia del estado; está dividida en 30 áreas geográficas de las cuales 27 constituyen colonias urbanas habitadas. La distribución espacial de las mismas presenta connotaciones históricas relacionadas con cambios en fuentes de trabajo que pasaron del trabajo agrícola al empleo en las rancherías.

El proceso migratorio

En sus inicios, el municipio fue nicho importante para albergar a la comunidad migrante, especialmente de las comunidades aledañas. Posteriormente el escenario de una abundante fuente de oportunidades laborales fue cambiando y tanto los indígenas oriundos de Tizimín como los foráneos se vieron obligados a migrar nuevamente en búsqueda de otras alternativas de trabajo. De acuerdo con varios informantes, el municipio experimentó un cambio demográfico y migracional evidente aproximadamente entre 40 y 50 años atrás. Las principales razones identificadas fueron tres: la falta de apoyo sostenido y oportuno para la producción milpera, la venta de propiedades ejidales y la búsqueda de otras fuentes de empleo en las ciudades por parte de las generaciones más jóvenes.

Los perfiles de la población migrante son diversos: hay grupos que llegaron a la ciudad aproximadamente entre cuarenta y cincuenta años atrás, otros que vinieron hace diez o quince años y hay quienes pertenecen a una migración reciente. De acuerdo a esos momentos de llegada se pueden observar dos aspectos clave relacionados con la identidad indígena: uno es la disminución en el uso de la lengua maya (mientras más reciente la migración, mayor la tendencia a que la persona sea monolingüe del español); el segundo es la autoadscripción étnica –nos referimos al menos a la población yucateca maya hablante o descendientes de mayeros, que no se identifican a sí mismos como "indígenas". No está en el léxico común el uso de dicha categoría para sí mismos: los que reportaron haber escuchado esa palabra dijeron que había sido en la televisión. Es evidente que el rechazo, discriminación y explotación que sufren como indígenas les resulta poco clara: no pueden pensar que se los discrimina como tales ya que no se reconocen indígenas.

Unos quince a veinte años atrás grupos de familias y/o individuos que no pertenecían a alguna localidad del estado migraron a Tizimín. Por lo general estos nuevos migrantes provenían de Campeche, Chiapas, y Michoacán mostrando tres perfiles diferentes: los que venían a establecer algún tipo de actividad empresarial, los empleados que esos mismos migrantes traían para trabajar en sus empresas y por último los que llegaron por cuenta propia simplemente a buscar trabajo.

Varios informantes mencionan que la oportunidad para alcanzar un mejor nivel de vida de forma un poco más rápida, ha sido y sigue siendo su participación en la política partidista y ejidal. Otro medio es aceptar los tratos con "los narcos" en la venta de sus tierras y retirarse a vivir en otro lado o, por último, emigrar fuera de Tizimín hacia el Caribe para trabajar de albañiles o meseros. Los jóvenes prefieren esta opción como forma de obtener recursos económicos más rápidamente, comportamiento ligado a bajas oportunidades de empleo o bajos salarios.

Condiciones laborales

El proceso de urbanización de Tizimín hizo que los indígenas pasaran de la milpa a la obra encargándose de la construcción de calles, ductos de drenaje, excavación de pozos e instalación de energía eléctrica. Apoyándose en las nuevas actividades –y parcialmente en la milpa–, los indígenas migrantes consiguen su sustento. Además de las actividades de construcción, otras opciones de ocupación para los hombres son los servicios de mantenimiento (jardinería, reparación de aparatos electrónicos, limpieza, entre otros); para las mujeres, la venta de frutas y hortalizas, condimentos e indumentaria del hogar, además de emplearse como servicio doméstico y lavado de ajeno.

Los indígenas migrantes no siguieron trabajando sus tierras por distintas razones: la migración de sus hijos a ciudades turísticas, la falta de apoyo a la producción en el campo, la baja fertilidad de la tierra y las dificultades climatológicas que se presentan en Yucatán. A pesar de esto, la mayoría de los indígenas urbanos comentan que si se les diera la posibilidad de tener dinero seguro para comer y cubrir sus gastos básicos como luz y agua, seguirían trabajando en la milpa. Sin embargo, muchos están vendiendo sus tierras aunque a precios muy bajos, cuestión que se torna confusa pues los entrevistados hablaron de coerción y amenazas por parte de los compradores (de ahí lo bajo del precio) y se refirieron a ellos como "sospechosos" y que "venían a romper" la tranquilidad del pueblo.

Otra de las medidas de supervivencia en la ciudad es emplearse en trabajos formales (capataces en las diversas rancherías de Tizimín) o realizar trabajos temporales por cuenta propia (construcción o turismo). La mayoría de los indígenas coincide en que sus salarios son bajos y lo atribuyen a que no tienen estudios y no pueden encarar la exigencia de alfabetización o dominio de nuevas tecnologías.

En el ámbito laboral funcionan las redes de contacto: alguien "da el pitazo" (avisa sobre una vacante laboral) y se forma una cadena de información. Los informantes pueden ser amigos, familiares o empleados. Las ofertas laborales en Tizimín son limitadas, los salarios precarios y sin prestaciones sociales, por lo que Cancún, Playa del Carmen y Cozumel se convierten en nuevos lugares donde emigrar. Sin embargo, como se mencionó antes, migrantes de fuera de Yucatán abrieron empresas que incrementaron la posibilidad de empleo y estimularon la migración.

Vivienda

Para los migrantes en Tizimín, la búsqueda de un lugar donde vivir ha estado sujeta a varios procesos y contextos. Las distintas oleadas migratorias han presentado ciertas particularidades, aunque es posible identificar algunos patrones en la búsqueda de casas. El principal común denominador para la mayoría de los indígenas es que esta búsqueda no termina con la obtención de un terreno o vivienda sino que se sostiene una constante lucha para mantener dicha propiedad pues en ocasiones se presentan problemas para legalizarla.

La gran mayoría de los casos de familias o personas que migraron no lo hizo a un único destino estable sino que fueron de un lugar a otro dependiendo de las oportunidades de obtener ingresos económicos, aunque las familias con hijos e hijas permanecían más tiempo en el lugar donde estos asistían a la escuela. En esta migración interna, además, hubo grupos que vivieron en ranchos o parajes y se mudaron a la cabecera y otros que nacieron o vivieron en Tizimín durante un determinado período, pero se mudaron a rancherías y/o comisarías de la cabecera o bien a otro municipio.

En cuanto a migrantes de Chiapas, Campeche y Michoacán que vienen a emprender una actividad empresarial, ellos adquieren una propiedad en Tizimín mientras sus empresas están en las afueras. Los empleados traídos por esos empresarios pueden ubicarse en un rancho (si la empresa está localizada allí) o quedarse en Tizimín según negocien con el patrón el lugar donde habrán de alojarse.

Por lo general, los indígenas migrantes se han ubicado en la periferia y esta tendencia no ha cambiado, aunque la población migrante actual cuenta ahora con redes de ayuda por parte de familiares, amigos y conocidos que llegaron antes. En cuanto al tipo de viviendas, se registraron desde personas con viviendas precarias y con servicios públicos deficientes hasta propietarios con más de tres casas que cuentan con todos los servicios. En el medio existen grupos que han podido adquirir sus viviendas después de largos años de trámites, migrantes por lo general varones, jefes de familia de entre 50 y 60 años de edad, cuyos hijos y nietos han comenzado a migrar fuera de Tizimín.

Para varias familias de migrantes indígenas, fueron momentos de coyuntura histórica regional los que les permitieron hacerse de una vivienda que poco a poco fue aumentando en dimensiones y comodidades, aunque también las relaciones sociales en la arena política local y ejidal fueron un factor que facilitó el asentamiento de ciertas familias. Un dato importante en el tema de la vivienda es que las generaciones migrantes más recientes no tienen una residencia fija en la ciudad ya que las mejoras en la infraestructura de servicios de transporte público, les permiten regresar de su trabajo a su comunidad de origen el mismo día.

Una situación que actualmente enfrentan varios lugareños de Tizimín –a la que muchos informantes reportaron como "el trato con el narco"– es la llegada, alrededor de veinte años atrás, de personas que comenzaron a comprar propiedades a algunos habitantes y no pocos de los informantes hablaron de la hostilidad con que se llevaron a cabo estas compras. No sería arriesgado decir que obtener propiedades en Tizimín ya no es para gente con poco poder adquisitivo puesto que estos compradores foráneos van acaparando el mercado de bienes raíces de manera contundente.

Educación

La palabra 'discriminación', usada en las entrevistas, resultó algo fuerte para varias personas con las que se tuvo contacto en Tizimín. En las escuelas fue motivo de pláticas incómodas con algunos docentes, al punto de que se cancelaron citas previamente concertadas para entrevistas –formales o informales– mientras que en otras escuelas el acceso fue en cierta medida negado con el argumento de que se tenía que solicitar permiso a padres de familia en una junta convocada, lo que nunca ocurrió.

Un dato importante a la hora de evaluar el tema de la discriminación en el contexto de la migración indígena a Tizimín es la escasa o nula presencia de población infantil indígena en las escuelas de nivel básico. La razón aducida es que hay escuelas para indígenas en la mayor parte del Estado de Yucatán. La población infantil no tiene alguna lengua indígena como materna y en las prácticas culturales así como en los juegos no se observa que tengan relación con la cultura indígena; se enseña solo el maya yucateco por lo que puede decirse que su política es más bien la revitalización del uso de la lengua maya en una población infantil hablante únicamente del español. Los maestros no son indígenas ni hablan lengua indígena alguna. Sólo la población adulta mayores de 40 años y personas de la tercera edad la habla.

Salud

Para recibir orientación y cuidados médicos, los indígenas urbanos consultan principalmente en los centros de salud del Seguro Social, los módulos de atención médica del Seguro Popular, consultorios privados y consultorios de farmacias, principalmente "Dr. Simi". En el caso del Seguro Social, únicamente pueden consultar los trabajadores asalariados que gozan de prestaciones sociales.

Los padecimientos más frecuentes de los indígenas urbanos son la diabetes y problemas de la presión. Las recomendaciones que reciben en los centros de salud son, principalmente, realizar cambios en la dieta, algo que, según comentaron los entrevistados, les resulta difícil pues no tienen los suficientes recursos económicos para abastecerse de los alimentos recomendados. Respecto de los centros de salud públicos, dijeron que los diagnósticos son muy lentos, la atención mala y no curan los padecimientos, pero no mencionaron ser discriminados por su condición de indígenas. Sin embargo, profundizando en las entrevistas, se puede percibir elementos de mal trato y negligencia tanto del personal como de la institución en la atención que reciben: médicos y enfermeras los atienden de mala gana, los médicos no dan importancia a sus padecimientos y, sumado a esto, los regañan, en un trato déspota especialmente cuando se trata de adultos mayores o maya-hablantes.

Mérida, Yucatán

La ciudad de Mérida es la capital y ciudad más poblada del estado de Yucatán. En el último Censo Nacional de Población y Vivienda del Instituto Nacional de Estadística y Geografía (INEGI, 2010) la ciudad capital poseía una población de 781,146 habitantes y, según el mismo censo, el 9.5% es población indígena, por lo que, y de acuerdo con las tipologías empleadas por el mismo instituto, se la considera una ciudad con presencia indígena. Se ha convertido en un polo de atracción no sólo para indígenas provenientes del interior del estado de Yucatán sino también en una importantísima zona de tránsito y/o residencia para migrantes provenientes de Chiapas, Tabasco y Centroamérica, haciendo de la región un área plurilingüe, con hablantes de maya, chol, zapoteco, mixe y tzotzil, aunque en la capital el idioma predominante es el español.

El proceso migratorio

No obstante la presencia de indígenas en la ciudad, los servicios de la misma no consideran las necesidades de estos habitantes, víctimas de problemas de pobreza y marginación, con una mayoría ubicada en las zonas de viviendas populares más pobres de la ciudad.

Aunque dividida en cuatro zonas principales, el imaginario local ubica en el norte a la "zona rica" de la ciudad y en el sur, la zona de las colonias más pobres, por lo que la estructura del conjunto urbano de la ciudad presenta un marcado carácter segregativo, que se expresa en la distribución de los pobladores de acuerdo con su nivel socioeconómico.

La académica Eugenia Iturriaga Acevedo, antropóloga egresada de la UNAM, que trabaja temas de racismo y discriminación en México, especialmente en Yucatán, señala que este imaginario clasifica a los indígenas como pobres pero dice que

> *"[...] también hay población maya yucateca que tiene estudios universitarios, que pertenece a una clase media de Mérida, y no necesariamente maya es igual a pobre [...] una población indígena que es de clase media, es decir, población que salió de la zona rural y que ahora forma parte de la clase media en Mérida que no es pobre"*

Lo cierto es que en Mérida la mayoría de la población indígena migrante se encuentra establecida en colonias próximas al periférico, arteria de infraestructura carretera considerada hasta la década pasada como el límite de la ciudad; no obstante, el crecimiento de la mancha urbana ha hecho que las que antiguamente se consideraban comisarías sean ahora parte de la administración de la ciudad extendiéndola más allá de este límite. Actualmente son tres las colonias que tienen una gran concentración de indígenas migrantes, cercanas a las comisarías, donde queda clara la diferenciación observable en el paisaje urbano por los tipos de construcción y calidad de infraestructura pública.

Condiciones laborales

Uno de los fenómenos más evidentes que ha vivido la ciudad de Mérida durante los últimos veinte años es la intensa expansión demográfica y urbana que la ha hecho crecer sobre sus territorios colindantes, parte de la llamada zona henequenera, actividad productiva que se abandonó a partir de su crisis en la década de 1970. La expansión mencionada ha creado oportunidades en la industria de la construcción, razón por la cual ha recibido el ingreso masivo de mano de obra indígena proveniente principalmente del interior de Yucatán, de Campeche y otros estados vecinos, que migra a la ciudad debido a la falta de empleo o a la disminución del ingreso en sus comunidades de origen.

Mérida es también un foco de atracción de flujos de turistas nacionales y extranjeros atraídos por los programas de publicidad del gobierno del Estado que se enfocan en la cultura maya, lo cual potencia la prestación de servicios turísticos y venta de productos artesanales, en especial en el centro histórico, lo que resulta otro atractivo para los migrantes indígenas que pueden comerciar diversos productos agrícolas y artesanías.

Uno de los grupos más visibles y conocidos en la ciudad es el de las indígenas tzotziles provenientes de Chiapas, cuya opción de trabajo es la venta de artesanías a los turistas –collares, blusas, telas, aretes– mientras los hombres venden dulces y cigarros en las calles y centros nocturnos o se dedican a la limpieza de zapatos. La organización y dinámica de estos grupos no es del todo conocida debido en gran medida a su negativa a hablar, que refuerzan con el uso de su lengua nativa para indicar que no hablan español (aunque se les escuche hablarlo con los turistas para venderles sus productos). A pesar de que la mayoría trabaja en el ambulantaje, actualmente es posible observar negocios establecidos en el centro de la ciudad, en los que se comercia toda clase de artesanías chiapanecas y en los que tampoco es posible obtener información.

Sin embargo, autoridades, académicos y representantes de asociaciones civiles dan cuenta de que dicha población es víctima de explotación laboral, expuesta a jornadas de trabajo de más de 10 horas al día por las que reciben una remuneración muy baja; la mayoría de las ganancias son para terceros y además son controlados por medio del miedo. De acuerdo con un artículo de

La Jornada (6-10-2013) esta realidad esconde una corrupción latente en la que están vinculados explotadores tanto chiapanecos como yucatecos y también funcionarios del gobierno municipal.

Casi todos los entrevistados han transitado por más de tres empleos incluso de ramos distintos.

> *"[...] trabajé con mi mamá, ella se dedicaba a hacer pasteles, era un apoyo familiar. Luego, cuando vine [a Mérida] trabajé en un restaurant como cajero [...] Actualmente yo me administro el tiempo, puedo trabajar incluso 6 horas, 8 horas continuas o puedo trabajar un poco más para adelantar al día siguiente [...]trabajo a la semana 6 días [...] gano en una semana como mil quinientos [...]si fuese por otro trabajo que tengo extra, sí tengo un ingreso un poco más, como que de mil pesos, digamos que como dos mil quinientos a la quincena o algo así"* (Abraham Jesús Collí Tun, indígena maya originario de Cansacab, estudiante de humanidades).

> *"[me] dedicaba a hacer decoraciones para fiestas [...] después en, cuando estudiaba la prepa, trabaje igual en otra, me dieron la oportunidad de ser asistente en un programa social del gobierno del municipio. Después, entré a la universidad, por la misma oportunidad de la escuela fui a San Cristóbal a trabajar; en la delegación de turismo, era informador turístico. De ahí, me vine, terminé la universidad, me vine a vivir aquí a Mérida y acá tuve la oportunidad de trabajar en una constructora y después de eso trabajé en la clínica de Mérida, ya posteriormente pues ya me especialicé en el negocio de la estética y a eso me estoy dedicando actualmente..."* (Esmeralda Verónica Herrera, Indígena Tzotzil originaria de Ocosingo).

Existe una oferta laboral del municipio que se hace pública a través de mamparas colocadas en la planta baja del Palacio Municipal y están dirigidas a la población en general. Funciona a través de la Bolsa de trabajo municipal a la cual deben dirigirse los interesados. No obstante, la mayoría no acude a estas instancias "oficiales" de empleo debido a que carecen de la documentación probatoria de su experiencia de trabajo. Además, respecto de esta opción formal de búsqueda de empleo existe en el imaginario local la idea de que el ayuntamiento recibe el primer salario del empleado que utiliza el servicio a modo de retribución por la "diligencia". La información no se corroboró, pero lo cierto es que la idea circula y evidencia desconfianza hacia las autoridades municipales.

Vivienda

Uno de los problemas más importantes a los que se enfrenta la población indígena a su llegada a la ciudad es el de vivienda. Normalmente se instalan en lugares donde se localizan complejos industriales, instalaciones agropecuarias, cementerios, centros de readaptación social, en los que no siempre se cuenta con los servicios públicos básicos pero donde el costo del suelo o de las rentas hace más viable el tener una vivienda.

La cuestión de vivienda puede resolverse al principio residiendo con familiares o amigos o incluso en planteles escolares o lugares de trabajo asociándose con personas que comparten la misma condición migratoria. Posteriormente se puede recurrir a créditos de vivienda facilitados por los beneficios laborales pero no existen programas de vivienda oficiales dirigidos a la población indígena urbana.

En la vivienda promedio, habitan de dos a cinco personas, pero hay casos en los que el número de habitantes puede llegar hasta trece (dos o tres familias comparten una sola casa habitación). El hacimiento en lugares carentes de servicios básicos como agua o baños, así como la inseguridad, dan origen a diversas problemáticas que derivan en situaciones de explotación.

Se asegura que la situación de vivienda es peor para la mayoría de la población indígena migrante proveniente de Chiapas:

Para los migrantes que se ubican en la periferia se agrega el problema de la inseguridad: se habla de robos violentos, agresiones entre vecinos, pandillerismo, mucho de lo cual se atribuye al alcoholismo y la drogadicción. En contraste –y en marcada minoría con lo que se observa en la mayoría de los casos entrevistados– aquellos que alcanzan un nivel un poco más estable, con mejores oportunidades de vivienda y de empleo, tienen una concepción diferente del espacio donde viven y lo reflejan en sus usos, por ejemplo el orden, lo funcional o lo seguro que puede ser su espacio social.

Educación

La Secretaría de Educación Pública en el Estado de Yucatán, posee una Dirección de Educación Indígena cuyo propósito fundamental es atender las necesidades educativas de los niños, apoyándose en programas como Escuelas Dignas, Escuelas de Excelencia, Escuelas de Calidad, entre otros. Mérida tiene la característica de dirigir la atención a la población maya hablante que vive en la periferia de la ciudad, funcionalizando los servicios administrativos, de capacitación y pedagógicos que se ofrecen. Para ello procura tener docentes que dominen la lengua maya, materiales escritos en la misma lengua y, a partir del año 2010, la implementación de la asignatura "lengua maya", que, en palabras de su director *"permite una reivindicación de la lengua"* y *"atender a los niños en la lengua que hablan"*. Se intenta revertir la problemática que significa la carencia tanto de materiales en lengua maya como la de profesores maya hablantes, ya que, aunque la educación indígena nació hace 50 años en la región, lo hizo con la idea de utilizar maestros maya hablantes para enseñar el español a los niños, para castellanizar. Hoy, el planteo es lograr una educación intercultural bilingüe, *"sin que olviden su lengua maya"* dice Santiago Arellano Tuz, Director de Educación Indígena de la Secretaría de Educación Pública (SEP) en Yucatán.

De todas maneras, la mayoría de los programas que se desarrollan en el ámbito de la Dirección son los mismos que de manera general se aplican en el sistema educativo del país y del estado, su impacto no es evaluado y sus beneficiarios no participan directamente en la planificación de los programas. La realidad es que la población a quien dirige y aplica sus políticas es catalogada primero como pobre antes que como indígenas urbanos.

Un hecho a señalar es que desde esta Dirección se engloba bajo la categoría indígena únicamente a la población maya, aunque reconoce la presencia de otros grupos indígenas en la ciudad.

> *"[...] aquí los indígenas en Yucatán son los que descienden de las culturas más antiguas que inclusive estuvieron en nuestro territorio antes de la presencia de los españoles, a esos les llamamos indígenas. Aquí en Yucatán ha habido migrantes como por ejemplo, tenemos tzeltales, choles, náhuatls, yo creo, tenemos gente de Guatemala que también son de la familia mayense, pero no se reconocen como mayas de Yucatán sino que tienen otro nombre [...] el indígena prácticamente son los mayas [...] lo indígena como lo maya, y de hecho indistintamente se les maneja comunidad indígena, como sinónimo de comunidad maya, población indígena como sinónimo de población maya, lengua indígena, o lengua maya, es prácticamente un sinónimo en este momento"* (Santiago Arellano Tuz).

En línea con esta visión la población indígena hablante de lengua diferente de la maya –incluida la tzotzil, tzeltal, que se observa en el centro de Mérida– aunque de existencia reconocida no se atiende por dos motivos: primero porque no se sabe si la población infantil está estudiando, y, si lo está, no existen las herramientas ni programas que los contemplen y, segundo, dicha población es considerada como en tránsito, ya que se mueve según la demanda de sus productos. Aun así, en los casos en los que sí asisten a la escuela, la discriminación no se da directamente al interior del plantel educativo o en las aulas, sino más bien en el trato hacia las familias por parte del personal docente y administrativo, pero no debido a su condición indígena, sino al hecho de venir de otro estado, pues en Yucatán (en particular la población emeritense) atribuye una serie de elementos peyorativos a las personas que proceden de otros estados de la república, por ejemplo el Distrito Federal, Veracruz, Chiapas, Tabasco y Campeche.

En términos generales puede decirse que, al igual que en otros lugares estudiados, la discriminación se centra en la cuestión del lenguaje –que se asocia al lugar de procedencia, al nivel socioeconómico, el nivel de estudios y a los estereotipos derivados de esas características– y también como sucede en otros lugares tiene como consecuencia el abandono de la lengua materna indígena junto con otros rasgos culturales.

Salud

La relación entre el sector salud –al menos en lo que hace a salud pública– y la población indígena no es tan distinta a la relación con la población en general: deficiencias en el servicio, mala calidad de la atención médica y administrativa, tiempos de espera demasiado largos, sobresaturación de los servicios. La única diferencia sustancial es que, a diferencia del resto de la población, los indígenas no son atendidos en su propia lengua.

Los hospitales que concentran a la mayoría de la población indígena en la ciudad de Mérida son el Centro de Salud de Mérida y el Hospital Agustín O'horan. El primero tiene en sus alrededores clínicas particulares, laboratorios de análisis clínicos, rayos X y otros servicios de bajo costo. La gente que acude allí pertenece a la clase trabajadora y sectores poblacionales de ingreso medio-bajo que no posee servicio médico del IMSS y pertenece al Seguro Popular. El departamento de Trabajo Social confirmó que este centro de salud también atiende a una gran cantidad de personas de fuera del estado, muchos de ellos provenientes de comunidades rurales del Estado de Chiapas.

Es llamativo el hecho de que cada uno de los departamentos, áreas y ventanillas tiene su nombre escrito en español y en maya, pero no existe ninguna traducción al maya de la información colocada en las mamparas públicas dirigidas a la promoción de la salud y prevención de enfermedades. Tampoco existe traducción a otra lengua indígena diferente de la maya.

Este tipo de discriminación se basa en distintos prejuicios históricos, religiosos y culturales, que llevan al meridano a justificar la segregación entre distintos grupos con el fin de no perder la identidad propia. Por otra parte, muchas veces se suma a prejuicios políticos o económicos que consideran a los inmigrantes como una competencia respecto de los recursos disponibles, lo que ultimamente se refleja en manifestaciones de descontento en los discursos de la población local y hasta en actos de violencia de distinto tipo.

Guadalajara, Jalisco

Ubicada en el occidente de México, la zona metropolitana de Guadalajara se ha convertido en un destino importante de migración para diversos grupos étnicos como los mixtecos, wixaritari, tzeltales, tzotziles, choles, purépechas, ñhañhus, mazahuas, triquis, zoques y tlapanecos. Según el censo del 2010 del INEGI, en la Zona Metropolitana de Guadalajara existen alrededor de 24,739 habitantes de 5 años y más que hablan alguna lengua indígena. Hablar de la Zona Metropolitana de Guadalajara y, sobre todo, describir su cotidianidad es una tarea difícil: Guadalajara es la segunda ciudad más poblada de México y su Zona Metropolitana la segunda más habitada después de la del Valle de México. Es una de las grandes metrópolis que día con día cambia, está en movimiento, en la que minuto a minuto ocurren diversos sucesos y acontecimientos, y la que, en todo momento, es transitada por algunos de los más de cuatro millones y medio de habitantes que en ella tienen su hogar y su sustento.

El proceso migratorio

Como otras ciudades cuyo intenso crecimiento las ha llevado a conurbarse, la Zona Metropolitana de Guadalajara ha venido atrayendo, desde los años 40 del siglo pasado, a personas y grupos familiares pertenecientes a distintos pueblos indígenas del país, atracción que coincide con la industrialización y expansión demográfica y urbana. En Guadalajara la migración indígena ha sido fundamentalmente de carácter definitivo y, a diferencia de la de Ciudad de México que registró migración de mujeres solas, ha involucrado, sobre todo, al grupo familiar.

La ciudad de Guadalajara es el ombligo de esta región; la "perla tapatía" sigue siendo el centro más relevante del estado en donde se concentran la mayoría de los servicios y poderes estatales y en donde converge la mayor parte de la población. Es a esta ciudad a la que acuden diariamente muchos indígenas migrantes a "buscar la papa", ya que en el centro de Guadalajara es donde se da más el comercio ambulante, actividad a la que muchos de ellos se dedican en la ciudad.

Condiciones laborales

Una de las problemáticas más difíciles de resolver para los indígenas migrantes a la ciudad de Guadalajara es la búsqueda de empleo. Debido a que muchos no tienen papeles personales como acta de nacimiento, credencial de elector o no cuentan con cartas de recomendación de personas del lugar –aunado a la poca experiencia en ciertas áreas o al bajo nivel de escolaridad–, les resulta difícil conseguir un empleo "formal" por lo que, en el caso de los hombres, muchos se dedican al comercio ambulante o a oficios como la jardinería y albañilería, mientras que las mujeres suelen cuidar niños o ser empleadas domésticas, además de la artesanía, actividad realizada sobre todo por las mujeres, aunque algunas veces son los esposos los que salen a vender los productos.

> *"De la gente de la época que llegamos aquí nadie tenemos trabajo hasta ahorita ahora son los hijos los que ya tienen trabajo ahorita como en mi caso mis hijos. Yo nunca tuve un trabajo por falta de papeles íbamos y nos rechazaban, íbamos te traes tu comprobante de domicilio ¿de dónde íbamos a agarrar comprobante de domicilio si aquí no teníamos nada ni pagábamos luz ni pagábamos agua, qué comprobante de domicilio vamos a dar?* (Feliciano Manzano, mixteca).

En esta ciudad no hay descanso; los fines de semana también se trabaja y desde muy temprano las y los indígenas urbanos salen a iniciar su jornada de venta; hay quienes no tienen un lugar establecido y recorren la ciudad con sus productos, como las mujeres ñhañhus que venden papas, pulseras y muñecas, siempre atentas a que no las vea algún inspector, ya que en el "mejor" de los casos las multan y les quitan sus productos, en otros incluso han sido golpeadas. Son también mujeres ñhañhus quienes suelen pedir dinero sentadas en el suelo de algún punto del centro de la ciudad, como en la catedral de Guadalajara, en donde casi a diario se ve un par de mujeres en cada una de las puertas.

Uno de los empleos más comunes entre las mujeres indígenas es el de empleadas domésticas o cuidando niños pequeños, empleo que tuvo su auge en la Zona Metropolitana de Guadalajara en los sesenta y setenta, sobre todo en los sectores de clase alta, empleos ocupados al principio por mujeres campesinas en su mayor parte mestizas a los que luego se sumaron migrantes indígenas. Específicamente son las mujeres nahuas tanto de Veracruz como de Hidalgo quienes suelen emplearse cuidando niños y/ o limpiando casas en las que son recomendadas generalmente por algún o alguna paisana.

Algo muy común entre los ñhañhus y los mixtecos es complementar el autoempleo con la venta en tiendas de abarrotes existentes en las colonias donde viven y esto se ha convertido en un medio que les brinda un ingreso que, si no muy elevado, les permite obtener una ganancia diaria segura:

"Bueno mi oficio es carpintero, carpintería pero no de muebles sino de obra negra en construcciones y todo eso y le hago un poquito de albañil también pero ahorita ya esos trabajos están muy escasos, actualmente tengo una tiendita estoy atendiendo mi tiendita ya nada más soy comerciante como le digo no sale mucho porque no vive mucha gente ahí donde vivo pero pues es algo para irla pasando" (Pascual Victoriano, ñhañhu)

Otra posibilidad al llegar a la ciudad es emplearse en alguna tienda en la que no pidan una escolaridad muy alta, como en OXXO y otras. Para quienes pudieron concluir una carrera universitaria el panorama laboral es más amplio e incluso logran insertarse en ámbitos de trabajo relacionados con la licenciatura estudiada.

Además de las dificultades para conseguir un espacio para vender su trabajo, los artesanos se han estado enfrentando últimamente a la competencia de productos chinos de muy bajo costo, parecidos en cuanto al diseño a ciertas artesanías de algunos grupos étnicos pero de muy mala calidad y materiales, aunque hay quienes prefieren vender estos productos que requieren menor inversión de tiempo y dinero que sus propias artesanías.

Otro sector de trabajo, aunque no tan común pero sí recurrente entre los indígenas que tienen papeles en regla y escolaridad hasta la preparatoria, se ubica en empresas –desde producción hasta industria automotriz– en las que pueden tener un sueldo base seguro así como ciertas prestaciones de ley.

Vivienda

Los indígenas urbanos que viven en la Zona Metropolitana de Guadalajara se concentran sobre todo en los municipios de Tlaquepaque, Zapopan, Tonalá y la misma ciudad de Guadalajara. En colonias como la Ferrocarril (mixtecos), Buenos Aires (ñhañhus), La Noria (purépechas) han construido sus casas en terrenos irregulares de los que carecen de escrituras que avalen su propiedad. Ello les ha causado diversos problemas como la falta de servicios básicos –agua, drenaje y luz– que tratan de obtener a través de diversas estrategias.

Sobre la cuestión de los asentamientos indígenas, Diego Urban del Equipo de Apoyo a Migrantes Indígenas (EAMI), dice:

"[...] ellos llegaron y se instalaron o se asentaron en la periferia porque ahí era el lugar donde no había nada y donde nadie les decía nada para no quedarse ahí, poco a poco estas colonias se han ido desarrollando más o han ido creciendo incluso entre los purépechas por ejemplo, primero los dejaron quedarse en un área y después tuvieron que subir más arriba porque ahí ya los habían quitado, los habían catalogado de paracaidistas y posteriormente ellos pagaron sus terrenos ahí donde ellos viven pero ahora sucede que de esos terrenos no hay títulos porque se supone que eran ejidos y no se podían vender. [...]son colonias súper marginadas..."

La situación de irregularidad descripta ha traído aparejados desalojos o la falta de servicios básicos como agua potable, luz y drenaje. En ocasiones se trata de maniobras fraudulentas ('líderes' que les venden terrenos sin darles escrituras pues los terrenos tienen dueños legítimos). Una entrevistada recuerda una vez que, ya instalados, llegaron las maquinas del Ayuntamiento de Tlaquepaque y tiraron sus casas, a pesar de lo cual volvieron a construir una pequeña casita de ladrillo y block en el mismo terreno; siguen sin tener escrituras pero ahí continúan, esperando poder resolver su situación a través de la asociación ñhañhu de la que forman parte.

Otra de las opciones de vivienda que suelen tomar los indígenas, sobre todo al llegar a la ciudad, es la renta de cuartos o departamentos que comparten con otros amigos, pues el pago de la renta de un espacio para una persona es muy alto. La mayoría de los indígenas que migran viven en la ciudad en colectivo, casi nunca solos y comparten las viviendas con familiares, hermanos, hijos, padres.

Educación

Es en el ámbito educativo, específicamente en la primaria, donde los indígenas urbanos mencionaron haberse sentido más discriminados debido, sobre todo, a la lengua y a los rasgos físicos. En la ZMG no existe institución alguna en la que se tome en cuenta la educación intercultural, lo que pone en desventaja a los estudiantes indígenas. La educación que se les brinda a estos niños sigue los lineamientos del sistema de educación pública ligado a los cánones de la sociedad occidental, lo que muchas veces crea choques culturales muy fuertes entre indígenas y mestizos.

Para los hijos de los indígenas que migran a la ciudad el acceso a la educación se vuelve difícil, empezando por la cuestión económica que hasta cierto punto condiciona el nivel de escolaridad al que pueden acceder (si bien este ha aumentado en comparación con generaciones anteriores).

Durante el trabajo de campo no se mencionó que se negara a los niños el acceso a la educación sino más bien se refirieron a problemáticas económicas y falta de apoyo de las instituciones para que pudieran seguir estudiando. En la primaria, se complica comprar los útiles y materiales que los maestros piden y se les dificulta cumplir con algunas tareas. En la universidad, la cuestión se torna más difícil pues, debido a que hay una gran demanda en la única universidad pública del estado, la Universidad de Guadalajara, son muchos los aspirantes que se quedan sin un lugar, entre ellos aspirantes indígenas. Los que tienen posibilidad de hacerlo apoyan a sus hijos para que estudien en escuelas privadas a través de algunas becas:

> *"...en la Universidad de Guadalajara nunca han podido que según es del gobierno nunca han podido ellos quedar, tengo a los 5, ninguno de ellos estudiaron en la UdeG siempre tuve que conseguir becas de escuela particulares donde a través de otras dependencias de ahí de donde yo conozco me hacen oficios como ahorita el caso de uno de mis hijos está estudiando en el ITESO*[3] *pero con el apoyo de uno de los jesuitas y yo fui y hablé con allá que mi hijo tantas veces pague y pague el examen y va y lo hace y nunca ha podido quedar y ahora pues mi hijo quiere estudiar me comprendieron más allá que yo cuantas veces busqué a los rectores"* (Feliciano Manzano, mixteco)

En la opinión de Miguel Gómez, de la Universidad Americana de Comercio e Informática, UACI, el derecho a la educación entre los jóvenes indígenas se ve limitado, más allá de los factores económicos, por las diferencias culturales y de acceso a una educación inclusiva en las que estas no son respetadas.

> *"En el caso de la educación no es lo mismo un joven que venga de la sierra que compita con un joven de aquí de la ciudad, es totalmente diferente no es lo mismo que un joven haya tenido educación bilingüe en su comunidad que un joven totalmente en su lengua y compitan en eso yo veo una desigualdad y en ese ámbito entonces existe una pequeña discriminación y exclusión porque esta parte del joven que viene de la sierra no se le respeta su cultura, su lengua, su identidad y cuál es el desequilibrio entonces sale ganando la persona que ha nacido y que siempre ha hablado esa lengua y supuestamente debe de existir universidades interculturales. [...] no solamente esa situación de la lengua, de la identidad, no es lo mismo el alimento que recibe este muchacho en la ciudad que este muchacho que*

3 Instituto Tecnológico y de Estudios Superiores de Occidente – Universidad Jesuita de Guadalajara.

viene de la sierra [...] vayamos en el ámbito jurídico, nuestra constitución dice que nuestra nación es pluricultural está compuesta por los pueblos originarios aquí en el estado de Jalisco ¿cuándo hemos visto que en los juzgados haya intérpretes, haya indígenas en las oficinas de los ministerios públicos, en la fiscalía, dónde hay? ¿No existe discriminación? Claro que sí existe" (Miguel Gómez, tzeltal).

Salud

La opinión generalizada es que el trato que recibe la población indígena en hospitales y centros de salud públicos no difiere en mucho de la que reciben otros que acuden a consultar: largas horas de espera, escasez de medicamentos y, en ocasiones, malos tratos.

Según la información brindada por Xóchitl Macedo, responsable del Módulo de Atención a Indígenas, de la Unidad de Apoyo a Comunidades Indígenas (UACI/UDG), las enfermedades más comunes entre los indígenas que migran son la obesidad y la diabetes debido al cambio de alimentación y del ritmo de trabajo al que estaban acostumbrados:

"Lo que pasa es que cuando no estás bien alimentado también vas a tener un problema de salud, es todo un reto para los migrantes [...] trabajando en condiciones pues no tan humanas, el hecho de que te vengas a ser comerciante ambulante tiene sus deficiencias porque lógico que tus hijos se van a enfermar porque están mal alimentados porque estás todo el día en el sol, en la calle, sin tomar agua porque a dónde vas al baño [...] te puedo asegurar que más del 70% de la población migrante está desnutrida porque ni el tiempo ni lo que hacen les da para tener una buena nutrición [...] diferente pues los migrantes a que si estuvieran en su comunidad".

La atención pre-natal es también considerada un problema de salud importante para la responsable del Módulo de Atención a Indígenas de UACI, en el Hospital Civil Nuevo, ya que muchas mujeres indígenas no llevan un chequeo y control durante el embarazo, lo que puede incidir no solo en la salud del bebé, sino de la madre misma.

Al igual que los mestizos, los indígenas que cuentan con algún trabajo que les otorga prestaciones, pueden tener Seguro Social; los que no tienen un empleo formal suelen tramitar el Seguro Popular por lo que, cuando se trata de enfermedades no muy graves, son atendidos en los Centros de Salud asignados, que generalmente se ubican dentro o cerca de las colonias en las que viven. Otra opción que pueden tomar es ir a consulta a las farmacias del "Dr. Simi":

Los hospitales conocidos como Nuevo Hospital Civil y el Hospital Civil Viejo son los lugares donde se recibe a pacientes con enfermedades que requieren de algún especialista o de tratamientos especiales pero solamente en el Nuevo Hospital Civil hay un módulo de atención a indígenas, que inició sus servicios en marzo de 1996 con el objetivo de "brindar atención médica gratuita a los indígenas, facilitando y agilizando los trámites necesarios para su atención"[4]. Está inscrito dentro del proyecto "Medicina Tradicional y Salud Pública" y enfocado a indígenas originarios y a migrantes de diversos grupos étnicos.

Una de las organizaciones no gubernamentales que atiende y apoya a la población indígena en cuestión de salud es "Casa de Salud Huichol". Este espacio es un albergue en el que se apoya a indígenas wixarikas que van a la ciudad de Guadalajara por alguna enfermedad grave.

Chetumal, Quintana Roo

La ciudad de Chetumal es la capital del Estado de Quintana Roo y cabecera del Municipio Othón P. Blanco. La gran afluencia de turismo nacional e internacional a la zona lo convierte en uno de los estados más importantes de México. No obstante, la población indígena –y una parte importante de la no indígena– vive una realidad de exclusión y pobreza. Tanto en la migración interna indígena y no indígena como en la que proviene de otros estados la afluencia mayor de migrantes se da hacia el norte, a las ciudades donde la industria turística tiene gran desarrollo y, por consiguiente, mejores posibilidades de empleo. En palabras del coordinador de la Unidad Regional Chetumal del Servicio Estatal de Empleo, Ingeniero Pedro Joaquín Moen *"...a Chetumal lo tienen como trampolín, luego brincan más al norte"*.

El proceso migratorio

Lo mismo que en los otros casos de estudio, la necesidad de salir de la comunidad de origen y trasladarse a la ciudad se origina en la falta de trabajo como resultado del empobrecimiento de la tierra, el envejecimiento de las generaciones mayores y la falta de interés de los jóvenes por la labranza; en muchos momentos –ligados a factores climáticos– las magras cosechas no dan siquiera para el consumo interno y no hay programas gubernamentales que

4 http://www.uaci.udg.mx/atencion-medica-indigenas

ayuden a subsanar esta situación. En ocasiones, las mujeres ven en la migración a la ciudad la posibilidad de escapar al dominio del padre y luego del esposo:

> *"Yo lo que ya no quería sufrir... que mis hijos sufrieran lo que yo sufrí, que a veces había pa' comer y a veces no había para comer. Entonces yo dije no, yo no quiero que mis hijos sufran, mejor salgo a la ciudad. Y ahí está mi hija en la secun... en la universidad está ahorita...Porque mi papá era una persona muy dura, muy cerrada. Antiguamente los padres decían '¿para qué van a estudiar si del campo tienen que vivir?'. Y así nos creció él. Pero yo fui más tremenda, ya no, ya no quiero el campo. Es muy bonito, me encanta, sé echar machete, echar hacha; pero eso no me espanta la vida, porque sufrí mucho. Como mujer sufre uno en el campo, entonces no se sabe valorar; el hombre que te salga..., no te vas a estar sometida a los golpes ni a insultos, sino tienes que salir adelante"* (Marta Cruz, de Veracruz, 48 años).

Se torna evidente de las entrevistas realizadas que los procesos de discriminación han golpeado fuertemente la identidad indígena. Relata Ana Patricia López Sánchez, coordinadora de la ONG Educación, Cultura y Ecología (EDUCE) que muchos indígenas comenzaron a cambiar sus apellidos por vergüenza, para no ser excluidos de alguna forma por sus apellidos mayas. Obviamente, esto resultó en desmedro de la transmisión de la lengua; si bien pudo verse que, en general, los entrevistados mayores de cincuenta años hablan su lengua de origen, no la enseñan a sus hijos por lo que los migrantes más jóvenes solo hablan español aunque algunos dijeron entenderla.

El borramiento paulatino de la identidad hizo que, por momentos, hubiera cierta vacilación por parte de los entrevistados al preguntárseles por su condición de indígenas y a veces hasta expresaron una crítica hacia los que manifiestan abiertamente su condición de tales:

> *"Pues indígenas son... yo considero que son las personas que... que tenemos raíces mayas, que venimos de los... de los pueblos, que pues tristemente no todos logramos una superación. Mucha gente que tiene años viviendo acá nunca se ha superado, sigue viviendo de la forma tradicional, buscan personas que les puedan interpretar, hablar con un director, con un licenciado o alguien. Y pues igual, venir con la vestimenta que normalmente se usa, es forma de discriminación, venir con un huipil, de esos que tienen florecitas y todo, por ejemplo, en un banco hasta ven raro que una persona de aspecto indígena entre a un banco [...] ahí puede haber el problema de lo que me estaba preguntando de... de si me considero indígena o no"* (Darío, maya hablante, de Felipe Carrillo Puerto, 33 años).

Es notable la invisibilización de lo indígena que llega hasta la negación de una discriminación dirigida a los indígenas migrantes, identificándola en cambio como una exclusión de la población pobre.

"Bueno, más que nada por eso, por ignorancia o por cuestiones... sociales de... muchas veces hay gente que, bueno, que trae el pensamiento desde niño, o muchas veces no se ha inculcado, por ejemplo, el caso de los indígenas, anteriormente pues cuando estabas en la escuela te decían "aprende español", "aprende español", "aprende español", "aprende español". Nunca se le dio o se le da el verdadero valor a la lengua indígena... no se está perdiendo pues ahorita sí se les da ese valor; pero muchas veces desde la educación venía esa cuestión de discriminación" (Francisco Javier Ek, maya hablante, responsable del área jurídica y de derechos indígenas en la CDI).

No es sorprendente que los indígenas urbanos dejen de hablar su lengua pues no solo es elemento de discriminación sino que necesitan concentrar sus esfuerzos en manejar el español, la lengua que les permite comunicarse efectivamente en contextos educativos, de salud y laborales y que, además, puede ayudarles a evitar situaciones como las que describe Francisco Ek:

"La discriminación... desde lo que nos toca a nosotros ver aquí en, pues en las cuestiones de trabajo, pues la discriminación mayormente la vemos en cuestiones de...en materia penal [...] la vemos muy particularmente aquí, por la cuestión de los indígenas que se encuentran en las cárceles, donde pues desde su condición de indígenas empiezan a ser discriminados durante todo el proceso penal [...] cuando son detenidos muchas veces ni siquiera son asistidos por intérpretes, sus procesos se llevan en español cuando muchos de ellos pues lamentablemente no entienden ni hablan correctamente el español, a duras penas ellos saben decir su nombre y todo eso, y verse involucrados en un proceso penal donde, pues no entienden nada."

Condiciones laborales

En Chetumal existe un Servicio Estatal de Empleo, dividido en tres unidades regionales, Chetumal, Cancún y Playa del Carmen, pero en este servicio no es visible la presencia de indígenas. De acuerdo al entrevistado Pedro Joaquín Moen, maya hablante originario del Municipio José María Morelos y coordinador de la unidad regional del servicio, quienes llegan al servicio de empleo buscando una oportunidad laboral son personas de otros estados. Desde su lugar reflexiona sobre la discriminación:

"Yo creo que sí notamos una discriminación pues la discriminación se da en los diferentes estatus de nuestra sociedad, ¿no?, en todos lados; es más, hasta hay veces nosotros mismos siendo inconscientes discriminamos, ¿no? Por eso yo le comentaba, la discriminación no es sólo en la gente indígena, sino que se da de manera general, yo siento, pero más se nota en la gente indígena, ¿no?".

Desde la oficina de vinculación del Servicio Estatal de Empleo en Chetumal, Manuel Riberol habla sobre la discriminación en el ámbito laboral:

"Pues es algo que de manera natural se da en el Estado. Digo natural, no es lo más correcto, pero digo de manera natural en el sentido de que para la industria turística que es el motor del Estado obviamente nos piden perfiles específicos para los puestos. Por desgracia mucha gente que se encuentra en regiones indígenas, la mayoría de ellos el nivel de formación profesional y académica es baja; entonces, pues seguramente son utilizados como mano de obra barata en las construcciones de los hoteles, en las áreas de mantenimiento de los hoteles y esto, obviamente, pues genera una desigualdad en el trato hacia ellos porque son considerados, pues, mano de obra barata para la parte laboral."

También al asistir a alguna dependencia de gobierno los indígenas migrantes son tratados de manera desigual, con gestos le dicen que sin su documentación no pueden trabajar. Al no lograr información ni capacitación, no queda otro recurso que buscar empleos de otro tipo: empleadas domésticas o vendedoras en puestos de ropa o de frutas las mujeres, albañiles, meseros, vendedores de artesanías, los hombres. El esfuerzo de trabajar largas jornadas (doce o trece horas los siete días de la semana) ha permitido a algunos instalar su propio puestito de ventas y, hasta donde se informó en las entrevistas, no tienen problemas con la policía; la mayoría considera a Chetumal como una ciudad tranquila a diferencia de Cancún y Playa del Carmen. De hecho, algunos indígenas que inicialmente migraron a uno de esos lugares, decidieron luego moverse a Chetumal, aunque la merma en la oferta laboral hace que otros estén considerando la posibilidad de migrar hacia uno de esos polos turísticos.

Vivienda

En el tema de la vivienda, la mayoría de los migrantes indígenas recurren al alojamiento que otros indígenas les brindan al llegar a la cuidad y más tarde, ellos a su vez reciben a los que llegan en las mismas condiciones de precariedad; si no logran ayuda desde esas redes, puede ocurrir que tengan que vivir en la calle. No existen programas estatales que hagan posible la obtención de recursos para adquirir viviendas por lo que otra 'solución' temporal es el 'paracaidismo', o sea, la invasión de una propiedad.

Para Darío fue muy difícil instalarse y por eso cuando sabe que alguien de su pueblo quiere vivir en Chetumal, él les ofrece apoyo.

> *"Les apoyo a veces con brindarles, no sé, unos días en un cuartito ahí que tengo en la casa mientras buscan dónde vivir o algo para que ellos al menos no sientan lo que pasé yo. Porque sí, es difícil...empezar, solo, hay que trabajar... pues luchar, como... como ahorita, ¿no?, hay que trabajar todo el tiempo."*

Para muchos indígenas que dejaron sus comunidades, el problema de vivir en la ciudad es la falta de seguridad. Amelia, de origen Náhuatl, nacida en Santa Cruz Tepetzintla, Puebla, siente que la vida en su pueblo es más tranquila, la gente es amable y te saluda, sin embargo no hay trabajo, no hay dinero, no hay nada. La casa que habita con su familia es rentada, tienen cerca de 7 años viviendo ahí; intentar cambiarse es complicado para ellos pues las escuelas de sus hijos están cerca y alejarse implicaría gastos de transporte que no pueden solventar, razón por la que no han considerado esa opción. Tampoco han considerado comprar casa, porque les han dicho que los trámites son muy burocráticos y les piden cantidades fuertes de dinero.

En muchos relatos aparece la sensación de indefensión y desconcierto del indígena que llega a la ciudad, un lugar donde la geografía es diferente al igual que la cosmovisión de los que allí habitan; a pesar de que describen Chetumal como un lugar tranquilo, extrañan la vida en sus pueblos.

> *"Sí, era muy diferente, no sabes nada, por dónde vas a ir, por dónde te vas a meter, en qué calle te vas a ir, cómo vas a llegar a tu casa, cómo vas a llegar al mercado, no sabes. Ajá, eso. Como a mí me traía me hermano, me llevaba, y así.*
> *Pues no sabes ni por dónde. Pues no, no conoces nada, no sabes ni cómo se llaman las calles, se te olvidan las calles, los números. Pos no... es, pues es difícil. Sí."* (Amelia, de Santa Cruz Tepetzintla, Puebla)

Educación

Según algunos entrevistados, un problema en el sector educación, que podría considerarse como un punto de partida, es que los maestros no quieren ir a las comunidades porque los alumnos no hablan español, por lo cual la escolarización de los niños que llegan de pueblos más alejados es deficiente y su nivel muy inferior al de los niños citadinos.

En base a su experiencia y trabajo en las comunidades del poniente de Bacalar, Ana Patricia López, agrónoma, originaria de Tabasco, Coordinadora EDUCE, englobó los aspectos de educación y salud en relación a la discriminación hacia la población indígena:

> *"Pues,... lo que nosotros hemos trabajado en las comunidades,... la gente lo primero que dice es que se manifiesta en todo; o sea, si vienen a una cuestión de salud,... son... discriminados porque no se entiende, ¿no?... eso implica que tienen que tener como más paciencia el personal de salud para entender o para explicar, es decir, desde allí. Eh... si van al sector del Estado a buscar una gestión, los hacen dar una y mil vueltas [...] Este... lo mismo en la parte de educación. Pues hay educación de... inclusive de adultos, pero la misma gente que se encarga, que generalmente son ellos mismos los que,. alguien de la misma comunidad, lo mismo; entonces, la persona llena los exámenes con tal de que cobren por el examen y ya, pasan, ¿no? Si hablamos de educación para niños, se habla de educación indígena y ni siquiera hablan la lengua las personas, ¿no?, y no hay ni material elaborado para eso. O el mismo programa de estudios ni siquiera está adaptado a las costumbres, digamos,.de la cultura, ¿no? Entonces, me parece que es como... en todos los ámbitos esta cuestión, ¿no?"*

Como en las demás ciudades estudiadas, la crítica más dura reside tanto en el hecho de que no existen programas escolares diseñados especialmente para la población indígena como en la falta de docentes que pueda alfabetizar en su lengua materna o siquiera comprender la situación de aquellos niños y niñas que no entienden lo que se les está diciendo.

Salud

Las palabras del director de Servicios Estatales de Salud, doctor Guilber Canto Masa, ponen en evidencia lo que ya ha sido reiteradamente señalado en cuanto a que los programas nacionales –tanto los dirigidos a educación como a salud– no contemplan la problemática específica de los migrantes indígenas.

> *"En Quintana Roo no tenemos problemas de discriminación, al menos en salud, no. Porque la aplicación de ese programa nacional, de que la universalización de los servicios es propiciar el acceso libre, directo, de toda la población en general a los servicios de salud...Tal es así que en nuestros..., por ejemplo, en nuestra zona maya, que está en el centro del Estado, allá*

tienen hospitales y tienen los centros de salud, como en todo el Estado ¿no? a lo largo y ancho del Estado. Que en todo el Estado las necesidades de salud son las mismas. Así me falte aquí un médico, también en la zona maya me va a faltar uno, en la zona norte que es donde están los turistas también nos falta uno. O sea, es parejo, ¿no? No porque... ¿cómo se llama? No que diéramos preferencia a cierta zona por encima de la otra; no, es parejo."

En ocasiones, los mismos funcionarios se mostraron desconcertados ante el concepto de migrantes indígenas, les resulta difícil visualizarlos y distinguirlos de los refugiados guatemaltecos, por ejemplo. Sin embargo, reconocen las barreras comunicacionales con aquellos que hablan otras lenguas y expresan el deseo de tener traductores en los servicios de salud.

La mayoría de los indígenas migrantes cuentan con el Seguro Popular pero este no cubre medicamentos de un costo por encima de los 100 pesos. Algunos entrevistados manifestaron que perciben una cierta mejora en el trato que reciben en los servicios públicos y lo atribuyen a que ha habido intervención por parte del gobierno. Son discriminados por ser pobres (se les recrimina no aportar para el seguro, por ejemplo) pero más por ser indígenas, llegando a insultarlos sabiendo que muchas veces no entienden lo que les están diciendo.

Cancún y Playa del Carmen, Quintana Roo

Tomamos estas dos ciudades en conjunto porque el boom de la industria turística que produjo una fuerte inmigración de personas –indígenas y no indígenas– atraídas por las fuentes de empleo generadas por dicha actividad les otorgó ciertas características que permiten identificar problemáticas comunes a ambas. Cancún, al nordeste de la Península de Yucatán, es cabecera del Municipio Benito Juárez en el Estado de Quintana Roo. Benito Juárez es el municipio más poblado del estado –concentra 50% de sus habitantes–, que, a su vez, es uno de los estados con el crecimiento más acelerado del país. Playa del Carmen, cabecera del Municipio Solidaridad, a menos de 70 kilómetros al sur de Cancún, se ha transformado, en tan solo 20 años, en una de las ciudades mexicanas que más aumenta su población. Ambas ciudades se encuentran en la zona turística denominada 'Riviera Maya'.

El proceso migratorio

La gran variedad de servicios turísticos que se ofrecen en estas ciudades hace que la mayor parte de los indígenas migrantes trabajen en este sector y otra parte importante en la construcción.

Sin embargo, en palabras de la Directora del Servicio Social y Económico de la Secretaría de Desarrollo Social y Económico con sede en Cancún, las oportunidades de trabajo y/o negocios se han visto restringidas, lo que atribuye en parte a la falta de diversificación económica pues *"a lo único que se le apuesta y le apostó fue al turismo"*; no existe diversificación de la economía ni existen programas de gobierno que tomen en cuenta la gran cantidad de personas que llegan continuamente en busca de trabajo y se quedan a vivir en estos lugares.

Pablo Martínez Flores, de ascendencia otomí, Coordinador del Centro de Apoyo a Migrantes Indígenas, Cancún, explica que muchos de ellos llegan a la ciudad sin documentación personal –acta de nacimiento o Clave Única de Registro de Población (CURP)– y que en su mayoría tienen un nivel de escolaridad muy bajo (hay quienes no hablan español) por lo que no pueden integrarse al mercado laboral y solo logran insertarse en la economía informal realizando trabajos mal remunerados y sin prestaciones sociales.

En Playa del Carmen la población indígena que tiene más presencia es la originaria de Chiapas y Tabasco pero también llegan indígenas centroamericanos provenientes de Guatemala y Honduras, quienes, en ocasiones, obtienen identificaciones falsas para poder trabajar. La ONG Lu'um Maya (Tierra Maya), cuyo objetivo es brindar capacitaciones para que la gente de escasos recursos pueda insertarse en el mercado laboral, nos dice por boca de su coordinador:

> *"Lo que pasa es que por la situación de migración y como todos los hondureños no traen papeles, normalmente siempre dicen que son de Chiapas. Y bueno, esa experiencia sí la tenemos también. Todos los hondureños, y son pocos los guatemaltecos, en general hay más hondureños por aquí, pero todos ellos en la frontera consiguen credenciales de elector de Chiapas. Porque saben que si no llegan con la credencial de elector nadie les va a dar trabajo."*

Como se ha dicho en el caso de las otras ciudades estudiadas, el principal motivo que lleva a los indígenas a dejar sus comunidades es la falta de trabajo, las escasas o nulas posibilidades de ganar para vivir, aun para aquellos que son dueños de tierras o se dedican a la pesca. Asimismo, en el caso de muchas mujeres indígenas, el escapar de la violencia doméstica se constituye en un motivo tanto o más importante que la búsqueda de trabajo y muchas veces a los hombres más jóvenes la violencia en sus comunidades los impulsa a buscar una nueva forma de vida en una de estas ciudades.

"Pues hay muchos hombres que le maltratan sus mujeres, les pegan. Hay muchos que buscan de cuatro, tres mujeres. Ahí se ve mucho violencia. Pero depende de uno, cuando uno ya tiene experiencia ya sabe pensarlo" (Antonio, 21 años, de Chiapas, vende artesanías, habla tzotzil).

"Pues mi esposo que tomaba mucho. Sí, por eso nos salimos nosotros de allá. Quince años viví con él, me casé con él, viví con él quince años, pero ya después empezó los malos tratos y pues, acá me vine a vivir con ellos, saliéndome de allá" (Amada, 48 años, de Motul, Yucatán, realiza trabajos de limpieza, habla maya).

"Básicamente son tres cosas: la inseguridad que se da en la región y la otra pues tratar de conseguir un mejor empleo porque en Acapulco están los salarios muy bajos... En la comunidad pues nada, un poquito peor, sí. Sí, no hay trabajo, y aparte uno se dedica más que nada al campo y a la pesca. O sea, no hay a quien recurrir, y pues, uno mejor prefiere salirse, se ha salido mucha gente de mi pueblo, como quinientas gentes que se han salido" (Maximino, 46 años, de Lomas de Chapultepec, Guerrero, promotor turístico en Cancún).

No existe una política pública que visibilice y apoye a los indígenas urbanos. Es un tema que no se ha discutido para proponer alternativas de atención a este segmento de la población. La suerte de los indígenas migrantes es dispar: algunos comentan que al principio es difícil acostumbrarse a la ciudad por el clima, el ruido, la inseguridad, pero que hay cosas muy buenas como la ropa, el mar y el dinero; otros, si bien tienen mejores posibilidades que en sus lugares de origen, no mejoran su calidad de vida sino al contrario.

"Los chavos se drogan mucho. Sí, los jóvenes que vienen del pueblo. Para no pasar hambre y para olvidar los reclamos de los padres, todos los problemas que pasan ellos, falta de dinero, todas esas cosas." (Ohuel Nazario Pucmay, 17 años, de Yucatán, habla lengua maya)

En cuanto al tema de la discriminación, encontramos diferentes actitudes. Aunque desde algunas organizaciones se trata de evitar la exclusión, hay casos en que esto resulta en la invisibilización de la identidad indígena cuando se asimila a los migrantes a la población carente de recursos.

"Surgimos como una ONG en busca de... nuestro proyecto es ayudar a la gente de escasos recursos. Sobre todo a la comunidad... bueno, a mí no me gusta ocupar el término indígena, yo prefiero ocupar el de gente de escasos recursos o de provincia, ¿no? Se me hace un término, o sea,

socialmente el término indígena ha sido ocupado discriminatorio. Por eso nosotros casi no ocupamos esa palabra..." (Coordinador de Lu'um Maya).

En ocasiones –quizás por las particulares características de estas ciudades a las que migran indígenas y no indígenas del país y también del exterior– se niega que exista discriminación hacia los indígenas, en parte porque la discriminación está asociada a la pobreza y porque, en palabras del Coordinador General de Participación Ciudadana del Ayuntamiento de Solidaridad (organismo que busca establecer un vínculo entre la gente y el gobierno), *"no hay un tipo de persona, un tipo de raza, porque vienen argentinos, vienen italianos, vienen árabes, vienen yucatecos, vienen chapanecos, están los mayas... Entonces, todos somos de todo"*. Sin embargo, como vemos al ahondar en los aspectos laborales y los que hacen a educación, vivienda y salud, la realidad es otra.

Condiciones laborales

La información que brinda Mario David Asensio Pérez, 53 años, jefe del Servicio Municipal de Empleo del Municipio Benito Juárez, permite visualizar algunos de los aspectos del proceso de migración en relación a lo laboral:

"Mira, te voy a dar una información que igual es una nota informativa muy fuerte. Existen empresarios que promueven sus vacantes en lugares como Chiapas, como Campeche, como Yucatán, sobre todo en comunidades indígenas muy humildes. [...] aparece de pronto una empresa en una población y les dice: "Dos mil trescientos quincenales, comida y hospedaje". "¿A qué camión me subo?" [...] llegan aquí a Cancún muchos traídos, estoy hablando del rubro de la vigilancia privada específicamente [...] Llego a Cancún con muchas ilusiones, muchas emociones, con una nueva vida, mucha excitación de lo que viene, guau, o sea. Y llega mi primera quincena, mil trescientos. "Óyeme, me dijiste dos mil quinientos". "Bueno, te estoy cobrando los pantalones, las camisitas, y todo lo que te di, y el hospedaje y el huevito". Nosotros descubrimos que en el rubro de las agencias de vigilancia privada el negocio no es la vigilancia privada, sino el negocio es con la gente misma. Ellos tienen un nivel de rotación muy alto, porque además los denigran, porque además son doce horas y si no llego a otro lado, o sea, te quedas veinticuatro. ¿Quién dijo que se volvió a la esclavitud? Y sólo te hablo de un rubro, el rubro de la vigilancia privada; pero también tenemos el rubro de la limpieza, también tenemos otros rubros..."

Sobre las condiciones laborales en Playa del Carmen, el coordinador de Lu'um Maya distingue entre las posibilidades de quienes vienen con un nivel educativo un poco más alto (preparatoria terminada al menos) y aquellos que llegan sin saber leer o escribir y apenas hablan español y agrega que la esperanza de lograr mejores condiciones de vida con frecuencia choca con una realidad muy diferente.

"Es un proceso que les está haciendo daño porque pasa lo mismo que los que migran a Estados Unidos, van con un sueño, van con una expectativa que no se cumple porque a veces el nivel de capacitación que traen nos les da más que para obtener puestos básicos. Dentro de esos puestos básicos tienen ellos, de lo que ganan, dividir su salario entre mantenerse en donde van a estar y lo que van a mandar a su comunidad para su familia. Entonces, a veces eso implica que, pues que empiezan a tomar, empieza la nostalgia, a veces los lleva a cometer delitos porque se empiezan a cruzar con gente pues que está mal con la sociedad... Quintana Roo tiene un porcentaje muy alto de suicidios; justamente, nosotros le atribuimos gran parte de esa situación a que la mayoría de la gente es migrante...".

Si bien, en palabras de Natalia Torres, abogada, Directora de la Unidad Regional de la Procuraduría de Defensa del Trabajo, puede decirse que en ambas ciudades hay numerosas posibilidades de trabajo, "*desde lavar coches hasta embolsar cosas en el super hasta profesionalmente, aunque cada día es más difícil encontrar un buen trabajo como profesional*" existe mucho abuso, especialmente en lo que hace a la extensión de la jornada laboral y se olvida totalmente lo que establece la ley, a lo que se suma que la mayoría carece de jubilación o seguro médico.

Vivienda

Las historias y situaciones que viven los indígenas migrantes en estas ciudades son diversas si bien hay particularidades comunes a la mayoría de los casos, en los que la posibilidad de migrar se apoya en la ayuda de familiares y amigos que se asentaron anteriormente en alguna de las dos ciudades y que facilitan un lugar donde hospedarse temporalmente. Transcurrido cierto tiempo, en general corto, se puede optar por rentar un cuarto, que se comparte con familiares o compañeros de trabajo. Sin embargo, en lo concerniente a la vivienda recibimos respuestas muy diversas por parte de las personas entrevistadas: hay quienes viven en cuarterías ubicadas en lugares inseguros donde no pueden andar de noche por temor a ser asaltados; otros han logrado rentar e incluso comprar casa en zonas que cuentan con todos los servicios (*"echándole ganas se puede")* y están aquellos que han optado por la medida drástica de ocupar un terreno. Si bien ha habido promesas de regularización de estos terrenos, no se han cumplido y, en consecuencia, los ocupantes no cuentan con ningún servicio. Tanto en Cancún como en Playa del Carmen los indígenas migrantes relatan que no hay ayudas gubernamentales para afrontar el problema de la vivienda –las rentas tienen costos muy elevados para los ingresos de la mayoría– pero cuentan con el apoyo de sus paisanos para paliar la situación. En ocasiones, las mujeres que trabajan en el servicio doméstico se alojan en la casa de sus empleadores.

Educación

El Centro de Apoyo a Migrantes Indígenas, que trabaja los temas de la educación y la cultura en Cancún, se orienta a lograr que obtengan una certificación de educación primaria o secundaria.

> *"[...] Hay una segregación muy fuerte; se busca integrar a las comunidades, a los habitantes, a los migrantes indígenas en actividades culturales, como el ajedrez, como las salas de lectura, como el cine, como la música, como festivales culturales. [...] En el caso de los indígenas la discriminación es patente, latente, porque la gente, también en su ignorancia, el mestizo en su ignorancia, incapaz de entender que la diversidad cultural, étnica, no necesariamente hace de menor valor a las otras personas, sino al contrario [...] manejar conceptos y palabras que son muy violentas aquí en las ciudades... Como hay gente que les dice chapitas, mayitas, y que se escucha de diferentes formas"* (Pablo Martínez Flores).

Como se reportó en otras ciudades estudiadas, una de las razones para la migración –aunque menos fuerte que las situaciones de extrema pobreza– está relacionada a la posibilidad de proseguir estudios, posibilidad muy reducida en los lugares de origen: *"Yo quería estudiar, pero mis padres no tenían el suficiente recurso para que me pagaran el estudio. Y sólo terminé el primero del secundario. Vine para acá y ahora lo estoy terminando"*, dice Alejandro, oriundo de Chiapas, ahora residente en Cancún. Sin embargo, para la mayoría de los migrantes la perspectiva de estudiar se torna inexistente debido a las largas jornadas de trabajo que deben cumplir aunque algunos manifiestan que *"se defienden"* en referencia a la lecto-escritura y varios hablan algo de inglés por haber vivido un tiempo en Estados Unidos o por estar trabajando en el rubro del turismo.

Las escuelas son un ámbito donde se reproducen actitudes de marginación:

"Sí, sí, sí, o sea, burlas, lo que le llaman ahorita el bullying. Sí, no es nada más la que hablan otro idioma; nada más uno por ser más humilde que otro. Sí, pos en mi salón yo lo veía, sí, pues la gente que se dedicaba al campo, se iba al campo mucha gente para ganar, por ejemplo, menos de lo mínimo y esa gente la marginaban los demás. Pues sí, nos hacían a un lado. Yo para jugar con la demás gente, por ejemplo, para jugar con el hijo del que tenía un poquito más, mi juego era que lo empujaba a su triciclo, ese era mi juego, empujarlo, porque no me lo prestaba, entonces lo empujaba" (Maximino, promotor turístico).

Salud

Aurelio Espinosa Rojas, Subdirector Médico en el Hospital General de Cancún, relata la situación de saturación que vive el hospital (*"Usted llega acá y ve un hospital que parece un hospital de guerra, ¿no?"*), que ahora se rige a través de lo que es el Seguro Popular, al que recurren las personas que no tienen acceso a otro tipo de seguridad social.

Lo que más atiende el hospital son los partos, aunque el doctor Espinosa Rojas dice que es raro que las mujeres indígenas vayan a atenderse al hospital ya que por lo general acuden a parteras empíricas. Lo que lleva a los migrantes indígenas a buscar atención médica en esa institución está relacionado con los accidentes en los que sufren fracturas o politraumatismos así como cuando hay una patología que requiere una intervención quirúrgica de urgencia.

En su relato aparece una situación que se repite en las distintas instituciones de salud y tiene que ver con que la mayoría de los indígenas que se ven en la necesidad de recurrir a la asistencia médica se quedan callados, se muestran como introvertidos, y por lo general no existe personal que indague y ayude en esas situaciones.

"Pues, no, no es que sea discriminación. Desgraciadamente son gentes que por el mismo nivel cultural muchas veces pues ellas no expresan lo que realmente sienten, ¿verdad?, o tienen ciertos tabús en la medicina. Ellos están acostumbrados más que nada a la medicina tradicional. Entonces, cuando vienen acá y ven, pues otro tipo de medicamentos, de médicos y eso, como que muchas veces no se involucran en lo que es el control de su enfermedad."

En un momento de la entrevista hace referencia a los indígenas de Chiapas, quienes llegan al hospital con patologías contraídas en su lugar de origen:

"Por ejemplo, viene mucha gente también del Estado de Chiapas. Chiapas es un Estado que, pos, tiene muchos recursos, pero desgraciadamente mucha población indígena también. Y se dejan o se manejan a través de la medicina tradicional en Chiapas, y aparte hay enfermedades que son propias de esa zona, por ejemplo, hay mucha tuberculosis. Entonces, son pacientes que llegan ya enfermos aquí a trabajar. Y pues, no tienen los recursos para comer, para sobrevivir aquí en la región y, pos sí, nos traen enfermedades."

De las entrevistas realizadas tanto en Cancún como en Playa del Carmen, se desprende que en el sector salud no parece haber discriminación hacia los indígenas –a pesar de que señalan que no hay una intervención estatal tendiente a mejorar estos servicios–, incluso hay quienes ven una diferencia respecto de la actitud de los médicos que los atendían en su comunidad.

"Sí, a mí me han atendido bien gracias a Dios, siempre que he venido, la hora que me dicen, a esa hora me atienden y los doctores por ejemplo, donde yo he consultado acá, pues son muy amables, la verdad te atienden bien, no como, por decir, en la comunidad de antes llegan doctores pero siempre regañándote, "na', que así, que estás enferma pues porque tú lo buscaste" te dicen, uno, si te vas a enfermar no lo buscas decía yo" (Amada).

El Hospital General de Playa del Carmen maneja atención de segundo nivel. Su director, el doctor José Bolio Rosado manifiesta que el principal problema de esa institución lo constituye la insuficiente infraestructura en el primer nivel de atención en la zona, que genera una sobredemanda en el hospital.

Ciudad de México

La expansión de la Ciudad de México ha cobrado tal magnitud que constituye un conglomerado de municipios de tres Estados. Con 16 millones de habitantes, 75 municipios, 16 de ellos delegaciones del Distrito Federal, un municipio del Estado de Hidalgo y los 58 municipios restantes del Estado de México, tiene una extensión de 3,129 km2 y una participación en el producto interno bruto de México de 24.1%.

En el Distrito Federal, núcleo de la ZMVM, se encuentra la mayor concentración de indígenas en el espacio urbano y están representadas la totalidad de las lenguas indígenas que se hablan en el país. La articulación de los indígenas a la ciudad se realiza bajo formas de pobreza que originan severos grados de vulnerabilidad en un contexto cada vez más competitivo y agresivo para nuevos inmigrantes.

El proceso migratorio

El hecho de emigrar del pueblo de origen puede ser una opción o una decisión forzada según se relacione con las ganas de mejorar –lo que puede considerarse una posición activa frente a la adversidad (aunque el relato suele ser que *"... se pasa de una situación de extrema pobreza a otra de pobreza intermedia"*)– o con situaciones de precariedad y pobreza extrema, que van desde la falta de oportunidades laborales hasta la escasez de agua. Se hace referencia a las oportunidades laborales que se presentan en la ciudad: *"... se venden más las artesanías que en otros lados..."* y se asocia el espacio al *consumo* de bienes materiales y al progreso (*"... los que venían de México vestían bien, traían dinero y nosotros no teníamos un peso en la mano, andábamos descalzas..."*), pero también está presente el *miedo* que las autoridades y fuerzas de seguridad producen en la ciudad.

Es muy claro que las estrategias migratorias resultan más efectivas cuando existen redes sociales que permiten a los recién llegados tener un lugar donde dormir. También las ONGs cumplen un rol de apoyo no solo en lo habitacional sino en el desarrollo de estrategias laborales.

Como se señaló anteriormente, las diferencias entre el lugar de origen de los indígenas migrantes y la ciudad a la que arriban, que se plasman en el contraste entre dos modos de vida diferentes, son aún mayores en el caso de las migraciones a Ciudad de México. No son solo el espacio y el ritmo urbano (*"... cuando llegas a la ciudad pareces león enjaulado... no es lo mismo estar en la comunidad porque ahí eres libre..."*) los que impactan sino lo que se percibe como diferencia entre los habitantes urbanos, asociados a un modo de ser endurecido y frontal que contrasta con la amabilidad del indígena recién llegado a la ciudad, una característica que lleva a los citadinos a decir *"pero no seas indio..."* cuando alguien se comporta tímidamente.

Resulta significativo el hecho de que con frecuencia aparece en las entrevistas la asociación entre la residencia en la ciudad con la extensión de la jornada laboral, lo que estaría indicando que el espacio urbano se ve como *"... un lugar donde hay trabajo, adonde se llega a trabajar"*.

Condiciones laborales

Las condiciones de los indígenas en el mundo urbano del trabajo son realmente precarias. En general, como en otras ciudades, los migrantes no tienen posibilidades de elegir un trabajo pues la mayoría están limitados por su bajo nivel educativo al mismo tiempo que por su autopercepción que los lleva a circunscribir su búsqueda a *"lo que saben hacer"*; cuando encuentran un trabajo, aunque no sea el más conveniente, no consideran la perspectiva de cambiar para mejorar las condiciones laborales.

Hay dos cuestiones a destacar en relación al mundo laboral: la inestabilidad y las condiciones desfavorables en que se desarrolla el trabajo. Sin embargo, varios entrevistados dicen que en sus comunidades, mientras eran campesinos, tenían que rendir cuentas a un patrón en cambio en la ciudad experimentan la libertad de ser sus propios patrones y sienten que, a pesar de los obstáculos, la vida laboral en la ciudad resulta más fructífera que en el campo. Uno de los aspectos más graves e injustos es el que viven los vendedores ambulantes, amenazados con ser expulsados de sus lugares informales de trabajo por las fuerzas de seguridad sin contar con personas o entidades a quien dirigirse cuando hay maltrato. Se trata de lugares que encuentran ellos mismos, en condiciones precarias de seguridad o higiene y sin garantías de que exista la circulación de personas para poder vender su mercadería ni una tranquilidad mínima de que no los *"corran"*, los *"levanten"* y les quiten la mercadería.

Si bien las jornadas laborales en la ciudad son muy extensas, en muchas entrevistas señalan que en el campo trabajaban entre 12 y 13 horas diarias, en entornos poco salubres, sin ninguna prestación y con un compromiso corporal mucho mayor. Otra manifestación importante es la de que perciben algún avance respecto de las condiciones en las que llegaron, por ejemplo, en relación a la ropa y el calzado.

No existe ninguna protección por parte de entidades públicas que garantice el derecho al trabajo en un marco de seguridad e higiene. Muchas veces son lazos informales los que proporcionan ayuda, como el caso de los estudiantes de la UNAM que ponen sobre aviso a los vendedores sin permiso ante una orden de levantamiento, lo que les da tiempo para guardar su mercadería y retirarse. Las mismas redes informales son las que ayudan a las indígenas mazahuas a trabajar pues los estudiantes son quienes vigilan la mercadería mientras ellas van a buscar a sus hijos a la escuela, además de colaborar recolectando útiles escolares y vestimenta.

Vivienda

Como en prácticamente todos los casos estudiados, cuando recién llegan a la ciudad, los migrantes indígenas viven un tiempo con familiares cercanos ya instalados. En ocasiones cuentan con organizaciones internacionales que los ayudan a instalarse

Una parte de los indígenas entrevistados cuenta con terreno propio o vivienda propia, otros rentan el lugar donde residen y otros, en situación de extrema precariedad, viven en los mismos puestos ambulantes en los que venden su mercadería. En los casos de aquellos que lograron obtener su casa o comprar su tierra, el acceso fue gracias a su propio esfuerzo (compra del terreno, ahorro y construcción de la casa en etapas) o a través de los planes de vivienda gubernamentales, destinados a la población indígena. Estos últimos otorgan un número reducido de metros cuadrados en relación al número de personas a quienes se destina la vivienda y, en consecuencia, se pueden dar situaciones de hacinamiento (hemos tenido información de que residen hasta 16 personas en una casa pequeña). Además de la crítica originada por la cantidad de metros cuadrados, los entrevistados explican que *"... los que hicieron los departamentos hicieron pura remodelación y el arquitecto hizo paredes de puro yeso, las paredes se van desbordando y en el caso de algunos vecinos hasta se han hecho hoyos..."* (Entrevista en grupo focal).

A pesar de las diversas críticas que han recibido estos planes de vivienda tanto de parte de los beneficiarios como de funcionarios públicos, se puede hacer referencia a un caso exitoso: el plan de vivienda utilizado por la comunidad triqui. Los miembros de esta comunidad lucharon para que el programa les otorgara directamente a ellos los fondos destinados a la construcción de la vivienda, propusieron ser la mano de obra y realizar la construcción a su manera. De esta forma lograron respetar el sentido comunitario de las viviendas e incrementar el espacio construido. El carácter exitoso de este caso lo observamos en la posibilidad que tuvo el colectivo organizado para torcer el lineamiento preestablecido de la política pública y, de esta manera, retraducirla en función de sus necesidades comunitarias. La lucha de la organización indígena apuntó no sólo a conseguir una ampliación de las viviendas sino que actualmente reclaman por la construcción de un salón de usos múltiples con el fin de propiciar el intercambio y la realización de tareas comunitarias, *"hacer cosas juntos, a nuestro gusto, a nuestra forma de ser, reproducir nuestras fiestas"*.

Esto nos muestra una diferencia realmente significativa entre los responsables de las políticas de vivienda y la concepción que tienen los pueblos indígenas. Desde la visión indígena el objetivo no es obtener la propiedad, cuestión que remite a un valor capitalista, sino que se trata de habitarla comunitariamente y de ese modo la propiedad del terreno se transforma en el medio para la convivencia en comunidad.

Educación

Las situaciones observadas en este ámbito son bien diversas. Están aquellos que, por distintas circunstancias, no accedieron a ningún tipo de estudio y son analfabetos. El caso de las mujeres es significativo porque en las comunidades de origen muchos padres pensaban que a las niñas no les convenía estudiar. En muchos casos la razón para migrar a la ciudad es tener la oportunidad de recibir educación –que, por otra parte, en la urbe se vuelve fundamental– pero el acceso es difícil. Por otra parte, los índices de fracaso escolar son alarmantes: las burlas de los compañeros de escuela y la falta de dinero restan la motivación suficiente para continuar; en los niveles más altos puede ocurrir que sea la propia familia la que no reconozca el valor de la educación y no dé el apoyo necesario por lo que los hijos terminan dedicándose al comercio al igual que sus padres.

Los entrevistados comentan que sus padres no asistieron a la escuela porque *"no había cómo..."*. Se alude nuevamente a la falta de recursos, situación más difícil en esas generaciones. En la actualidad ha mejorado el acceso a la educación que, sin embargo, no se garantiza en todos los casos. Aun si se logra llegar al nivel terciario existen grandes dificultades para continuar los estudios pues se considera que el acceso al secundario es ya un privilegio pero que ir a la universidad es doblemente un privilegio.

Resulta claro que hay conciencia de que la educación es la vía más conveniente para poder salir de la situación de vulnerabilidad social, de tener más oportunidades, pero se reconocen las serias dificultades que se presentan para alcanzar este objetivo. En aquellos casos en que los hijos se han dedicado a la actividad de comercio como sus padres, las expectativas en lograr la meta de la educación están depositadas en los nietos. Es decir, la idea de futuro y la posibilidad de torcer el destino que les toca vivir están puestas no en ellos mismos ni siquiera en los hijos sino en los nietos, pero los que tienen hijos en edad escolar intentan que estos puedan ser profesionistas o licenciados.

El analfabetismo de muchos padres que van a las instituciones educativas a buscar información para inscribir a sus hijos es una limitación al tiempo así como un motivo de discriminación por parte de las personas encargadas. Como en otros lugares estudiados, la lengua indígena no es solo un obstáculo para la comunicación sino que se vuelve un elemento de rechazo y genera situaciones de injusticia como en un caso de dos alumnos que hablaban la lengua náhuatl durante el curso a quienes la maestra, pensando que se burlaban de ella, los castigó retirándolos de la clase.

Si bien existe una entidad estatal específica en la Secretaría de Educación dedicada a la Educación Indígena, no se observan sus efectos en la realidad educativa concreta. Se sigue denunciando la falta de instituciones educativas bilingües y el no respeto por los dialectos de cada región en las escuelas, además de que son pocas las instituciones en el Distrito Federal que imparten educación bilingüe. Se reconoce como fundamental el apoyo estatal en la posibilidad de lograr la escolarización –que podría plasmarse en el otorgamiento de becas, por ejemplo–, pero las políticas públicas en este tema están muy lejos de mejorar la situación de los migrantes indígenas.

Salud

En este ámbito se observa que el registro de la salud como derecho social está ausente como así también la posibilidad de pensarla como formando parte de un sistema sanitario para la sociedad. En el discurso de los entrevistados no está presente la idea de salud preventiva ni tampoco el concepto de salud reproductiva. La salud –así como también sus instituciones– están vinculados a la enfermedad y son tratados como dos estados estáticos y no como componentes de un mismo proceso en el que hay que incluir los cuidados. Aunque este modo de pensar la salud proviene de una concepción occidental de salud comunitaria con la que, seguramente, los indígenas no se sienten identificados, los aportes desde esta área podrían ser de gran utilidad para conseguir condiciones de vida más saludables, como por ejemplo la planificación familiar desde acciones de política reproductiva.

Por su parte, los indígenas parecen pensar en términos de cuidado o prevención solo cuando se enferman. En estos casos, primero esperan que el dolor pase y si esto no sucede acuden a una institución como hospital o centro de salud. En su cosmovisión están ausentes la idea de salud preventiva, el seguimiento y control de enfermedades crónicas, el reconocimiento de los saberes médicos de los profesionales que trabajan en instituciones de salud. En contraste, no son muchos los que manifiestan que disponen de medicina tradicional originaria de sus pueblos que utilizan para su curación, como hierbas o temascales.

Varios de los entrevistados hacen referencia a los inconvenientes para obtener una atención rápida y eficiente en el sistema de salud y también a la discriminación de la que son objeto por ser indígenas, aunque otros disienten y, como en otras ciudades estudiadas, atribuyen las demoras y el trato desconsiderado a que son pobres y que las instituciones y su personal no están preparados para atender a una población cada vez más numerosa que sobrepasa en número la capacidad prevista.

Conclusiones

Con las políticas neoliberales que profundizaron la crisis en el campo, la migración rural de los indígenas se fue convirtiendo cada vez más en definitiva y supuso distintos cambios en las condiciones y formas de vida de quienes se movilizaron; lejos de constituir una desconexión entre lugares de destino y origen propuso distintos vínculos en términos económicos, de lazos y proyectos sociales y culturales así como procesos de reelaboración de la cultura, de negociaciones de diferente tipo, de apropiación y de confrontación con otros repertorios culturales.

Si bien la gran mayoría de los migrantes enfrentan diversos problemas vinculados con el gran contraste entre modos de vida diferentes, para el migrante indígena el impacto es aún mayor debido a las grandes diferencias en los modos de vida, a la lengua y a la falta de políticas públicas que reconozcan la especificidad de las comunidades indígenas residentes en los espacios urbanos. Estos impactos no son homogéneos sino que varían según el tipo de ciudad a la que llegan, la edad, la experiencia previa y los acervos culturales.

El principal motivo por el que el indígena abandona su lugar de origen es mejorar sus ingresos por medio de oportunidades laborales que espera encontrar en la ciudad, pero la realidad difícilmente concuerda con las expectativas: mientras que en el campo las opciones económicas son escasas puesto que se reducen a sembrar la tierra y vender lo que ésta produce y a desempeñar otros empleos rurales de baja rentabilidad, en la ciudad las posibilidades para la mayoría de los indígenas migrantes se limitan al ambulantaje, al servicio doméstico u obrero puesto que los bajos niveles de educación tornan difícil hallar otras oportunidades. Aun así, los migrantes ven la ciudad como una solución para salir de un escenario en el que no encuentran otra salida. Asimismo, las y los migrantes indígenas buscan que sus hijos tengan acceso a educación, lo que vinculan con el mejoramiento de las condiciones de vida a través de mejores empleos. Debemos señalar que, en varias oportunidades, indígenas entrevistados en todas las ciudades estudiadas expresan que no han emigrado a la ciudad por gusto sino que lo han hecho por necesidad.

Las estrategias migratorias también se construyen con la intención de ampliar horizontes y expectativas, lo que lleva a extenderlas geográficamente; en estos casos observamos sobre todo dos situaciones: el de los indígenas provenientes de las zonas rurales que prefieren migrar directamente a los Estados

Unidos sobre todo por curiosidad o experimentación de lo desconocido y el de aquellos que, ante la precariedad de los empleos que encuentran en las ciudades a donde han migrado –especialmente a los que ya conformaron una familia–, se ven obligados a buscar una nueva migración, esta vez a polos que puedan ofrecer otras oportunidades. Esto se da inclusive en quienes han logrado niveles más altos de educación.

Los principales problemas que enfrenta la población indígena para establecerse en la ciudad son principalmente de vivienda y empleo. En el caso de este último, la mayor dificultad la constituyen por lo general los precarios niveles de escolaridad –con la enorme desventaja de un bilingüismo tardío e incompleto– por lo que, para integrarse al mercado de trabajo, únicamente pueden hacerlo en las franjas más bajas de empleo y remuneración, que los confinan a los espacios menos retribuidos y calificados de los sectores primario y terciario de la economía.

En el tema de vivienda son fundamentales las redes de familia, amistad o, simplemente de conocidos, redes que también resultan importantes a la hora de conseguir trabajo. Normalmente se instalan en lugares en los que no siempre cuentan con los servicios públicos básicos, razón por lo que el precio de las rentas sea más bajo. La situación de encontrar una vivienda varía según la condición social, estado civil y acceso a redes de parentesco, amistad y conocidos, factores fundamentales tanto para conseguir una vivienda como un empleo, pero resulta innegable que la distribución de las comunidades indígenas en las ciudades presenta un marcado carácter segregativo.

Aun siendo un derecho fundamental establecido en la Declaración Universal de Derechos Humanos, en la Declaración de los Derechos del Niño y en la Constitución de México, no todos gozan en plenitud del derecho a la educación, especialmente la población indígena migrante en la mayoría de las ciudades estudiadas. Puede observarse en prácticamente todas ellas que no están preparadas institucionalmente para integrar a los niños indígenas al sistema educativo: tanto los programas de estudio como los docentes desconocen la cultura de la que provienen estos alumnos, lo diferente de su cosmovisión y costumbres. Se debe contemplar, asimismo, que alfabetizar en español a niños cuya lengua materna es otra y cuyo manejo de la lengua oficial es pobre o nulo requiere técnicas específicas (muy cercanas a las utilizadas en la enseñanza de una lengua extranjera) y docentes con algún conocimiento de la o las lengua/s de sus alumnos, algo no contemplado aun en las escuelas especialmente dedicadas a la educación indígena. Es en el ámbito educativo donde están más presentes las distintas formas de discriminación (por aspecto físico, lengua, vestimenta, costumbres) no solo por parte de los alumnos no indígenas –y en ocasiones de los indígenas de otras etnias– sino también de los mismos docentes, discriminación que se extiende a los padres de los niños indígenas.

Finalmente, en materia de salud, los indígenas migrantes están expuestos a enfermedades como cualquier sector de la población, pero, sin duda debido a su situación económico-social y cultural, constituyen un sector más vulnerable. Como primera consideración, se podría decir que llegan a la ciudad habiendo sufrido carencias en sus propias comunidades, donde no hay hospitales, sanatorios o consultorios que tengan atención médica las veinticuatro horas.

Muchos siguen recurriendo a prácticas tradicionales y asisten a las instituciones de salud en última instancia, por un lado, porque gran parte de los migrantes indígenas solo pueden ser beneficiarios del Seguro Popular y concurren a centros de salud donde no siempre hay medicamentos y no cuentan con recursos económicos para adquirirlos y, por otro, debido a las situaciones de discriminación a las que se ven expuestos por ser indígenas y no dominar el idioma español para explicar sus dolencias.

También en las cuestiones de salud funcionan las redes de apoyos familiares y vecinales para que alguien reciba la atención médica que necesita, ya sea cooperando con dinero o con información sobre algún programa social dirigido a la salud. Del trabajo de investigación realizado se desprende que no existe una capacitación específica del personal de salud que los lleve a comprender el contexto socioeconómico y cultural de los pacientes y sus familias.

El espacio que habitan hoy los indígenas urbanos se ha movido y se mueve de acuerdo a los vaivenes de la economía regional y global, produciendo cambios socioculturales y económicos a los que deben enfrentarse en sus prácticas cotidianas. Para la población indígena no es nueva la discriminación; puede decirse que llegan a la ciudad arrastrando la discriminación sistemática que sufren en sus comunidades de origen, están 'acostumbrados' a este tipo de tratos. Es por eso que la mayoría, al llegar a la ciudad, busca adoptar los usos y costumbres del nuevo entorno, lo que implica despojarse de sus ropajes tradicionales y, si es viable, hacer el menor uso posible de su lengua materna.

Algunos de los entrevistados se definen por su identidad indígena e intentan recrear en la ciudad sus costumbres y festejos, aunque es importante señalar que se observan diferencias generacionales respecto al "sentir indígena" y también diferencias entre las ciudades según los grupos estén más organizados o no. Es evidente que la agresión por discriminación de la que son objeto los migrantes indígenas en distintos ámbitos–especialmente los relacionados a trabajo y educación– lleva a que los destinatarios comiencen a ver su vestimenta, su lengua y su cultura como un conjunto de valores negativos que van transformando paulatinamente. La lengua, asociada al lugar de procedencia, al nivel socioeconómico, al nivel de estudios y a los estereotipos derivados de las características anteriores, es quizás la que primero se intenta dejar atrás.

En general, en la mayoría de las ciudades estudiadas observamos transformaciones en distintas manifestaciones de la cultura indígena que se hacen más evidentes en las generaciones jóvenes, cuyos padres –como una forma de protegerlos de la discriminación– no insisten en que mantengan las tradiciones de su pueblo.

A partir de las distintas situaciones discriminatorias que experimentan los indígenas en distintos ámbitos e instituciones podemos distinguir, a grandes rasgos, tres tipos de situaciones que, a la vez, generan distintos tipos de acciones y vivencias. Una está representada por sujetos que no se reconocen como indígenas y que niegan que exista la discriminación. Esto se observó sobre todo en algunos grupos de la ciudad de Tizimín pero, sobre todo, entre jóvenes indígenas migrantes a Cancún y Playa del Carmen; en estos casos tal vez la idealización del lugar lleve a que se escuchen en muchas entrevistas distintos tipos de contradicciones (*"todos contamos y somos iguales"*) al tiempo que se observen o reconozcan algunos tratos discriminatorios. En Ciudad del Carmen, por su parte, algunos entrevistados pusieron de manifiesto que las diferencias culturales existentes en el lugar son tales que propician situaciones en los que la discriminación se naturaliza. Expresiones como *"Hey tú, indio, chapita, dame un cigarro"* forman parte de intercambios cotidianos tan corrientes que dejan de ser consideradas como un modo de discriminación. Otra situación, la más extendida en casi todas las ciudades, tiene que ver con la vivencia y la percepción de vergüenza que supone el pertenecer a un grupo discriminado y excluido y frente a lo cual se adoptan, sobre todo, distintas estrategias de invisibilización que conllevan procesos de autodiscriminación. Estos procesos pueden ser revertidos a lo largo de la vida del individuo cuando logra cambiar de estatus social, aunque deja distintas marcas identitarias. En estos casos también encontramos individuos que se resisten a integrarse y a sentirse parte de la ciudad y tratan de volver de manera regular a sus comunidades de origen. Una tercera posibilidad es la que asocia la posibilidad de salir de la discriminación con la importancia de contar con el reconocimiento y auto reconocimiento de los derechos indígenas en condiciones de igualdad con otros habitantes de la ciudad.

En muchos casos las vivencias de discriminación generan en los adultos indígenas –sobre todo quienes han alcanzado mayores niveles de educación– una afirmación de su identidad. Estas vivencias dan sustento a expresiones de varios informantes en las distintas instancias utilizadas durante el trabajo de campo en casi todas las ciudades. Así la condición indígena adquiere un efecto simbólico en el enaltecimiento de la identidad y se asocia a la sensación de dignidad vinculada a que no quieren ser asociados a grupos vulnerables ni pobres.

Cuando se resiste la discriminación de manera pasiva, sin la posibilidad de establecer demandas definidas, en lugar de cuestionar las injusticias se las naturaliza *"es lo que me toca vivir por ser indígena"*. En estos casos, el hecho de "ser indígena" en vez de convertirse en un elemento identitario a enaltecer produce, en cambio, una sensación de menosprecio que deviene en procesos de invisibilización o negación en los que los sujetos se desvinculan de sus raíces, creencias y prácticas Estos procesos pueden ser impulsados por propia opción (*"... me sentía cohibido entonces prefería no hablar..."*) o bien promovidos por circunstancias coyunturales (para no ser discriminado por un empleador, por ejemplo).

Bibliografía

Aguilar, Alberto (2006) "La reforma del Estado en México, la estación actual", *El Cotidiano* No 144, pp. 39-45.

Aguirre Beltrán, Gonzalo (1973) *Teoría y práctica de la educación indígena*, México, SEP/SEP-Setentas.

Aguirre Beltrán, Gonzalo y Pozas Arciniega Ricardo (1981 [1954]) *La política indigenista en México. Métodos y resultados*, México: INI – SEP, Tomo II, Instituciones indígenas del México actual.

Albertini, Claudio (1999) "Los nietos de Sánchez: indígenas migrantes en el centro histórico de la Ciudad de México", *Ce-Acatl*, núm. 101, pp. 141-148, México: Centro de Estudios Antropológicos, Científicos, Artísticos, Tradicionales y Lingüísticos "Ce-Acatl".

Andersen, Benedit (1993) *Comunidades Imaginadas. Reflexiones sobre el origen y la difusión del nacionalism,* México: Fondo de Cultura Económica.

Anguiano, José Ángel (1997) *Los mixtecos en Nuevo León, una generación de conquistadores urbanos, Nuevo León*, Nuevo León: Consejo para la Cultura de Nuevo León- DIF.

Anker, Richard. (1998). Gender and jobs: Sex segregation of occupations in the world. International Labour Organization.

Arizpe, Lourdes (1976) "Migración indígena problemas analíticos", *Nueva Antropología*, vol. II, núm. 5, julio, pp. 63-89. Recuperado de: https://www.redalyc.org/pdf/159/15900504.pdf

Arreola Martínez, Betzabé (2009) "José Vasconcelos: el caudillo cultural de la nación" *Casa del tiempo*, Vol. III, No. 25.

Autes, Michel (2004) "Tres formas de desligadura". En Karsz, S, coord. *La exclusión: bordeando sus fronteras*, Barcelona: Gedisa.

Assies, Willem (2009) "Pueblos indígenas y sus demandas en los sistemas políticos", *Revista CIDOB d'Afers Internacionals*, núm. 85-86, pp. 89-107.

Bar Din, Anne (1992) "La población indígena en la ciudad de México: algunos de sus problemas y éxitos", *América Indígena*, vol. 52, núm. 1-2, pp. 153-167.

Barrere Unzueta, María de los Ángeles (2003) "Igualdad y discriminación positiva. Un esbozo de análisis teórico-conceptual", *Cuadernos electrónicos de filosofía del derecho* N°. 9.

Bassols Batalla, Ángel. (1999). Investigaciones urbanas y regionales de México: ¿para conocer o transformar una realidad? En La sociedad mexicana frente al tercer milenio, coordinado por Humberto Muñoz. México: Miguel Ángel Porrúa-Coordinación de Humanidades.

Bauman, Zygmunt (2008) *Trabajo, consumismo y nuevos pobres*, Barcelona: Gedisa.

Bell, Wendell. (1954) A probability model for the measurement of ecological segregation. American Sociological Review, 1954, vol. 32, p. 357-364.

Bengoa, José. (2003). Relaciones y arreglos políticos y jurídicos entre los estados y los pueblos indígenas en América Latina en la última década. CEPAL.,

Blau, Peter. M., y Duncan, Otis Dudley (1967). The American occupational structure.

Bonfil Batalla, Guillermo (1972) "El concepto de indio en América: una categoría de la situación colonial", *Anales de antropología* Vol 9 pp. 105-124. Recuperado de: https://bit.ly/3b0aniG

Beccaria, Luis y López, Néstor (comp.) (1997) *Sin trabajo. Las características del desempleo y sus efectos en la sociedad argentina*, Buenos Aires: UNICEF/ Losada.

Bendix, Richard (1997) *Authenticity. The formation of Folklore Studies*, Madison, Wisconsin: The University of Wisconsin Press

Bertrand, Jaques R. y Chevalier, J. (1993) Demandes et besoins des ménages. Paris: L'Harmattan.

Bertely Busquets, María (2003) Educación, derechos sociales y equidad. La investigación educativa en México 1992-2002, México: COMIE.

—— (1998) "Educación indígena del siglo XX en México". En Pablo Latapí (Coord.), *Un siglo de educación en México*, tomo II, pp. 74-110, México: Fondo de Cultura Económica.

—— (1997) "Escolarización y etnicidad entre indígenas yalaltecos migrantes". En María Bertely y Adriana Robles (coords) *Indígenas en la escuela*, México: COMIE.

Boullosa, Carmen, (2005) "Raza mexicana", *Este país*, Núm. 176, nov.

Bourdieu, Pierre (1988) *La distinción. Crítica y bases sociales del gusto*, Madrid: Taurus.

Brown, Wendy (2003) "Lo que se pierde con los derechos". En Brown y Williams (comp.) *La crítica de los derechos*, Bogotá: Universidad de los Andes.

Carbonell, Miguel (2006) "La no discriminación en el texto de la Constitución mexicana: Análisis y propuesta de reforma". *Colección Estudios*, núm. 3, México: Conapred.

Carrera, Mauricio (2001) "La crítica del racismo en el Lazarillo de Tormes", *Revista Universidad de México, sección* El negro Zaide, Vol. 56 Núm. 600-601 ene.

Caso Andrade, Alfonso, (1948) "La definición del indio y lo indio", *América Indígena* 8(5), pp.145-181.

Castel, Robert (2004) *La inseguridad social ¿Qué es estar protegido?*, Buenos Aires: Manantial.

—— (1997) *Metamorfosis de la cuestión social. Una crónica del salariado.* Buenos Aires: Paidós.

Cazés, Daniel (1980) "Zapotecas rebeldes rechazan ser indios profesionales", *El Día*, Publicaciones Mexicanas, México, 1 de julio, p. 19.

CDI (Comisión Nacional para el Desarrollo de los Pueblos Indígenas) (2003) "Convenio 169 de la OIT sobre Pueblos Indígenas y Tribales en Países Independientes" *Cuadernos de legislación Indígena,* CDI: México D.F. Recuperado de: https://bit.ly/3tbABVz

Comboni, Sonia y Núñez Juárez, Juan Manuel (2003) "Educación para la diversidad: una mirada al debate latinoamericano". En María Bertely Busquets, *Educación, derechos sociales y equidad. La investigación educativa en México 1992-2002*, México: COMIE.

Conning Barr, Andrew (1999) "La reconstrucción del migrante: felicidad y autonomía del mixteco urbano", Tesis de maestría, México: Escuela Nacional de Antropología e Historia.

Chiroleu, Adriana (s/f) "Los alcances del concepto de exclusión social en el debate sociológico actual", Documento publicado por Facultad de Ciencia Política y Relaciones Internacionales de la Universidad Nacional de Rosario y CONICET, Argentina, pp. 1-16.

Crispín, Ma. Luisa; Delgado, Araceli y Martínez, José (2006). "¿Qué es eso de la educación intercultural?" Trabajo presentado en el VII Congreso Nacional de Investigación Educativa, Hermosillo, Sonora

Dabat, Alejandro (2010) "Estado, Desarrollo y Crisis del Neoliberalismo". En Alejandro Dabat (coord.), *Estado y Desarrollo,* México: Universidad Nacional Autónoma de México.

Díaz-Polanco, Héctor (1979) "La teoría indigenista y la integración" en Díaz Polanco y varios autores (comp.) *Indigenismo, modernización y marginalidad. Una revisión crítica*, México: Centro de Investigación para la Integración Social, Juan Pablos Editor.

Díaz- Polanco, Héctor y Consuelo Sánchez (2002) *México diverso. El debate por la autonomía*. México: Siglo XXI editores.

Dubet, François (1989) "De la sociología de la identidad a la sociología del sujeto", *Estudios Sociológicos* VII (21), pp. 519-545.

Duncan, Otis Dudley (1961). A socioeconomic index for all occupations. Class: Critical Concepts, 1, 388-426.

Duncan, Otis Dudley y Duncan, Beverly (1955a) "A methological analysis of segregation indexes", *American Sociological Review*, 41, pp. 210-217

Duncan, Otis Dudley y Duncan, Beverly (1955b) "Residential distribution and occupational stratification", *American Journal of Sociology*, 60, pp. 493-503.

Durin, Séverine. (2007). ¿Una educación indígena intercultural para la ciudad? El departamento de educación indígena en Nuevo León. Frontera norte, 19(38), 63-92

Durin, Séverine (2003) "Indígenas urbanos en la zona metropolitana de Monterrey", *Revista Vetas*, núm. 15, septiembre-diciembre, San Luis Potosí: Colegio de San Luis.

Elías, Norbert (1998) *Sociología fundamental*, Barcelona, Gedisa.

Echeverría, Bolívar (1998) *La modernidad de lo barroco*, México: Era.

Echebarria-Ariznabarreta, Koldo (2000) "Reivindicación de la reforma administrativa: significado y modelos conceptuales" *Reforma y Democracia* No. 18, pp. 1-11. Recuperado de https://bit.ly/3uhxLzS

Engels, Federico (1976) "El origen de la familia, la propiedad privada y el Estado" en Federico Engels y Carlos Marx, *Obras escogidas*, tomo I, Moscú: Progreso.

Espinosa, Fran (2011) "Pueblos Indígenas: ¿Y después de la emergencia?" Working Paper N° 24, Lovaina: ACCHOS - Institute for Analysis of Change in History and Contemporary Societies Université Catholique de Louvain, pp. 1-24.

Fernández Areu, Ismael (2003) "El otomí en Monterrey, un caso de bilingüismo", *Actas*, vol. II, núm. 3, pp. 82-86, Monterrey: Universidad Autónoma de Nuevo León.

Fitoussi, Jean Paul y Rosanvallon, Pierre (2003) *La nueva era de las desigualdades*, Buenos Aires: Manantial.

Foucault, Michel (1976) *Vigilar y Castigar. El nacimiento de la prisión moderna*, México: Siglo XXI.

Gall, Olivia (2016) Hilando fino entre las identidades, el racismo y la xenofobia en México y Brasil. Desacatos 51, 8-17.

——(2004) "Identidad, exclusión y racismo: Reflexiones teóricas y sobre México" en *Revista Mexicana de Sociología* año 66, núm. 2, abril-junio, Instituto de Investigaciones Sociales.

Gamio, Manuel (1960) *Forjando Patria*, México, Porrúa.

García-Canclini, Néstor (2011) "De la diversidad a la interculturalidad". En Néstor García-Canclini (coord.) *Conflictos interculturales*, México: Gedisa.

García de Fanelli, Ana Maria (1989), "Discriminación ocupacional y salarial por género", en Desarrollo Económico, Vol. 29, No 114, IDES , Buenos Aires, Julio-Septiembre.

Giffinger, Rudolf (1998) "Segregation in Vienna: impacts of market barriers and rent regulations", *Urban Studies*, vol. 35, p. 1791-1812.

Giménez, Gilberto (2007) "Formas de discriminación en el marco de la lucha por el reconocimiento social". En Olivia Gall (coord.) *Racismo, mestizaje y modernidad: visiones desde latitudes diversas*, México: CIICH – CRIM de UNAM, pp. 37-62.

——(2004) "Culturas e identidades" *Revista Mexicana de Sociología*

Vol. 66, Número especial (oct., 2004), pp. 77-99.

Goffman, Irving (1963) *Estigma: La identidad estereotipada*, Argentina: Amorrortu Editores.

——(1971) *Relaciones en público. Microestudios de orden público*, España: Alianza Universidad.

Gracia, María Amalia (2015) "Introducción" en M. Amalia Gracia, (coord.) *Trabajo, reciprocidad y re-producción de la vida. Experiencias colectivas de autogestión y economía solidaria en América Latina*, Buenos Aires, Miño y Dávila/Ecosur.

Gracia, María Amalia (2011) *Fábricas de resistencia y recuperación social. Experiencias de autogestión del trabajo y la producción en Argentina*, Ciudad de México: El Colegio de México.

Gracia, María Amalia y Horbath, Jorge (2013) "Expresiones de la discriminación hacia grupos religiosos minoritarios en México", *Sociedad y Religión* XXIII (39), pp. 12-53. Recuperado de: https://bit.ly/3efKMo3

Gramsci, Antonio (1975) *Notas sobre Maquiavelo, política y el Estado moderno*, México: Juan Pablos Editores.

Gutierrez, Natividad (2004) "Mercadotecnia en el 'indigenismo' de Vicente Fox". En Rosalba Hernández, Sarela Paz y María Sierra, *El Estado y los indígenas en tiempos del PAN: neoindigenismo, legalidad e identidad*, México, CIESAS/Porrúa.

Hernández, Rosalva, Paz, Sarela y Sierra, María (2004) *El Estado y los indígenas en tiempos del PAN: neoindigenismo, legalidad e identidad*, México, CIESAS/Porrúa.

Hiernaux-Nicolás, Daniel (2000) *Metrópoli y etnicidad. Los indígenas en el Valle de Chalco*, México: Colegio Mexiquense-Fondo Nacional para la Cultura y las Artes

Hirsch, Joachim (2001) *El Estado Nacional de Competencia. Estado, democracia y política en el capitalismo global,* México: Universidad Autónoma Metropolitana.

Honneth, Alex (1997) *La lucha por el reconocimiento*, Barcelona: Crítica.

Hopenhayn, Martin y Bello, Álvaro (2001). Discriminación étnico-racial y xenofobia en América Latina y el Caribe. Cepal.

Horbath, Jorge (2008[a]) "La discriminación laboral de los indígenas en los mercados urbanos de trabajo en México: revisión y balance de un fenómeno persistente". En María del Carmen Zabala (comp) *Pobreza, exclusión social y discriminación étnico-racial en América Latina y el Caribe*. Bogotá: Siglo del Hombre Editores/ CLACSO, pp. 25-52.

—— (2008[b]) *Exclusión social, discriminación laboral, pobreza de los indígenas en la Ciudad de México*, Buenos Aires: Observam-elaleph.

—— (2013) "De la marginación rural a la exclusión escolar urbana: el caso de los niños y jóvenes indígenas que migran a las ciudades del sureste mexicano", *Espiral*, 20(58), pp.135-169.

Horbath, Jorge Enrique, y Gracia, María Amalia (2012) "Rezago social y discriminación de la política social hacia los grupos indígenas en Sonora", *Revista de Relaciones Internacionales, Estrategia y Seguridad*, 7(1), 173-189.

Horcasitas, Beatriz (2002) "Las ciencias sociales en la encrucijada del poder: Manuel Gamio (1920-1940)", *Revista Mexicana de Sociología*, Vol. 64, N. 3, pp. 93-121.

Instituto Indigenista Interamericano (III) (1948) "Acta Final del Primer Congreso Indigenista Interamericano", *Suplemento del Boletín Indigenista*, México, D. F: Instituto Indigenista Interamericano.

Jakubs, Jay (1981) A distance based segregation index. *Socio-Economic Planning Sciences*, 15 (3), pp. 129-136.

Köhler, Ulrich (Coord.) (2004) "Nueva maravilla. Eine junge Siedlung im Kontext massive indianischer Migration nach San Cristóbal de Las Casas, Chiapas, Mexiko", *Ethnologische Studien*, Band 37. Münster: Lit.Lagunas

Korsbaek, Leif y Sámano Rentería, Miguel Ángel (2007) "El indigenismo en México: antecedentes y actualidad", *Ra Ximhai*, Vol.3, Número 1, pp.195-224.

Lazarín Miranda, Federico (2009) "José Vasconcelos: Apóstol de la educación" *Revista Casa del Tiempo*, Vol.25, noviembre, p.11-14. Recuperado de: https://bit.ly/2RkLzLt

Le Breton, David (2002) *La sociología del cuerpo*. Buenos Aires: Ediciones Nueva Visión.

Lerner Sigal, Bertha, (1998) "Globalización, neoliberalismo y política social" en Rosalba Casas et al, *Las políticas sociales de México en los años noventa,* México, UNAM/FLACSO/Plaza y Valdés.

Lestage, Françoise (2001) "La 'adaptación' del migrante, un compromiso entre varias representaciones de sí mismo", *Scripta Nova* núm. 94, agosto. Consultado el 26 de marzo de 2008, en: https://bit.ly/2Skp9u5

López Bárcenas, Francisco (2005) *Autonomía y derechos indígenas en México.* México D.F.: CEIICH/UNAM.

Marshall, Gordon (1998) Oxford Dictionary of Sociology, Oxford y Nueva York: Oxford University Press.

Martínez Assad, Carlos y Ziccardi, Alicia (1986) "El municipio entre la sociedad y el estado" *Revista Mexicana de Sociología* Año XLVIII, Vol. 4, número 4, octubre-diciembre, pp. 7-49.

Martínez Cobo, José (1987) *Estudio del problema de la discriminación contra las poblaciones indígenas*, Nueva York: Naciones Unidas.

Martínez Casas, Regina y Rojas Cortés, Angélica (2005) "Jóvenes indígenas en la escuela: la negociación de las identidades en nuevos espacios sociales" *Antropología y estudios de la Ciudad* 1, pp. 105-122.

Massey, Douglas. S., y Denton, Nancy. A. (1988). The dimensions of residential segregation. Social forces, 67(2), 281-315.

Mead, George H. (1999) *Espíritu, persona y sociedad: desde el punto de vista del conductivismo social*, Barcelona: Paidós Ibérica.

Melucci, Alberto (2002) *Acción colectiva, vida cotidiana y democracia*, México: El Colegio de México.

Michelena, Juan Francisco y Corona Artiga, Carmen, (2013) "Discriminación a los indígenas en América Latina", *Retos*

Internacionales, recuperado de: https://bit.ly/3gYx6zn

Minujin, Alberto (1999) "¿La gran exclusión? Vulnerabilidad y exclusión en América Latina" En Daniel Filmus (comp.), *Los noventa. Política, sociedad y cultura en América Latina y Argentina de fin de siglo*, Buenos Aires: Flacso / Eudeba

Morrill, Richard L. (1995) "Racial segregation and class in a liberal metrópolis", *Geographical Analysis*, 27 (1), pp. 22-41.

Morrill, Richard L. (1991) "On the measure of geographical segregation", *Geography Research Forum*, 11, pp 25-36.

Musterd, Sako y Deurloo, Rinus (1998) "Ethnic clusters in Amsterdam, 1984-94: a micro-area análisis", *Urban Studies*, 35, pp. 385-396.

Luhmann, Niklas (1998) *Teoría política en el estado de bienestar*, Madrid: Alianza Editorial.

Ohmstede, Escobar Antonio (2010) *Reformas del Estado. Movimientos sociales y mundo rural en el siglo XX en América Latina*, México: Universidad Nacional Autónoma de México/El Colegio de México/Instituto Nacional de Antropología e Historia

Oehmichen, Cristina (2007) "Violencia en las relaciones interétnicas y racismo en la Ciudad de México", *Revista electrónica de Ciencias Sociales*, Año 1, Núm. 2.

—— (2001) "Espacio urbano y segregación étnica en la ciudad de México", *Papeles de población* vol.7 no.28, pp. 181-197. Recuperado de: https://bit.ly/3tgST86

Organización de Naciones Unidas, ONU (2007) *Declaración de las Naciones Unidas sobre los derechos de los pueblos indígenas.* Recuperado de https://bit.ly/3nJHQD6

Ortega Villaseñor, Humberto (2013) "La discriminación indígena en Venezuela y México: breve estudio comparado de eficacia legislativa", *InterNaciones*, (2), 47-80. https://doi.org/10.32870/in.v0i2.2721

Peach, Ceri (1998) "South Asian and Caribean ethnic minority housing choice in Britain", *Urban Studies* 35, pp. 1657-1702.

Petsimeris, Petros (1998) "Urban decline and the new social and ethnic divisions in the core cities of the italian industrial triangle", *Urban Studies*, 35, pp. 449-465.

Petsimeris, Petros (1995) Une méthode pour l'analyse de la division ethnique et sociale de l'espace intra-métropolitain du Grand Londres, *L'Espace géographique* 2, pp. 139-153.

Peña, Guillermo de la. (2016) "Ciudades, diversidades y ciudadanías en la antropología mexicana", *Desacatos*, Año 15, Número 51, 177-191.

Piore, Michael. J (1983). Labor market segmentation: to what paradigm does it belong? The American Economic Review, 73(2), 249-253.

Pombo, Maria. D. (2003). Migración, violencia y cambio cultural. Reencuentro. Análisis de problemas universitarios, (37), 64-70.

Portal Ariosa, María y Ramírez Sánchez, Paz (2010) *Alteridad e identidad. Un recorrido por la historia de la antropología en México*, México, Universidad Autonoma Metropolitana/Juan Pablos Editor.

Pradilla Cobos, Emilio (2002) "El futuro de las grandes metrópolis latinoamericanas", en Raúl Villegas Dávalos (Ed.), *¿Adónde va el mundo?* México D.F., México: Fundación Cultural Tercer Milenio,

Puyana, Alicia (2015). Desigualdad horizontal y discriminación étnica en cuatro países latinoamericanos: notas analíticas para una propuesta de política

Quijano, Aníbal (2000) "Colonialidad del poder, eurocentrismo y América Latina". En Edgardo Lander (comp) *La colonialidad del saber, eurocentrismo y ciencias sociales. Perspectivas Latinoamericanas*, Buenos Aires: Clacso.

Raesfeld, Lydia (2009) "Niños indígenas en escuelas multiculturales", *Trayectorias* Núm. 28, págs. 38-57.

Reich, Michael; Gordon, David M.; y Edwards, Richard C. (1973). "Dual Labor Markets: A Theory of Labor Market Segmentation" Economics Department Faculty Publications. 3

Rendón, Teresa (2003), Trabajo de hombres y trabajo de mujeres en el México del Siglo XX. México: UNAM; CRIM; PUEG

Reskin, Barbara., y Hartmann, Heidi (1986), Women's Work, Men's Work. Sex Segregation on the Job, National Academy Press, Washington, D.C

Rodríguez, Zaid (1992) "El racismo: problema actual de viejas raíces", *Antropológicas,* No. 4 oct, pp.10-13.

Rodríguez-Zepeda, Jesús (2005) "Definición y concepto de la no discriminación" *El Cotidiano*, núm. 134, noviembre-diciembre, 2005, pp. 23-29.

Rouland, Robert (1999) *Derechos de minoría y pueblos autóctonos*, México: Siglo XXI editores.

Roux, Rinha (2005) *El príncipe mexicano, subalternad, historia y Estado*, México: Ediciones Era.

Rubio, Luis (1992) "Tres años de la reforma del Estado de México", *Perfiles Latinoamericanos*, Vol 1 Núm. 1, pp. 195-217.

Saenz, Moisés, (1926) "La integración de México por la educación". En Gonzalo Aguirre Beltrán, *Antología de Moisés Sáenz,* México: Oasis

Sahota, Gian Singh (1978), "Theories of Personal Income Distribution: A Survey" Journal Of Economic Literature, Vol. 56, marzo, pp. 1-55

Saldívar, Emiko (2006). "Indigenismo urbano: estrategias de atención a la diferencia étnica en escuelas primarias del D. F". En Regina Martínez Casas (coord.), *Niños indígenas en escuelas urbanas: los casos de las ciudades de Guadalajara, México y Monterrey.* Trabajo presentado en el Foro sobre la Migración Indígena en México. Ciudades Medias y Grandes Urbes. Recuperado de: https://bit.ly/2SjJFLj

Sámano Rentería, Miguel. (2004) "El indigenismo institucionalizado en México (1936-2000): un análisis". En José Emilio Ordóñez Cifuentes (Coordinador) *La construcción del Estado nacional: democracia, justicia, paz y Estado de Derecho.* XII Jornadas Lascasianas. México: Instituto de Investigaciones Jurídicas. Serie Doctrina Jurídica, Núm. 179.

Sayer, Derek (1994) "Everyday forms of state formation: some dissident remarks on 'hegemony'". En Gilbert M. Joseph y Daniel Nugent (eds.), *Everyday forms of state formation,* San Diego, California: Duke University Press/University of California-Center for U.S.-Mexican Studies.

Schkolnik, Susana y Del Popolo, Fabiana (2005) "Los censos y los pueblos indígenas en América Latina: Una metodología regional", *Notas de Población* Nº 79 (LC/G.2284-P/E), CELADE, División de Población de la CEPAL, Santiago de Chile, julio.

Selgas García, Fernando J. (1994) "El cuerpo como base del sentido de la acción", *Revista Española de Investigaciones Sociológicas*, No. 68, pp. 41-83.

Soberanes Fernández, José Luis, (2010) "Igualdad, discriminación y tolerancia en México", en *Revista Mexicana de Derecho Constitucional*, núm. 22, enero- junio 2010, pág. 261- 274.

Tarrés, María Luisa (2014) "Miradas analíticas de la acción colectiva: nota introductoria". En María Luisa Tarres, Laura Montes de Oca y Diana Silva Londoño (2014) *Experiencias colectivas y arenas de conflicto social en América Latina: encrucijadas analíticas*, Ciudad de México: COLMEX, pp. 13-34.

Turner, Bryan (1998) *El cuerpo y la sociedad. Exploraciones en teoría social*, México: Fondo de Cultura Económica.

Valencia Rojas, Alberto (2000) *La migración indígena a las ciudades*, México: INI-PNUD.

Várguez Pasos, Luis A. (1999) *Identidad, henequén y trabajo. Los desfibradores de Yucatán*, México: El Colegio de México.

Vilas, Carlos (1998) "De ambulancias, bomberos y policías: la política social del neoliberalismo (notas para una perspectiva macro) en Rosalba Casas et al, *Las políticas sociales de México en los años noventa,* México, UNAM/FLACSO/Plaza y Valdés.

Villoro, Luis (1996) *Los grandes momentos del indigenismo en México*, México: El Colegio de México.

Warman, Arturo (2003) *Los indios mexicanos en el umbral del milenio*, México: FCE.

Weber, Max (2002) Economía y Sociedad, México: FCE.

Wong, David (1999) "Geostatistics as measures of spatial segregation", *Urban Geography*, 20(7), pp. 635-647.

Wong, David (1998) "Measuring multiethnic spatial segregation", *Urban Geography*, 19(1), pp. 77-87.

Wong, David (1993). "Spatial indices of segregation", *Urban Studies*, 30 (3), pp. 559-572.

Zepeda, Jesús, (2006) Un *marco teórico para la discriminación*, Colección Estudios (2), México: CONAPRED.

Zolla Márquez, Emiliano, (2004) "Estado, antropología e indígenas en el México posrevolucionario", Tesis de Licenciatura en Historia, México: UNAM, Facultad de Filosofía y Letras.

www.ingramcontent.com/pod-product-compliance
Ingram Content Group UK Ltd.
Pitfield, Milton Keynes, MK11 3LW, UK
UKHW041634190726
13854UKWH00006B/2493

9 788418 929212